Solo de clarineta vol. 2

2005

CENTENÁRIO DE

Erico Verissimo

Erico Verissimo

Solo de clarineta vol. 2

Memórias

Parte II, póstuma

Organização da Parte II
Flavio Loureiro Chaves

Ilustrações
Rodrigo Andrade

Crônica literária
Flávio Aguiar

Companhia Das Letras

Parte 1

O arquipélago das tormentas

I

Voltamos para Porto Alegre em setembro de 1956. Três meses mais tarde o noivo de Clarissa chegou para o casamento. Era a primeira vez que visitava um país estrangeiro. Não sabia uma palavra de português.

Tivemos uma pequena dificuldade a resolver (os mitos! os ritos!) com a ajuda do pároco da igreja de Nossa Senhora do Rosário. Como meu futuro genro fosse de origem judaica, a Igreja não permitia que a cerimônia religiosa se realizasse, como de costume, à frente do altar-mor. Assim Clarissa e Dave casaram-se na sacristia, às onze horas duma clara e morna manhã de dezembro.

À uma da tarde Mafalda forrou-se de Belergal e até hoje me assegura que não se lembra muito claramente do que aconteceu naquele dia. Quanto a mim, recorri a um expediente não bioquímico: disfarcei-me psicologicamente de fotógrafo e andei dum lado para outro, subindo em cadeiras e mesas, de câmara e *flash* em punho, tirando fotografias em cores dos recém-casados e dos convidados à boda.

Quem pronunciou a frase áurea do dia foi minha mãe. Ao apertar a mão do noivo, d. Bega, que não sabia patavina de inglês, encarou-o e, à sua melhor maneira gaúcha, murmurou: "Então este é o filho-da-puta que vai roubar a minha neta?".

Dois dias depois Clarissa e Dave tomaram um avião da Varig, rumo do Rio, onde deviam embarcar para Nova York num dos navios da Moore-McCormack. Mafalda recusou ir ao aeroporto. Levei o casal no meu carro. ("*Sire*, um tamboreiro inglês não sabe tocar retirada!")

De instante a instante eu olhava furtivamente para o mostrador de meu relógio, cuja pulseira de metal apertava um pulso que devia estar batendo mais depressa que de costume. Os amigos e amigas de Clarissa que tinham ido despedir-se dela cercavam-na em alegre algazarra. Eu mal ousava encarar meu filho, que estava a meu lado, taciturno como eu.

Chegou por fim a hora dos adeuses. Chamei Clarissa à parte e, com um ar patético de último ato de tragédia, sussurrei: "Vou fazer-te o meu último pedido. Quando chegares a Washington, compra uma gravata nova para o teu marido. Essa que ele está usando agora é pavorosa".

Ao deixar o aeroporto, de volta para casa, veio-me à mente a figura de lord Tantamount, o biólogo amador do *Contraponto* de Huxley, que costumava cortar o rabo de salamandras para observar depois como se regeneravam os seus tecidos e como elas recuperavam a parte mutilada de seus corpos.

Que tipo de salamandra psicológica seria eu? Quanto tempo levaria para me refazer da mutilação sentimental que acabava de sofrer?

2

Em fins de outubro de 1956, realizava-se no auditório da Pontifícia Universidade Católica de Porto Alegre um ato público de protesto contra a brutal intervenção militar soviética na Hungria. Convidado a tomar parte nessa reunião, fiz o discurso que passo a transcrever na sua essência porque, dum modo geral, isto é, no que diz respeito a princípios básicos, seu conteúdo deixa clara minha posição política, que tanta gente até hoje parece não ter ainda compreendido:

Minha solidariedade ao povo húngaro, neste momento tão barbaramente agredido, e meu protesto contra a criminosa intervenção armada soviética não terão nenhum valor e nenhum sentido se eu antes não deixar bem claro meu pensamento em face de certos acontecimentos políticos e sociais de nosso tempo.

Sei que vou ferir suscetibilidades, tocar em pontos nevrálgicos. Sinto muito. É inevitável. Esta é a hora de falar alto e claro, e afinal de contas aqui estamos para, entre outras coisas, proclamar o direito que cada membro da raça humana tem de dizer e escrever o que pensa.

Não quero que a minha presença nesta sala e as minhas palavras esta noite sejam interpretadas como um voto que faço para que a Hungria volte ao tipo de governo que tinha antes da guerra. Quero deixar inequivocamente expressa a minha repulsa ao aspecto feudalista, fascista e racista do antigo regime húngaro.

Quando em 1935 as tropas de Mussolini invadiram a Abissínia, firmei o manifesto em que intelectuais brasileiros protestavam contra a bárbara agressão fascista. Protestei também, não uma mas mil vezes, quando em 1937 o Generalíssimo Francisco Franco aceitou o auxílio de tropas da Alemanha e da Itália, que massacraram parte do povo espanhol, usando-o como cobaia para experiências com as armas modernas que aqueles dois países, então totalitários, haveriam de usar na guerra que em breve viriam a provocar. O pacto russo-alemão que em 1939 permitiu a invasão e a mutilação da Polônia, abrindo aos nazistas o caminho para a conquista da Europa, teve também o meu repúdio, que foi manifestado repetidamente em público. Incontáveis vezes lancei meu protesto apaixonado contra as perseguições e atrocidades de que tem sido vítima o povo judeu em tantas partes do mundo. As violências praticadas pela Inglaterra contra os patriotas de Chipre e as da França contra os nacionalistas da Argélia têm a minha mais decidida antipatia.

Para que ponto cardeal do comportamento humano convergem esses sentimentos e manifestações? Em que partido político me enquadram? É muito simples a resposta. Eles indicam que o escritor que agora vos fala coloca acima de conveniências político-partidárias, acima de doutrinas filosóficas, econômicas ou sociais, a causa da dignidade do homem, de seu direito a uma vida decente, produtiva e bela, de seu privilégio de escolher livremente a própria religião e os próprios governantes, e manifestar-se publicamente, sem qualquer tipo de pressão física ou psicológica.

E é em nome dessa causa e desses direitos que venho hoje trazer a minha solidariedade de homem e de escritor ao povo húngaro, que está sendo vítima de uma das mais brutais e revoltantes agressões da história dos tempos modernos. Ficar calado ou indiferente diante de tal intervenção armada é o mesmo que consentir tacitamente na volta da humanidade à barbárie, ao horrendo império do direito da força. Se nesta hora elevarmos os motivos partidários, ideológicos ou de "realismo político" acima dos sentimentos de fraternidade humana, teremos, no mais imbecil dos suicídios coletivos, assinado a nossa própria sentença de morte tanto civil como biológica.

É preciso alertar a consciência do mundo e exigir-lhe ao menos alguma coerência. Não me parece lógico condenar a esquerda pelos mesmos crimes que toleramos ou mesmo aplaudimos quando cometidos pela direita. Sempre repeli com horror aqueles que, sob o pretexto de nos salvarem a alma, querem queimar-nos os corpos. Não aprovo a idéia totalitária de que os fins justificam os meios. Odeio todos os tipos de ditadura, inclusive os chamados benignos ou paternalistas. Detesto qualquer forma de coação. A causa daqueles que lutam pela liberdade será sempre a minha causa. Não aceito como são e válido nenhum regime político e econômico que não tenha como base o respeito à pessoa humana.

Nos sistemas totalitários esse desrespeito se exprime numa ditadura policial; na manutenção de campos de concentração; no sacrifício do indivíduo, que é um ente real, em benefício da coletividade, que é uma mera abstração; nos expurgos físicos e na ausência dos mais elementares direitos civis.

Mas é preciso não esquecer que no nosso mundo capitalista também não se respeita a pessoa humana, pois aceitamos um regime de privilégios, monopólios e injustiças sociais crônicas, o qual permite que milhões de pessoas vivam miseravelmente alienadas, num plano mais animal do que humano.

Dias depois desse comício, Maurício Rosenblatt manifestou-me em particular sua opinião sobre o meu discurso. Como eu, abomina a violência e os regimes totalitários, mas, olhando os acontecimentos com um olho frio, concluía que Nikita Kruchev nada mais fizera que seguir o realismo político stalinista. Se perdesse a Hungria para o Ocidente, a Rússia soviética teria uma cunha inimiga permanente e perigosamente cravada no seu flanco. "Não te iludas", concluiu o meu clarividente amigo, "em situação idêntica o governo americano teria agido da mesma maneira que o soviético." Repeli essa hipótese como absurda, porém menos de dez anos mais tarde eu viria a lançar o meu protesto público contra a intervenção militar dos Estados Unidos no Vietnã e na República Dominicana.

3

Decidimos passar janeiro e fevereiro de 1957 na cidade. ("Chega de viagens", dissera-me minha mãe, acrescentando: "Agora sosseguem o pito".)

Examinei as muitas notas que tinha com sugestões para *O arquipélago*. Comecei a fazer-me perguntas... Uma delas me deixou desconcertado. Não teria eu aceito o convite de João Neves da Fontoura levado pelo desejo inconsciente de encontrar um "pretexto honroso" para não ter de enfrentar a tarefa de escrever o último volume da trilogia, que sabia complexo e difícil? Sim, porque todas as minhas inibições, preguiças, temores ficariam perfeitamente coonestados: o senhor diretor do Departamento de Assuntos Culturais da União Pan-Americana seria um homem muito ocupado com assuntos interamericanos e portanto não teria tempo cronológico nem psicológico para escrever romances...

E agora que desculpa podia apresentar eu a mim mesmo? Nenhuma! Precisava começar a trabalhar imediatamente. Havia comprado em Washington uma máquina de escrever portátil dum vermelho da China (sem a menor alusão política, creiam-me) e a bela mancha de tão viva cor estava agora sobre a mesa, diante de mim. Fiquei mais uma vez a olhar para uma folha de papel em branco. Afastei a máquina e, segundo um velho hábito ou mania, entrei a fazer desenhos com lápis de massa de várias cores, a atenção longe daquele tempo e daquele espaço. Um impulso do "computador" guiou-me a mão. Desenhei um chapéu de copa alta e cônica, com largas abas. E outro chapéu... E mais outro e outro. Sob os *sombreros*, caras indiáticas cor de terra-de-siena queimada. As figuras do primeiro plano tinham as faces voltadas para mim, mas as outras estavam de costas e afastavam-se numa perspectiva que terminava numa porta... Já então eu conscientemente havia decidido que aqueles homens — estava claro que eram mexicanos! — entravam numa igreja. Desenhei sumariamente a fachada plateresca do templo, encimada por uma cúpula coberta de mosaicos amarelos e azuis. Era domingo e repicavam os sinos. México! Veio-me uma súbita saudade das imagens, da luz e da música desse país esplendorosamente plástico. Senti então uma vontade irresistível de escrever minhas impressões de viagem à pátria de Orozco, Rivera, Siqueiros e Juan Rulfo.

Mas, afinal de contas, que podia eu saber do México? Passara na sua capital uma única noite, em 1941, entre um avião e outro, rumo da América Central. Minha segunda viagem ao México não durara mais de uma semana. A terceira, em 1955, prolongara-se durante quase um mês e me levara a diversas regiões do país. Fosse como fosse, eu me sentia de maneira misteriosa identificado com aquela terra e seu povo. Bom, *identificado* talvez não fosse a palavra exata. O melhor seria dizer que eu não conhecia o México, mas amava-o. Não era a mesma coisa? Claro que era! O amor, como a arte, é uma das mais legítimas formas de conhecimento. A gente e as coisas mexicanas fascinavam em mim o romancista, o pintor irrealizado e possivelmente o remoto índio que dormita agachado em algum abscôndito recanto de meu ser.

Passei todo aquele verão e parte do outono que se seguiu absorvido a escrever sobre o México, com um enorme gosto e ímpeto. De certo modo a luz e o calor desse país mágico e trágico tiveram o dom de acelerar o processo de descongelamento da cidade de Santa Fé e das personagens d'*O arquipélago*.

4

Foi em abril do ano seguinte que pela primeira vez meu coração deu um forte sinal de alarma. No momento em que comecei a fazer, de improviso, o discurso inaugural dum congresso, em Porto Alegre, num auditório repleto de gente, à luz de holofotes e diante de fotógrafos e de cinegrafistas de televisão, meu coração disparou e ficou a bater com assustada fúria, ao mesmo tempo que eu sentia um aperto na garganta, uma opressão no peito, um estonteamento... Fiz um enorme esforço para controlar a voz e os pensamentos, evitando que minha sintaxe seguisse o desordenado ritmo cardíaco.

Creio que ninguém percebeu o que se passava comigo.

Havia muito meu primo, o dr. Franklin Verissimo, excelente cardiologista, insistira para que eu começasse um sério tratamento cardíaco preventivo — conselho este que não segui. Levou-me ele a seu consultório várias vezes, para exames gerais. Receitou-me medicamentos que não tomei. Recomendou-me um tipo de vida que não levei. Por quê? Talvez porque, seguindo um pensamento mágico mas estúpido, eu achava que nada de grave me poderia acontecer...

Entra em cena agora uma personagem por mais dum título importante na minha vida. Havia algum tempo que eu conhecia, de longe, o dr. Eduardo Faraco, de quem Moysés Vellinho mais de uma vez me falara com grande admiração intelectual e humana. Confesso que não me havia ainda detido no exame da personalidade desse médico. Nossos caminhos raramente se cruzavam. A imagem que eu guardava dele no complicado arquivo da memória era a dum homem muito bem-apessoado, de ares um tanto agressivos — garboso gladiador permanentemente no centro da arena, à espera do próximo retiário. Algo em seu rosto — talvez o desenho da boca — dava-lhe uma quase permanente expressão de desdém.

Só em 1955 é que, em Washington, tive a oportunidade de conviver com Eduardo Faraco e conhecê-lo melhor. Para resumir numa frase simples um processo complexo, direi que nos tornamos amigos. Rasguei sua "ficha" antiga, substituindo-a por uma nova, que se foi aos poucos enriquecendo de anotações mais acuradas. Lembro-me de que uma vez estávamos discutindo não me lembro exatamente quê, quando em dado momento Faraco fez uma dessas perguntas retóricas que são, por assim dizer, trampolins numa conversação. "Sabes o que são as cores, não?" Interrompi-o: "As cores são doenças da luz". Ele me olhou, franziu a testa, e disse: "Deixa de literatura, índio!". Vencendo a minha tradicional preguiça, dei um salto-mortal que me levou meio às cegas de volta a uma certa página dum texto ginasial de física.

É curioso como nesse clínico e professor de medicina a capacidade de raciocinar com fria objetividade científica pode coexistir — nem sempre pacificamente, é verdade — com seu temperamento inflamável de meridional. (Tem nas veias sangue italiano, tanto pelo lado paterno como pelo materno.)

Pois foi esse "calabrês do Alegrete", que me chamava de "índio da Cruz Alta", que, em fins daquele 1957, me alertou para os perigos dum distúrbio cardiovascular, repetindo, de modo mais dramático, as recomendações do dr. Franklin.

Até havia seis anos passados eu jogara regularmente tênis, mal mas com prazer. Disputava vários *sets*, sem interrupção, correndo muito, sem que meu coração jamais protestasse. Agora, porém, sempre que subia uma escada ou uma ladeira, ficava ofegante, sentia uma opressão no peito, uma espécie de ardência na garganta... Decidi levar a sério o tratamento sugerido com tanta veemência por dois grandes médicos. Dentro de poucos meses, porém, relaxei-o, passando a me interessar mais pelo coração duma certa personagem do que pelo meu próprio. É que, finalmente, tinha começado a escrever *O arquipélago*. O dr. Rodrigo Cambará sofrera já dois enfartes e exigia toda a minha atenção e cuidado.

Em janeiro de 1958 Mafalda e eu fomos para a praia de Torres, onde nos instalamos numa vivenda que os Dantas, um casal de amigos, nos emprestaram pela metade da temporada de verão. Quando chegamos, chovia torrencialmente. Nossa casa ficou ilhada em meio de charcos e pequenas lagoas. A chuva continuou quase ininterruptamente durante três ou quatro dias. Assim, foi contra um fundo musical feito por um coral de sapos que escrevi as páginas iniciais do último volume da trilogia. Meti-me no corpo do dr. Rodrigo Cambará no momento em que ele sofreu um edema pulmonar agudo.

A chuva finalmente parou. Surgiu o sol. Entrei na minha rotina de veranista. Acordava às oito da manhã, às nove estava batendo na máquina de escrever, às onze ia para a praia, fazia a minha caminhada pela beira do mar, até à foz do rio Mampituba, e depois me deitava na areia e ficava conversando com amigos. Após o almoço, entregava-me a uma rápida sesta, da qual despertava estonteado, com um desejo danado de continuar a dormir. Mas reagia, vencia a sonolência, sentava-me junto à máquina de escrever, relia o que havia escrito pela manhã e de súbito, magicamente, entrava na dimensão do romance, e eu já não era mais eu, mas sim, alternadamente, Rodrigo, Floriano, Toríbio, Maria Valéria, Flora, Tio Bicho... Tinha às vezes a impressão de que meu organismo produzia, sem o auxílio de qualquer droga, uma espécie de dexedrina que me excitava, aguçando-me o espírito e fazendo-me trabalhar horas e horas com tão apaixonada intensidade que se me tornava difícil, quase doloroso, parar. Era, pois, com certa tristeza que eu via o sol sumir-se por trás dos montes, pois a qualidade da luz elétrica de que dispúnhamos não me permitia escrever à noite.

Fiz um dia, à margem duma das folhas dos originais d'*O arquipélago*, esta anotação a lápis:

16 de janeiro de 1958. Cinco da tarde. Recebo a visita inesperada de I. J., pessoa que admiro e estimo. Contrariado, paro de escrever mas não consigo sair de dentro do romance. I. conversa animadamente durante uns quarenta minutos. É como se ele estivesse falando aramaico. Não entendo nada do que diz, porque não estou nesta sala nem nesta hora.

5

Um anoitecer, estávamos Mafalda e eu sossegadamente no alpendre da casa, olhando as fantásticas abstrações que o sol pintava no horizonte crepuscular, por trás do perfil da serra, quando uma senhora desconhecida irrompeu em nosso jardim aos gritos e me suplicou fosse socorrer um vizinho que tinha caído de repente sem sentidos. Entrei no meu carro e dirigi-me para o lugar do acidente. Encontrei uma mulher ainda jovem a gritar desesperadamente, enquanto tentava erguer o busto dum homem que jazia estendido no chão, completamente desacordado. "Socorro!", exclamou ela ao ver-me. "Acudam o meu marido!" Este aparentava trinta anos, era mais ou menos da minha altura, mas muito mais corpulento. Segurei-o por baixo dos braços, arrastei-o para junto do carro, sentei-me no banco da frente e, auxiliado pela mulher, que lhe ergueu as pernas, consegui com grande esforço içá-lo para dentro. Nesse momento meu coração já batia mais acelerado. Que fazer? A cabeça do homem caiu pesada sobre o meu ombro. Sua perna fria tocou a minha. A mulher, sentada a seu lado, abraçava-o, chorando, e me contava confusamente o que havia acontecido. O marido estava ensinando uma das filhinhas a andar de bicicleta, quando de repente, sem soltar um ai, caíra no chão como que fulminado.

Toquei para uma farmácia, na esperança de lá encontrar um médico, o que não aconteceu. Tomei o pulso do desconhecido e não o senti bater. Seus olhos estavam cerrados, a boca entreaberta, o peito imóvel sem o menor sinal de respiração. Precipitei o carro a toda a velocidade rumo do hospital, em cuja frente encontramos duas irmãs de caridade, gordas e plácidas, sentadas em cadeiras, na calçada, na quietude do anoitecer. Corri para elas e contei-lhes rapidamente o que se passava. Disseram-me que àquela hora não havia nenhum médico no hospital. E um enfermeiro que me pudesse ajudar a carregar para dentro o paciente? — indaguei. Também não havia nenhum no momento. A mais velha das irmãs me disse que ia chamar um doutor que morava nas vizinhanças, e lá se foi, caminhando tão depressa quanto lhe permitiam a corpulência e a idade. A outra irmã trouxe de dentro do edifício uma mesa com rodas. De novo segurei o homem, fazendo passar os meus braços por baixo dos seus, e trançando as minhas mãos sobre o seu peito. Com o auxílio das mulheres, consegui colocá-lo em cima da mesa e levá-lo até uma das salas do hospital.

Minutos depois chegou o médico e, com uma lentidão exasperante, pôs-se a examinar aquele corpo inerte. Auscultou-lhe o peito, examinou-lhe as pupilas e por fim aproximou-lhe da boca um espelho de bolso. Ergueu os olhos para mim e murmurou: "A coisa está preta". Meteu o estetoscópio na bolsa e retirou-se.

Algum tempo depois apareceu-nos por puro acaso outro médico, um veranista que eu conhecia pessoalmente. Contei-lhe o que havia acontecido. Ele chamou uma das irmãs, pediu-lhe que preparasse uma seringa com agulha e aplicou uma injeção de adrenalina diretamente no coração do paciente, mas sem nenhum resultado. "Não há mais nada a fazer", disse-me. "O homem está morto." Pedi-lhe que fosse dar a notícia à viúva, que, desfeita em pranto, se encontrava na sala contígua, onde uma das irmãs tratava de confortá-la.

Fiquei a olhar para o defunto, cujo nome até hoje não fiquei sabendo. Vestia apenas um calção de praia. Nunca mais pude esquecer a expressão daqueles pés brancos, e senti com o olhar que já estavam frios.

Caminhando sozinho aquela noite pela praia deserta, fiz algumas reflexões sobre a morte. Desde que completara cinqüenta anos, eu começara a pensar com mais freqüência — mas não obsessivamente — na possibilidade de cessar de ser, dum segundo para outro.

Havia menos de duas horas, carregara nos braços um cadáver. Aqueles pés brancos e frios pareciam conter uma terrível advertência.

Parei diante do mar. As ondas rolavam para a praia, soltando um gemido que parecia vir ameaçador das profundezas, mas que acabava desfeito em suspiros de espumas sobre as areias. No céu sem lua as estrelas cintilavam. O vento do largo me batia, morno, na cara.

Seguindo um hábito que me vem da infância, comecei a conversar comigo mesmo em voz alta. Vieram-me à mente trechos dum livro do teólogo existencialista Paul Tillich, que eu acabara de ler. Meu intelecto então começou a doutrinar o corpo.

"*É necessário que te convenças de que o não-ser é parte de nosso próprio ser. O não-ser depende do ser que ele nega. Desse modo, meu amigo, o ser tem uma prioridade ontológica sobre o não-ser. Não poderia haver negação se não houvesse uma afirmação precedente a ser negada.*"

Meu coração escutava, sem comprometer-se. No alto de um dos três rochedos de basalto, ao longo da praia, o pequeno farol cumpria o seu dever, mandando de instante a instante uma mensagem luminosa aos navegantes da noite.

Repeti uma frase de Tillich: *O ser é a negação da noite primordial do nada*. E meu corpo quis saber como era essa noite. Expliquei que se trata de algo impossível de verbalizar.

Continuei a caminhar pela beira do mar, pisando em conchas, algas e medusas. "Mas quem ganha a batalha final é o nada", queixou-se o meu corpo. Sacudi a cabeça negativamente. "Há um limite para essa vitória. Se sentimos o não-ser como um vencedor, o ato de sentir pressupõe o ser!"

Mas era melhor pensar em coisas positivas. Dentro de menos de dois meses Mafalda e eu ganharíamos nosso primeiro neto. Essa idéia me encheu o peito duma doce alegria, espantando de minha cabeça os pensamentos de morte.

Um caranguejo da areia, renda clara e móvel na praia morena, passou na minha frente, rumo dos cômoros. Encaminhei-me para o automóvel, sentei-me atrás do volante e pus o motor em movimento. Meus pés sentiram um corpo estranho perto do acelerador. Acendi a luz para ver do que se tratava. Eram as chinelas do defunto.

6

Quando voltei para Porto Alegre, em meados de março, as paineiras estavam já floridas, a luz amadurecia e as folhas dos plátanos começavam a amarelecer e cair. Uma noite, para celebrar a entrada de outono, ouvimos em casa o *Quinteto para clarineta e cordas*, de Brahms.

No dia 30 daquele mesmo mês, estava eu numa das salas da Editora Globo a conversar com meu amigo Mario Lima, quando Mafalda me telefonou e, comovida, leu o cabograma em que nosso genro nos comunicava o nascimento de Michael, ocorrido no dia anterior. Se eu fosse um sujeito puro, naquele momento teria exclamado: "Ganhei um neto! Abracem-me! Sou avô! Não me podia ter acontecido nada de melhor!". E sairia a distribuir abraços e beijos entre as pessoas que encontrasse. Mas qual! O velho pudor de revelar emoções me tolheu. Lá estava mr. Stanley, em pleno coração da África, a apertar a mão do outro cavalheiro: "É o doutor Livingstone, presumo...".

Transmiti a notícia ao amigo de maneira quase impessoal. Ele me abraçou. Eu sentia o neto na garganta, no peito, nas entranhas, em todo o corpo. Dirigi-me para o meu automóvel — aéreo, feliz, meio trêmulo, os olhos úmidos —, acionei o motor e toquei para casa, sentindo-me mais rico e ao mesmo tempo mais vulnerável que nunca.

Continuei a trabalhar no terceiro volume da trilogia. Em certos dias, ao cabo de sete horas maciças de trabalho, sentia uma canseira cerebral tão grande que ficava incapacitado para qualquer convívio social. Não raro a fadiga transformava-se em irritação e, olhando através desse estado de espírito o trabalho até então realizado, minha tendência era a de achá-lo péssimo. Bastavam-me, entretanto, umas seis ou sete horas de sono para recuperar o entusiasmo perdido na véspera. E de novo lá estava a bater, ora na velha máquina preta, ora na nova vermelha, enchendo páginas e páginas de palavras. Tinha já terminado as duas primeiras partes do livro, "O deputado" e "Lenço encarnado".

Entrou o inverno e continuei a trabalhar. Dúvidas me assaltavam com freqüência. Achava que o livro me estava saindo longo demais. Ao escrever *O Continente*, o que a princípio me parecera um obstáculo, isto é, a falta de documentos e de um maior conhecimento dos primeiros anos da vida do Rio Grande do Sul, tinha na realidade sido uma vantagem. Era como se eu estivesse dentro dum avião que voava a grande altura: podia ter uma visão de conjunto, discernia os contornos do Continente. Viajava num país sem mapas, e outra bússola não possuía além de minha intuição de romancista. E isso fora bom. Ao escrever *O Retrato*, já o "avião" voava tão baixo que comecei a perder de vista a floresta para prestar mais atenção às árvores. E estas eram tão numerosas, que se me tornou difícil distinguir as importantes das supérfluas. E agora, no processo de escrever o terceiro volume, o "aparelho" voava a pouquíssimos metros do solo. Mais que isso. Tinha aterrado e eu havia já desembarcado, pisava o próprio chão do romance, estava no meio da floresta, de mapa e bússola em punho, mas meio perdido, porque eu também era uma árvore.

Findou o inverno. Apagaram-se nossas lareiras. Floresceram o pessegueiro e a pereira de nosso pátio. E um dia resolvemos visitar a "metade norte-americana" de nossa tribo. E *O arquipélago*? Podia terminá-lo nos Estados Unidos à sombra do neto em flor. Ficou decidido, porém, que antes disso faríamos a nossa por tantos anos protelada viagem à Europa. Ficou combinado que levaríamos conosco Luis Fernando.

Em meados de fevereiro de 1959 embarcamos para Portugal, num navio italiano. As *dramatis personae* d'*O arquipélago* foram mais uma vez postas em câmara frigorífica, mas eu levava a bordo comigo uma personagem viva que me interessava e intrigava de maneira particular: meu filho. Era ensimesmado, retraído e silencioso como eu fora na idade dele. Eu queria saber o que ele pensava de mim. Mais importante ainda: o que sentia por mim. Sua aceitação, seu amor eram-me tão necessários como o pão e o ar. Eu compreendia — e como! — que o fato de ser filho de um escritor conhecido constituía para ele uma espécie de rótulo incômodo que teria de carregar colado à pele vida em fora. Lembrei-me de que, havia algum tempo, tendo ele apenas doze anos, um dia em Torres fora convidado para jogar uma partida de tênis de praia com um médico de minhas relações, que mais tarde me relatou a história. Como não conhecesse seu oponente — enquanto a bola ia e vinha —, o dr. P. P. submeteu-o a um breve interrogatório, naturalmente em voz muito alta. "Menino, como é o teu nome?" A resposta tardou alguns segundos. "Luis Fernando." "Luis Fernando de quê?" Nova pausa. "Verissimo." "Parente do Erico?" Outro hiato. "Sou." "Mas que é que você é dele?" Nova hesitação. "Filho." Esse diálogo pareceu-me revelador de toda uma situação psicológica.

Para mim uma das partes mais importantes d'*O arquipélago* seria o momento em que Floriano, depois dum grande esforço sobre si mesmo, consegue entabular com Rodrigo, seu pai, o diálogo que eu gostaria de ter tido com o meu próprio pai: um "ajuste de contas" no plano sentimental, numa completa libertação de todas as mitologias, de todos os códigos escritos ou não, um encontro no plano humano da mútua aceitação e do amor.

Às vezes, quando Luis Fernando estava a contemplar o mar, durante aquela viagem, eu ficava a observá-lo com olho de romancista, tentando, em vão, esquecer minha condição suspeita de pai, e procurando meter-me no corpo, no espírito daquele rapaz introvertido e descobrir que tipo de problema teria ele com relação a mim. O mesmo ressentimento que eu tivera, quando adolescente, com respeito ao velho Sebastião, embora por outros motivos? Estaria eu por omissão ou comissão alienando-o sentimentalmente de mim? Que devia fazer ou deixar de fazer para ajudá-lo?

Tentava estabelecer com ele diálogos em profundidade, mas meu filho defendia sua cidadela interior com a obstinação com que eu sempre defendera a minha.

O que foi essa nossa primeira visita à Europa e as outras quatro que se seguiram será assunto dum capítulo à parte.

7

Existem no homem sentimentos naturais e respeitáveis que, no entanto, quando transpostos para a dimensão da literatura, correm o risco de parecer piegas e até grotescos. Tenho uma certa má vontade para com qualquer obra de ficção — em livro, teatro ou cinema — que explore o tema do amor materno (ou paterno), o dos "órfãos da tempestade" ou ainda o do cão fiel que se fina de tristeza quando a morte lhe rouba o dono. Tenho procurado descobrir honestamente a fonte dessa aversão e cheguei à conclusão de que ela está, por mais ridículo que pareça, no fato de meu superego ter escolhido para mim, como paradigma, a imagem do homem estóico e imperturbável, num contraste com o que realmente sou, isto é, um sujeito vulnerável, sensível, que se comove com facilidade não só ante os aspectos tristes ou trágicos da vida, mas também diante de qualquer expressão de beleza ou bondade. (O satirista que tenho dentro de mim não será, acaso, um agente secreto do superego?)

A verdade é que, quanto mais velho vou ficando, tanto maior é a minha admiração pelas pessoas que têm a coragem de externar seus sentimentos, suas paixões ou aversões sem nenhum respeito humano. Numa época como a nossa, o sentimentalismo passou a ser o oitavo pecado mortal. Daí à aceitação de torturas policiais, campos de concentração e extermínio, é só um passo. Um passo que um dos países supostamente mais civilizados do mundo já deu.

Seja como for, não vou narrar o que foi o nosso reencontro com Clarissa depois de dois anos e meio de separação. Pela primeira vez o romancista considera-se completamente desobrigado com relação aos sentimentos e às sensações de suas personagens. Quanto ao meu encontro com Mike, direi apenas que, quando, de volta da viagem à Europa, entrei na casa dos Jaffe, o sujeitinho estava acocorado no centro duma saleta, e, quando me viu, ergueu primeiro as sobrancelhas interrogativas, depois franziu o nariz, e o seu rosto se abriu todo num largo sorriso, como numa instantânea aceitação do recém-chegado ("*Dr. Livingstone, I presume...*") — e então eu me inclinei, ergui-o nos braços, apertei-o contra o peito e senti que estava abraçando e beijando não apenas o meu primeiro neto, mas também os meus dois filhos, meus pais, minha mulher e a mim mesmo.

Instalamo-nos num pequeno apartamento escassamente mobiliado, a curta distância da casa dos Jaffe, que nos emprestaram pratos, talheres, panelas, toalhas e roupa de cama. Dentro de poucas horas após nossa chegada, a bandeira brasileira já tremulava figuradamente naqueles poucos metros quadrados num edifício de Arlington, condado da Virgínia, à margem direita do rio Potomac, a tiro de bacamarte do distrito de Colúmbia.

Segundo um ditado gaúcho, o pai é peão do filho e cavalo do neto. Com Mike escanchado no meu pescoço, quase todos os dias eu saía a caminhar entre nosso apartamento e a casa dos Jaffe, em incontáveis viagens de ida e volta. O menino agarrava-se aos poucos cabelos que me restavam na cabeça e me esporeava o peito com os calcanhares. Exigi que ele me pagasse por esses serviços aprendendo a chamar-me vovô. Pagou.

Naquele primeiro mês, Mafalda e eu revisitamos as galerias de arte de Washington, fomos a um que outro teatro ou cinema, projetamos numa tela os diapositivos das nossas fotografias turísticas e ruminamos com o auxílio deles os prazeres de nossa viagem.

Fiz todas essas coisas contra o fundo pressago duma preocupação. Lá estavam à minha espera na gaveta da escrivaninha os originais d'*O arquipélago*, que eu mandara buscar do Brasil, e que correspondiam a mais ou menos um terço do volume. Por alguns dias uma absurda inibição me impediu de reler ou mesmo tocar aquelas páginas. Quando o fiz, confesso que sua leitura não me decepcionou: ao contrário, achei que estavam bem e que ficariam ainda melhores depois da revisão final. Minha mesa de trabalho estava colocada junto duma janela através da qual eu podia divisar a ponta do obelisco e a cúpula do Capitólio, no meio do casario e dos parques de Washington. O que eu não conseguia avistar era Santa Fé e as personagens d'*O tempo e o vento*, e isso me preocupava. Era como se a parte do livro já escrita pertencesse a outro autor. Suas criaturas recusavam reconhecer-me e obedecer-me. De nada me serviam o roteiro, notas, mapas e desenhos que tinha sobre a mesa, à minha frente. Não conseguia escrever uma linha sequer... Era o feitiço de Washington, a sua maldita "magia branca". E eu me dizia: "Amanhã, quem sabe, amanhã...". E ia dormir pensando no livro.

Como não andasse me sentindo bem fisicamente — tonturas, peso na cabeça, zoada nos ouvidos —, e mesmo porque achava que era tempo de fazer um novo exame médico, procurei o dr. K., um dos melhores cardiologistas de Washington. Minha pressão arterial estava alarmantemente alta. Contei ao doutor os meus problemas com relação ao livro e concluímos (uso o plural porque o médico confirmou o meu "diagnóstico") que se tratava duma crise hipertensiva de origem psicossomática. A instância minha, o dr. K. me receitou uns comprimidos hipotensores, e eu voltei para casa intrigado com a atitude um tanto passiva e reticente do especialista.

Havia a poucos metros da porta de nosso apartamento um *playground* aonde pela manhã eu costumava levar meu neto. Muitas das senhoras das vizinhanças para lá levavam seus filhos, e, pelos olhares que me lançavam, eu compreendia a estranheza delas por me verem ali naquela pracinha durante horas — o único homem adulto no meio de tantas crianças e donas de casa. Um dia uma destas puxou conversa comigo e não resistiu à tentação de perguntar-me: "O senhor está aposentado?". Respondi que não e expliquei-lhe em meia dúzia de palavras a minha situação. Mas pensei cá comigo: "É a velhice, compadre". E fui balançar-me com Mike na gangorra.

8

Quando voltei um dia da minha caminhada matinal, Clarissa anunciou-nos que em princípios do ano próximo nos daria mais um neto. Mafalda olhou para Mike e murmurou: "Coitadinho, mal sabe ele que os dias de seu reinado estão contados".

Muitas vezes, estendido num sofá, depois de passar várias horas na vã tentativa de entrar em Santa Fé e no Sobrado, eu ficava a pensar outra vez no tempo que se arrastava e se perdia para sempre, e chegava a senti-lo de forma concreta, como um peso sobre o peito. Era nesses momentos opacos que me vinha a impressão de ter passado a vida inteira à sombra ameaçadora dum relógio, símbolo talvez da autoridade paterna, a qual no meu caso particular fora exercida por minha mãe. ("Acorda, vadio, está na hora de ir pra escola!" — "Pula dessa cama, são oito horas, se chegas tarde ao banco, podes perder o emprego!") Meu superego fizera-se zelador do relógio, era o cronometrador implacável de minhas atividades. Marcava-me sempre tarefas dentro de prazos rígidos, incitava-me ao "cumprimento do dever". Desconfio que estava ainda ferrenhamente empenhado em provar a minha mãe que eu não era como o meu pai, o amável, leviano boêmio intemporal que nunca olhava para relógios nem pensava no vencimento das duplicatas da farmácia...

Continuei nas minhas visitas regulares ao meu doutor, que mensalmente me submetia a eletrocardiogramas e às auscultações de rotina. Ora, os médicos americanos em geral não conversam com o paciente sobre as doenças destes. Limitam-se a fazer as recomendações que acham necessárias, a rabiscar receitas... e *good bye*! Eu insistia com o dr. K. para que ele dissesse alguma coisa sobre minha pressão arterial, e o homem, sempre reticente, murmurava: "*Well*, ainda está um pouco alta".

Os dias passavam. Os Jaffe, que se entendiam à maravilha, viviam felizes. Luis Fernando fazia um curso de desenho comercial na Corcoran Gallery; periodicamente metia algumas roupas numa maleta e ia passar dois ou três dias em Nova York, onde ficava horas e horas nos lugares onde se podia ouvir *jazz* autêntico.

Mafalda tricoteava roupas para o novo neto. E eu, sem poder vencer a inibição que me impedia de escrever, dividia o tempo e a atenção entre um que outro livro alheio e as funções de escudeiro e cavalo de Mike. Quanto às personagens d'*O arquipélago*, períodos havia em que se sumiam por completo da minha consciência ou, para ser mais preciso, apareciam-me apenas vagamente, como espectros de espectros.

Nas minhas caminhadas solitárias à noite pelas ruas suburbanas e de ordinário desertas de Arlington, eu retomava os velhos diálogos interiores de que participavam sempre o pessimista e o otimista. A parte negativa e um tanto masoquista de meu ser quase se comprazia à idéia de que eu estava "liquidado". Mas a outra, a positiva, animava-me: "Isso passa, homem. Não é a primeira vez que acontece. Amanhã estarás rindo de todos estes problemas, alguns dos quais são mais inventados do que reais".

Era importante para a minha saúde saber a qual dessas vozes o meu coração dava ouvidos.

"Só posso escrever em Porto Alegre e na minha casa", concluí um dia. E deixei o romancista hibernar.

Paul nasceu a 6 de fevereiro de 1960. Era louro e de olhos azuis. Poucos meses depois Mafalda, Luis Fernando e eu voltamos para o Brasil.

9

"E agora", perguntou minha mãe, "vocês não pretendem sentar o rabo em casa?" Eu havia notado que seu entusiasmo pelos bisnetos era um tanto morno. É que ela sabia que os dois "gringuinhos" dali por diante seriam fatalmente motivo para novas viagens e longas ausências nossas. D. Ema, mãe da Mafalda — que resgatáramos da solidão depois da morte do marido, trazendo-a para nossa casa —, olhava o problema de maneira mais filosófica. Minha sogra era uma simpática e rosada *Grossmutter* de olhos de lápis-lazúli, alemã de segunda geração, uma *Frau* de quem — parafraseando García Lorca — se poderia dizer que tinha alma de café com leite e cuca. Como falasse português ainda com sotaque germânico, eu costumava dizer-lhe que ela confundia a *pomba* atômica com a *bomba* da paz.

Quando via minha mãe e minha sogra juntas, eu às vezes pensava em seus defuntos maridos, boêmios ambos, cada qual à sua maneira, e irmãos gêmeos em suas apaixonadas inclinações poligâmicas. E ali estavam agora sob o mesmo teto aquelas duas velhas admiráveis, diferentes no sangue, no físico, no temperamento e na maneira de encarar a vida, mas apesar de tudo irmãs, membros que eram dessa brava estirpe de virtuosas damas à qual haviam pertencido tantas das heroínas d'*O tempo e o vento*.

Durante todo aquele ano de 1960 trabalhei com uma intensidade obsessiva n'*O arquipélago*, usando a máquina negra sempre que tinha de enfrentar um problema de composição, e a vermelha quando me sentia erguido e arrebatado por essa febril e exaltada onda, à qual, na falta da palavra precisa, chamamos *inspiração*. O sol do Rio Grande conseguira degelar por completo Santa Fé e seus habitantes, restituindo-os à vida. E eu voltara a freqüentar o Sobrado, como amigo íntimo e confidente dos Terras Cambarás.

À tardinha, terminada a tarefa do dia, costumava caminhar abaixo e acima, à frente da minha casa, discutindo comigo mesmo, quase sempre em voz mais ou menos alta, problemas e situações do livro, e ensaiando novos diálogos, em que procurava imitar a voz e às vezes até os gestos, os cacoetes e a maneira de caminhar de cada personagem. (Creio que alguns dos meus vizinhos alimentam até hoje sérias desconfianças quanto ao meu equilíbrio mental.)

Vinham-me de vez em quando grandes dúvidas a respeito da estrutura e do ritmo d'*O arquipélago*. Talvez eu tivesse dado no pão do tempo histórico do Rio Grande do Sul uma mordida maior que a minha capacidade de mastigar e digerir. Apesar de haver já escrito mais de mil páginas, percorrera apenas pouco mais da metade do tempo que a ação da história devia abranger (1922-45) de acordo com o roteiro original. Começava também a perceber que esse último volume da trilogia assumia cada vez mais o caráter de crônica, o que constituía um perigo talvez mortal para a qualidade artística do romance. Que fazer?

Parado a uma esquina da rua Felipe de Oliveira, a contemplar os fantásticos poentes da minha cidade, muita vez fiquei a resmungar para mim mesmo possíveis soluções para o problema, e acabava sempre concluindo que não devia, não podia alterar o roteiro da obra pela mesma razão por que um homem não pode mudar o seu passado, passar a limpo a sua vida. O que aconteceu, aconteceu... irreversivelmente.

10

Num domingo de março de 1961 tivemos à noite em casa vários amigos, entre os quais o dr. Eduardo Faraco. Conversou-se até depois da meia-noite. Eu estava mais silencioso que de costume. Sentia-me abrumado por uma angústia que não saberia descrever então, como não sei agora. Apesar de estar atirado — esse é o verbo exato — numa poltrona, respirava com dificuldade e sentia uma opressão no peito, uma ardência na garganta, como se estivesse a subir correndo uma ladeira. As vozes dos amigos me chegavam aos ouvidos como um rumor distante e indistinto. Até hoje não compreendo por que não chamei Faraco à parte para lhe contar o que sentia. Quando nos despedimos, ele me encarou, franziu a testa e murmurou: "Que é que há contigo?". "Nada", respondi. O meu amigo insistiu: "Estás falando a verdade?". Hesitei por uma fração de segundo e menti: "Estou".

Antes de ir para a cama, aquela noite, tomei um tranqüilizante. Creio que não levei muito tempo para cair no sono. Lembro-me vagamente de que, ao amanhecer, tive um sonho: estava no fundo dum rio, tentando, aflito, subir à superfície para respirar... Despertei, estremunhado, dentro dum grande mal-estar em que continuava a sensação de afogamento, agora acompanhada de dores que me agulhavam o peito, irradiando-se para o ombro esquerdo, continuando no braço, adormentando-o, ao mesmo tempo que subia, numa espécie de reflexo, pelo pescoço. O coração havia disparado, e eu sentia as suas batidas surdas e arrítmicas. "Vai passar", pensei, "não é nada." Não quis acordar Mafalda. Mordi o lábio para não gemer alto. Aquilo não me podia acontecer... A dor continuava, forte mas ainda suportável. O pior era a falta de ar, que estava prestes a lançar-me no pânico. Num dado momento foi tão grande a minha angústia, que pulei da cama, saí do quarto e enveredei pelo corredor, mas não sem antes olhar para o relógio de cabeceira — o tempo! sempre o tempo! — e verificar que faltavam poucos minutos para as sete horas. Na sala de estar fiquei a andar dum lado para outro, trêmulo, sufocado... "Se entras em pânico, tudo ficará pior... Isto vai passar..." Mas eu precisava de ar, ar, ar! A dor eu podia agüentar. O horrível era a sensação de asfixia... Recostei-me no rebordo da lareira, ofegante, e fiquei a olhar estuporado para uma reprodução de Cézanne. Chamo a Mafalda, conto o que estou sentindo? Não. Ela vai assustar-se. Isto passa. E o coração parecia bater-me contra as costelas, mais alarmado ainda que o resto do corpo. E de novo rompi a andar, estonteado, com a mão no pescoço, um suor frio a escorrer-me da testa. Sentia-me abandonado, na enorme solidão daquela casa silenciosa e como que deserta. Ansiava por uma presença humana... precisava de socorro, mas estava tolhido pelo inexplicável pudor de parecer melodramático. Voltei para o quarto. Mafalda dormia tranqüila. Hesitei ainda por alguns segundos antes de despertá-la. Pronunciei seu nome baixinho, muitas vezes. Por fim ela abriu os olhos. Em vez de gritar-lhe que estava muito mal, disse-lhe apenas: "Não estou me sentindo bem". Minha mulher, porém, pelo aspecto cianótico de meu rosto, pela expressão de meus olhos, percebeu que algo de muito sério se estava passando comigo. Levantou-se e correu para o telefone.

Só então me lembrei do remédio de urgência que tinha sempre sobre a mesinha-de-cabeceira. Abri o vidro de trinitrina, tirei dele com dedos trêmulos dois comprimidos e coloquei-os debaixo da língua e, isso feito, atirei-me na cama e ali fiquei, arquejante, como um homem que se afoga aos poucos no fundo dum rio. Mafalda me fez tomar dois comprimidos de Novalgina dissolvidos num pouco d'água. Sentou-se na cama e, enquanto me passava um lenço pela testa e pelas faces, tratava de me confortar. Agora eu lia medo nos olhos de minha companheira, e percebia que ela fazia o possível para que eu não percebesse nada. Sorri para tranqüilizá-la.

O dr. Faraco não tardou a chegar, acompanhado de seu assistente, o dr. Décio F. Azevedo, e imediatamente me aplicou a medicação de urgência. Dentro de alguns minutos a dor começou a passar e eu já respirava quase normalmente. Enquanto me media a pressão arterial, Faraco me pediu que lhe descrevesse com exatidão o que sentira. O meu superego censurou minhas palavras com a intenção de minimizar a gravidade de tudo quanto me afligira na fase aguda da crise. Ah! Repito que invejo os homens que têm a coragem de gritar, gemer ou chorar quando sentem alguma dor forte. Esses, sim, são os verdadeiros heróis.

II

Pouco depois o dr. Décio me submeteu a um eletrocardiograma. A intervalos freqüentes mediam-me em discreto silêncio a pressão arterial, que devia estar altíssima... ou baixíssima? E eu procurava ler nos olhos de ambos o que estavam pensando de meu estado, mas não ousava fazer-lhes nenhuma pergunta.

Algumas horas mais tarde eu me sentia completamente aliviado e já com a tendência otimista de considerar "encerrado o incidente". Ia retomar a minha vida normal — pensava — e voltar a trabalhar no livro. Faraco, porém, me recomendou ou, antes, me ordenou que permanecesse deitado no maior repouso, evitando qualquer esforço desnecessário e até mesmo necessário.

Quando os médicos se foram, apanhei um livro de Thomas Mann e pus-me a ler, procurando resignar-me à condição de doente. Afinal de contas, refleti, eu precisava mesmo dumas férias... Sentia-me bem agora, e não estava sequer preocupado. (Tenho verificado que os perigos reais me atemorizam menos que os imaginários.)

Agitei-me na cama durante todo aquele dia, em que recebi muitas visitas de amigos, aos quais tratava de explicar que sofrera apenas uma crise hipertensiva.

Luis Fernando rondava-me o leito, com ar apreensivo, perguntando-me de instante a instante como eu me sentia ou se precisava de alguma coisa. Sua solicitude me fazia bem.

Chegou a noite. Tomei como de hábito um tranqüilizante e creio que dormi um sono sereno. Despertei, porém, estonteado, com uma sensação de ressaca, a cabeça pesada, o corpo dolorido, e pressentindo a volta da dificuldade respiratória da véspera. Pedi a Mafalda que me viesse barbear com o aparelho elétrico. Tomei sem muita vontade um chá com torradas secas. Acendi o rádio de cabeceira e sintonizei-o com a estação da Universidade do Rio Grande do Sul. Uma voz anunciava o *Concerto para violoncelo e orquestra*, de Dvorak. Coloquei o aparelho a meu lado, na cama. Os primeiros compassos do concerto coincidiram com os primeiros descompassos de meu coração, que de novo rompeu a tocar alarma. E voltou-me, aguda, a dor no peito e outra vez lá estava eu a lutar em busca de ar, sozinho no quarto... Isto passa. Não é nada. Isto passa. Deitei-me de bruços, apertei o lado esquerdo do peito contra o colchão. Por alguns segundos ainda procurei prestar atenção à música, tentando provar a mim mesmo — na minha aversão à anormalidade — que tudo estava bem ou, pelo menos, não estava muito mal. Por fim apaguei o rádio. O violoncelo ficou ainda gemendo obsessivamente o tema do concerto dentro de mim, na cabeça e no peito, ao ritmo desordenado de meu sangue em pânico.

Quando Mafalda, minutos depois, entrou no quarto e me encontrou a arquejar e gemer, movendo a cabeça dum lado para outro sobre o travesseiro empapado de suor, fez meia-volta e precipitou-se para o telefone.

Quanto tempo permaneci nessa misteriosa e invisível fronteira que separa a vida da morte? Uma semana? Dez dias? Menos, muito menos que isso? Não sei.

Vultos, faces, vozes, impressões, sensações ligadas à fase aguda de meu acidente cardíaco voltam-me agora à mente, alguns claros, outros esfumados, mas eu não saberia colocá-los na sua devida ordem cronológica. O tempo como que passou a ser função do espaço daquele quarto ou, melhor, do espaço de meu cérebro. Estive quase permanentemente sob o efeito de sedativos, alternando períodos de sono profundo com intervalos duma aguda lucidez, em que não perdia nada, nada do que passava ao meu redor. Durante esse prolongado crepúsculo, pessoas entravam ou saíam do quarto na ponta dos pés, sentavam-se ao lado da minha cama, e eu ouvia murmúrios, via apagarem-se ou acenderem-se luzes veladas e como que sentia a presença de muita gente, muitos amigos nos outros compartimentos da casa.

Não sei por que me ocorre agora esta imagem: a minha lucidez mental nos momentos de vigília era como um caroço metálico e luminoso fechado no âmago dum fruto de escura polpa, em processo de deterioração.

Tinham-me proibido de falar e exigiram de mim uma imobilidade de estátua. Entreguei-me completamente aos médicos, pois me pareceu que assim burlaria a Moura Torta. Creio que jamais me queixei ou sequer senti necessidade disso. Aceitei aquele jogo com todas as suas regras. Exercitei como nunca na vida as minhas faculdades de faquir.

Como certa noite um dos doutores, ajudado por uma enfermeira, procurasse em vão as minhas veias mal visíveis e esquivas, para cravar numa delas a grossa agulha presa a um tubo de borracha ligado ao vidro de soro fisiológico que me devia alimentar, senti um arrepio pelo corpo todo, produzido não pela dor das repetidas picadas mas pela impressão visual delas. Resolvi então, num mecanismo de defesa, ausentar-me em espírito daquele quarto, fechei os olhos e busquei na memória momentos agradáveis de meu passado. Deixando o corpo na cama, transportei-me para um certo anoitecer de fevereiro de 1959, em Portugal. Tinha acabado de descer do automóvel de meu editor português em Conímbriga, nas proximidades de Coimbra. Íamos ver umas ruínas romanas. O céu, onde cintilava a estrela vespertina, e o ar, que o frio hálito da noite embalsamava, pareciam feitos do mesmo translúcido cristal azulado. O perfil negro dum bosque recortava-se contra o poente carmesim. Mafalda estava a meu lado, seu braço no meu braço. Eu via o perfil de Souza Pinto, que fumava serenamente o seu cachimbo, e o vulto mais claro de Luis Fernando, encolhido dentro de seu sobretudo gris. Ouvia a voz do escritor Jorge de Sena, que dissertava com despretensiosa erudição sobre aqueles vestígios do Império Romano. Depois ficamos os cinco calados, a ouvir os grilos, que davam um extraordinário acento ao silêncio da noite recém-caída. Pensei: "Eis um momento que jamais poderei esquecer...".

Em muitas outras instâncias, durante o período agudo de minha enfermidade, tornei a fugir para Conímbriga, que passou a ser um símbolo de paz, bem-estar e esperança, um antídoto para muitos dos venenos que tentavam infiltrar-se no meu espírito. Houve ocasiões, porém, em que minha fantasia mudava de trajetória. Revisitei uma noite a piazza San Marco, quedei-me à frente da basílica, olhando para a lua cheia que luzia acima do Palácio dos Doges e do Grande Canal, no veludoso céu de Veneza. Voltei também à piazza Navona, em Roma, e andei a caminhar ou, melhor, a flutuar no ar ao redor de suas fontes barrocas. E em mais duma situação de desconforto ou dor invoquei a imagem de meus netos, e tive Mike e Paul sentados na cama, a meu lado.

Muitas vezes despertava de meu sono, alta madrugada, para ver no meu campo de visão a face séria e intensa de um dos muitos assistentes do dr. Faraco. Havia sempre um deles de plantão à minha cabeceira, noite e dia. Jamais poderei esquecer-lhes as feições e os nomes. O dr. Décio... O dr. Achutti... O dr. Nedel... O dr. Zelmanovitz... O dr. Grossmann... O dr. Zaducliver... O dr. Praeguer... Ah! Havia também a laboratorista Dóris, de cabelos ruivos, que ficava encabulada quando me ouvia dizer com voz sumida que ela se parecia com Deborah Kerr; Dóris, que me vinha colher sangue todos os dias e que ficava perturbada e quase chorava quando desconfiava que me estava causando alguma dor ou mal-estar. Eu não podia deixar de sorrir quando via ao lado do leito o meu amigo dr. Alberto Rosa, com sua respiração forte, seus cabelos de fogo, e que com sua lenta, grave voz de trombone me dizia piadas impublicáveis, procurando fazer-me esquecer ou sentir menos as manipulações um tanto desagradáveis a que me submetia.

Uma noite (ou teria sido um dia?) abri os olhos e vi sentado na cama, a auscultar-me o peito com seu estetoscópio, o meu primo, dr. Franklin Verissimo. E a sua presença me deu curiosamente a mesma impressão de segurança que me produzia o nosso avô quando entrava no meu quarto de menino para me tratar de alguma febrícula de resfriado, e acabava por me receitar papéis de calomelano. Sorri para mim mesmo, recordando que duma feita, já rapaz taludo, eu carregara nos braços o filho recém-nascido de meus tios Fabrício e Daura.

Trouxeram um dia dois torpedos de oxigênio para junto de minha cama. Vozes brotadas das profundezas de meu passado cruz-altense murmuraram pressagas: "Ai, comadre! O homem está nas últimas. Imagine que já estão dando pra ele balões de oxigênio!".

Permaneci durante uns poucos dias dentro duma tenda de oxigênio, com uma sonda metida no nariz, além das muitas outras distribuídas por várias partes do corpo. Parecia um astronauta dentro de sua cápsula. E assim andei em estranhos vôos tanto pelo espaço exterior como pelo interior.

Mafalda estava sempre a meu lado. Evidentemente eu não lhe estranhava a dedicação, mas admirava-me de sua coragem e da calma que lhe permitia ser uma enfermeira tão eficiente. Mais tarde fiquei sabendo que à primeira hora Faraco lhe dissera: "Teu marido não deve ler na expressão de teu rosto que o estado dele é muito grave. Portanto, conto contigo. Quero que te portes como se o índio estivesse apenas gripado". Ela sacudiu afirmativamente a cabeça, pediu socorro ao seu Belergal e preparou-se para enfrentar a situação. Também fiquei surpreso de ver um dia a minha mãe entrar no quarto e olhar-me de maneira natural — ela que tanto entristecia e apiedava-se de mim quando me via abatido na cama por um resfriado comum. Descobri depois que a Velha fora também doutrinada por Faraco.

Quando um jornalista lhe perguntou mais tarde se ela confiava no meu restabelecimento, d. Bega respondeu numa decidida afirmativa: "O Tibicuera não se entrega assim no mais".

Tinha razão. Eu estava decidido a continuar vivo. Uma vez me veio à mente o desenho linear que ilustrava a "Parábola das varas", numa página de um velho livro de leitura escolar. Representava um ancião de longas barbas brancas deitado no seu leito de morte, cercado de dezenas de filhos, filhas, noras, genros, netos e bisnetos. Para o menino que eu era então, os homens só podiam morrer ou, melhor, "entregar a alma ao Criador", ao cabo duma longa, longa vida bem vivida e fecunda; e sempre, antes de "exalarem o último suspiro", pronunciavam alguma frase cheia de beleza ou sabedoria. Ora, eu não me sentia ainda um ancião — apesar da definição dos dicionários. Não queria considerar encerrado o ciclo de minha vida de homem e de escritor. Desejava rever ainda Clarissa, Mike, Paul, Dave... Sim, e ver Luis Fernando casado. Sonhava com os netos que ele nos poderia dar um dia. Precisava rever pelo menos mais uma vez Portugal, a Itália, a França, a Espanha... E — claro! — tinha de terminar *O arquipélago* e transferir para o papel os muitos outros romances que sentia dentro de mim. E, acima de tudo, não podia cometer a traição de abandonar Mafalda naquele trecho de nosso caminho. E por que não simplificar toda a história dizendo simplesmente que amava apaixonadamente a vida?

Faraco estava constantemente à minha cabeceira. E agora que minha situação melhorava, e eu já estava fora da tenda de oxigênio, quando ele aparecia diariamente pela manhã, aproximava-se de mim e perguntava: "Como te sentes, índio?". E eu respondia: "Bem. E tu?".

O longo crepúsculo aproximava-se do fim. Amanhecia um novo dia. E como poderia eu, com meu pudor das palavras e dos gestos dramáticos, mostrar minha gratidão a toda aquela gente que, capitaneada pelo dr. Faraco, se empenhara naquele jogo de cabo-de-guerra em que eu era a corda e a Morte o adversário?

Muitos meses mais tarde, quando o primeiro tomo d'*O arquipélago* apareceu, dei um exemplar dele ao meu médico com esta dedicatória: *Ao querido amigo Faraco, sem cuja oportuna colaboração eu jamais teria podido terminar este livro.*

12

Afirmava Freud que, na maioria dos casos, o homem recorre ao humor numa tentativa de aliviar a ansiedade e a tensão, atenuando os aspectos ameaçadores de tudo quanto é estranho, agressivo, difícil ou obscuro. Agora, mais que nunca, eu percebia como o velho Sigmund enxergava longe e claro.

Um dia Faraco permitiu que meu editor Henrique Bertaso — homem extremamente sensível — entrasse no meu quarto para uma breve visita, sob a condição de não me fazer falar. O amigo aproximou-se de mim. Revirei os olhos como quem se debate nas vascas da agonia e sussurrei: "Vou te fazer o meu último pedido". Emocionado, ele esperou que eu prosseguisse. "Quero que me pagues 20% em vez de 10% sobre o meu próximo livro!" Henrique rompeu a rir, com os olhos brilhantes de lágrimas.

Mais tarde, quando eu já me encontrava fora de perigo, Mafalda anunciou que nosso amigo e vizinho Ernani Kramer viria visitar-me. "Toma cuidado", recomendou-me ela. "O Ernani já teve um problema de coração e está muito nervoso por causa da tua doença." Preparei-me então para receber convenientemente o visitante. Quando ele entrou no quarto, encontrou-me com o rosto coberto por uma grotesca máscara de papelão, com um nariz descomunal e negros bigodões eriçados. Ao ver aquele "estranho" estendido na cama, estacou à porta, no primeiro instante de surpresa e incompreensão. Depois, como um legítimo homem da fronteira do Rio Grande do Sul, bradou: "Ora, vai-te à merda!". Estou certo de que desse modo aliviei a tensão nervosa de meu amigo, permitindo que a visita tivesse para ambos um caráter agradável e positivo.

Dias mais tarde, outra pessoa de minhas relações, um jovem jornalista, sentou-se ao lado de minha cama e, depois de indagações formais sobre minha saúde, num misto de gentileza e falta de assunto, indagou: "Então, quando é que vai candidatar-se à Academia Brasileira de Letras?". Olhei para ele, grave, e respondi: "Como posso ser um candidato, meu filho, se já sou quase uma vaga?". O escritor John Dos Passos me mandou um cabograma em que dizia, parodiando Mark Twain, que os boatos sobre minha morte tinham sido grandemente exagerados. Sim, porque um jornal e uma estação de rádio haviam anunciado que eu falecera. Tive o bom senso de não acreditar na notícia...

Durante a minha semana negra — contaram-me — um vespertino de escândalo de Porto Alegre, hoje desaparecido, mandou à minha casa um de seus repórteres com a missão de me fotografar "no leito de morte". Como a casa estivesse sempre cheia de dedicados amigos, o fotógrafo aproveitou o vaivém para insinuar-se de sala em sala, sem ser percebido. Estava já a entrar no meu quarto quando o dr. Faraco lhe barrou o caminho. O rapaz ainda insistiu em aproximar-se de mim, de câmara em punho, alegando que um homem público como eu não podia nem devia ter uma morte privada. Faraco — bendita Calábria — pô-lo para a rua com a maior energia.

Teve o meu médico a idéia para mim feliz de não me remover de minha casa em nenhuma fase da doença. Isso me tornou mais ameno o período de convalescença. Arranjou-me uma cama de hospital, que eu pedi fosse colocada ao pé da janela, cujas grades estavam cobertas por uma buganvília pintada de flores escarlates. Foi então que vi o céu, a rua e o outono. Os cinamomos que orlam a nossa calçada estavam com suas folhas completamente douradas, já a tombarem. A luz de abril tinha o tom e a doçura do mel.

Para um homem como eu, com tendências para o quietismo, não foi muito penoso ou aborrecido permanecer durante sessenta dias e noites completamente imóvel. Eu me divertia conversando com minha mulher e meu filho, lendo ou então ouvindo música graças ao pequeno rádio de cabeceira. Sim, e revendo os amigos, recebendo os primeiros visitantes. Ninguém pronunciava a palavra *enfarte*. Eu *queria* aceitar a explicação que Faraco me dava — para não me alarmar — de que eu havia sido vítima duma "crise hipertensiva".

Mafalda agora me mostrava as cartas, cartões e telegramas que tinham chegado naquelas últimas semanas e continuavam a chegar: gente que me mandava votos de pronto restabelecimento e palavras de conforto. O afetuoso recado que Betty e John Dos Passos me haviam enviado aparecera inexplicavelmente reproduzido na imprensa do Rio, de São Paulo e de Porto Alegre três dias antes de seu original chegar-me às mãos. Um simpático repórter, então, me pediu lhe desse uma lista completa das "pessoas importantes" que me haviam mandado mensagens desse tipo. Respondi que todas as pessoas que se interessavam pela minha saúde me eram igualmente importantes. E que as que não se interessavam também eram.

13

Certa manhã perguntei ao dr. Faraco, meio a medo: "Não achas que agora posso trabalhar um pouco?". Ele franziu a testa. "Se podes trabalhar? Eu te diria que deves. Mas devagar, nada de exageros."

Tive uma esquisita sensação quando Mafalda me trouxe as mil seiscentas e poucas páginas originais d'*O arquipélago*. Senti até um prazer tátil ao manusear aquelas folhas de papel. Retomei contato com as minhas personagens. Achei que estavam ainda vivas, como eu.

Do pequeno rádio saiu uma voz que anunciava o *Concerto para violoncelo e orquestra*, de Dvorak. Meu primeiro ímpeto foi o de desligar o aparelho, pois aquela música me evocava um momento de dor, angústia e perigo. Contive-me, porém, e ouvi o concerto até ao fim. Tinha de me habituar a conviver tão pacificamente quanto possível com todas as memórias daqueles últimos meses, por mais desagradáveis que fossem.

Faraco me emprestou uma estante de madeira feita especialmente para quem quer escrever na cama, e pus-me a examinar os originais do romance com olho crítico. Embora não tivesse chegado ainda ao fim da história, decidi começar a fazer emendas, acréscimos e cortes nas páginas já escritas. Destruí o primeiro capítulo, o em que Rodrigo sofre seu edema pulmonar agudo, e reescrevi-o por inteiro, usando da experiência adquirida durante a minha própria doença. No primeiro dia trabalhei apenas vinte minutos. No segundo, meia hora. No fim da semana minha média diária de trabalho era de três horas. Um dia estava de tal modo interessado no dr. Rodrigo Cambará, na sua saúde, nos seus problemas sentimentais e políticos, que Mafalda teve de intervir com oportuna energia para evitar que eu ficasse a escrever das duas às sete da tarde.

Eu sabia que o pai de Floriano ia morrer no último capítulo do livro, e isso me dava uma certa pena. Aquele homem sensível e sensual adorava a vida. Tinha apenas 59 anos... Pensei assim: tenho o poder de vida e de morte sobre essa criatura, apesar de todos os seus atos e pensamentos de independência. Que ente, que força, que deus decide sobre a minha vida e a minha morte? Um simples, minúsculo coágulo de sangue me pode fulminar dum momento para outro. Quantos anos de vida ainda terei?

Olhei para Mafalda, que tricoteava ao lado de meu leito, e disse-lhe: "Sabes duma coisa? Em outubro deste ano estaremos nos Estados Unidos com nossos filhos e netos!".

Ela ergueu a cabeça e respondeu: "Sim, se o Faraco te der licença".

14

Deixei a cama ao cabo de sessenta dias e, lânguido, as pernas fracas e trêmulas, dei os primeiros passos até uma cadeira, amparado por um dos médicos que, em seguida, me mediu a pressão arterial e me tomou o pulso.

Dentro de uma semana, com o consentimento do "tirano de Alegrete", caminhei ajudado por Mafalda até ao gabinete de trabalho. E desse dia em diante passei a escrever lá, sentado numa poltrona ao pé da lareira. As semanas passavam. O dr. Faraco e o dr. Décio continuavam nas suas visitas regulares, auscultando-me, medindo-me a pressão arterial e submetendo-me a eletrocardiogramas. E Deborah Kerr aparecia com freqüência para colher e levar para seu laboratório alguns centímetros cúbicos do meu sangue.

Durante o dia eu tomava a horas certas uma grande quantidade de comprimidos e cápsulas das mais diversas cores, tamanhos e formatos. Agora ali perto da eletrola, podia ouvir os meus compositores do *Seicento* e do *Settecento*. A música que mais me lembra essa época da minha vida é o solo de oboé do segundo movimento da *Cantata da Páscoa*, de Bach, em geral conhecido pelo nome de *Sinfonia*. É uma de minhas melodias mais queridas: lento lamento bucólico, duma extraordinária pureza de desenho.

Tive finalmente permissão para sair à rua. Fazia um frio moderado, seco e gostoso. Dirigi-me vagarosamente até uma das barbearias do bairro, uma espelunca duma sujeira e dum primitivismo comoventes, e pedi ao barbeiro que me cortasse o cabelo. Depois voltei para casa, em lua-de-mel com o mundo e a vida.

Em julho entreguei a Henrique Bertaso as 1600 folhas originais d'*O arquipélago*, na sua versão definitiva. Em fins de setembro recebi as páginas de prova do livro e revisei-as todas antes de deixar o país, pois o dr. Faraco me dera por fim a desejada luz verde para a viagem. Prometi ao editor mandar-lhe dos Estados Unidos os capítulos finais do livro, os quais não havia ainda começado a escrever. Mais uma vez, portanto, teria de lutar contra o "sortilégio de Washington".

Foi sentado na minha poltrona ao pé da lareira, ainda em Porto Alegre, que recebi decepcionado a notícia da renúncia de Jânio Quadros. E foi dali também que pelo rádio acompanhei o movimento pró-legalidade liderado por Leonel Brizola.

Em outubro daquele para mim memorável ano de 1961, Mafalda e eu embarcamos num Boeing da Varig, que nos levou em vôo serenís-simo do Rio a Nova York.

15

Os Jaffe moravam agora em casa própria, no condado de Fairfax, na Virgínia, num simpático *rambler* com um quintal que, comparado com o nosso pátio, chegava a ter ares de latifúndio. Mafalda me proibiu terminantemente de servir de montaria para os dois galantes cavaleiros, sir Mike e sir Paul. Resignei-me então à condição de cavalo velho que não servia mais nem para puxar uma pipa d'água.

Clarissa comunicou-nos que um novo filho estava a caminho. Minha mulher e eu, que pensávamos passar apenas quatro ou cinco meses com os Jaffe, decidimos então prolongar a visita, a fim de esperar o nascimento de nosso terceiro patrão.

Foi fechado num quarto "à prova de netos" que continuei a escrever *O arquipélago*, trabalhando intensamente de seis a sete horas por dia, resistindo à tentação de abrir a porta sempre que um dos meninos batia nela e me convidava a tomar parte na sua vadiagem lúdica. Foi nesse cubículo que escrevi "Do diário de Sílvia", "Encruzilhada" e várias páginas do "Caderno de pauta simples".

Durante aqueles meses reli algo de Joseph Conrad e Aldous Huxley, continuei o meu convívio com Georges Simenon e me deliciei com o *Stones of Florence*, de Mary McCarthy. Caiu-me um dia nas mãos um volume de Henry Miller, *The Colossus of Maroussi*, em que esse escritor narra a sua viagem à Grécia. Voltou-me então, com uma força luminosa, o velho desejo de visitar a Ática, o Peloponeso e as ilhas do mar Egeu.

"Vamos à Grécia?", perguntei um dia a Mafalda. A companheira achou bom o convite mas repeliu a idéia de entrar de novo num avião. Achava que devíamos tomar um navio italiano que nos levasse segura e tranqüilamente até Gênova, de onde seguiríamos de ônibus para Roma e outras cidades italianas de nossa afeição. Depois, Paris, Amsterdam, Londres...

Em março de 1962 pinguei o ponto final n'*O arquipélago*, remeti imediatamente os originais ao meu editor e concluí que merecia umas férias mediterrâneas. Para criar o fato consumado, comprei imediatamente duas passagens aéreas de ida e volta entre Nova York e Atenas. Mafalda resignou-se à fatalidade.

Embarcamos em meados de abril, quando as cerejeiras de Washington, D. C., começavam a florescer.

Sol e mel

I

Quem hoje visita a Grécia na esperança de lá encontrar os esplendores de sua idade clássica estará condenado a uma decepção e ao mesmo tempo correrá o risco de não prestar a devida atenção ao que esse delicioso país nos pode ainda oferecer de belezas e surpresas. Se por um lado — exceção feita à Acrópole — as mais bem preservadas ruínas de templos gregos acham-se no sul da Itália, por outro a mesma luz que iluminou o século de Péricles cai ainda sobre a Grécia moderna: um sol de ouro novo que às vezes de tão claro parece de prata. E lá estão ainda o céu e os mares de Homero, o ar fino e translúcido e, sim, as ilhas!

A Grécia é um país de pequenas cidades, vilas e aldeias. Nisso e na graça idílica de certas regiões, como as colinas de Epidauro e a planície da Argólida, ela nos lembra Portugal: duas pequenas nações de brava gente afeita às lides do mar.

Atenas nos surpreende pelo seu aspecto de cidade nova, um tanto pobre de relíquias arquitetônicas. Estendida entre o monte Licabetos e a Acrópole, cerca-os com suas casas pintadas em tons claros, os seus parques e praças dum verde profundo, e se vai rumo do Pireu, com o qual hoje forma praticamente uma única metrópole.

Quanto à paisagem humana, seria injusto olhar para o primeiro grego que encontramos nas ruas de Atenas ou outra qualquer cidade do país e compará-lo fisicamente com o *Hermes* de Praxíteles. Hoje o helenismo dos gregos está, por assim dizer, muito diluído. Através do tempo, das invasões e das migrações, sua pureza foi comprometida por cruzas com eslavos, francos e turcos. O tipo que em nossos dias predomina na Grécia é o moreno de cabelos escuros. O grego é o homem que ama cantar e dançar. Como o calabrês e o siciliano tem um entranhado senso de hospitalidade, honra pessoal e de família. Lembra o judeu em sua paixão pela polêmica. É rico em gestos folclóricos como o mexicano. Barulhento e palrador como o latino-americano das Caraíbas, gosta de discutir mais por amor à discussão do que à verdade. Como o espanhol, freqüenta com gosto as suas tabernas, cafés, praças, parques e ruas. Como o brasileiro aprecia as anedotas, é o homem do *aqui* e do *agora*. Bravo como soldado, é o mais leal dos amigos e o mais feroz dos inimigos.

2

Comemorei o primeiro aniversário de meu enfarte subindo a pé a colina da Acrópole às cinco da tarde dum resplendente dia ático. Lacretelle tinha razão quando escreveu que ao sol do entardecer as pedras do Partenon assumem uma cor fulva de pêlo de leão. Contemplamos Atenas de todos os ângulos que esta colina nos oferece. Daqui avistamos o monte Himeto, com o mel de cujas abelhas os literatos do passado costumavam lambuzar seus escritos em prosa e verso; o Templo de Zeus, o Arco de Adriano, o Estádio, o Pireu com seus navios atracados e sua floresta de mastros sobrevoados por gaivotas.

Amigos, esqueçamos por um momento a Atenas moderna, pensemos neste simples fato, para mim comovedor. Estou diante do Partenon! Foi aqui que, por assim dizer, começou a chamada civilização ocidental. Alguém — quem foi mesmo, ó memória? — disse que o Partenon é "a inteligência petrificada". A sua singeleza de linhas, as suas sutilezas arquitetônicas dão a esta estrutura uma serena majestade, uma indescritível impressão de equilíbrio e harmonia.

Como tão bem observou Edith Hamilton, por causa do que fizeram há 2400 anos os artistas e os homens de pensamento desta então pequena cidade da Ática, nós hoje em dia pensamos e sentimos de maneira diferente da dos povos bárbaros.

Desde a mais remota Antiguidade, desde os tempos tribais, aceitava-se como ponto pacífico a idéia de que a pessoa humana não tinha nenhuma importância. Na civilização egípcia, que se desenvolvia supersticiosamente à sombra da morte e dos mortos, as massas viviam escravizadas a faraós divinizados, inaproximáveis, intocáveis e que tinham poderes despóticos sobre seus súditos. Os egípcios encolhiam-se num temor reverente diante do invisível. Os gregos, ao contrário, faziam especulações em torno do mistério, através do uso lúcido da inteligência e da razão, numa atitude não só de saudável irreverência como também de curiosidade e bravura intelectuais. Foram eles os primeiros a criar um vocabulário adequado ao jogo das idéias abstratas — tudo isso sem perder o gosto pelos aspectos visíveis e plásticos do mundo. Realizando uma façanha maior e mais importante que a dos navegadores do futuro, desvendadores de novos continentes, os helenos descobriram o homem e o valor do espírito, e assim legaram à posteridade a ciência, a filosofia, a literatura, a arte, a tragédia, o diálogo, a democracia, em suma, o humanismo. E agora, enquanto contemplo as colunas do Partenon, soam-me na mente as palavras de Anaxágoras: *Todas as coisas estavam no caos quando surgiu o intelecto e criou a ordem.*

Os poemas de Homero — refleti — estão cheios dessa alegria de viver, desse insaciável desejo de saber, indagar, alargar horizontes interiores e exteriores que caracterizavam os gregos da Antiguidade. De súbito ocorre-me que o poeta de *Ulisses* era cego — como afirmavam alguns historiadores —, não conhecia esta extraordinária luz da Grécia, que agora nos entra pelos olhos, pelos poros e como um vinho suave nos deixa numa espécie de embriaguez que é a um tempo paradoxalmente exaltação e paz.

É verdade que na Grécia antiga, mesmo na era de Péricles, a escravidão era aceita como coisa natural, e que muitas vezes Atenas e Esparta empenharam-se em guerras cruéis e insensatas, sim, e que Sócrates foi condenado à morte. Mas, feitas as contas finais, que fabuloso saldo positivo essa civilização ática nos transmitiu!

Tenho uma admiração particular por Eurípides, que foi o primeiro a mostrar que a escravidão era um mal, e que nenhum homem deve consentir em submeter-se servilmente a outro homem. Segundo esse mestre da tragédia: *Escravo é aquele que não pode dizer o que pensa.*

Lugar-comum? Truísmo? Ora, quando pensamos em todas as ditaduras — civis, militares ou híbridas —, nos Estados totalitários cujo número está aumentando no mundo com um caráter quase epidêmico, temos ímpetos de, por mais óbvia que pareça a frase de Eurípides, proclamá-la muitas e muitas vezes a todos os ventos.

3

Passamos em Atenas dias muito agradáveis, graças principalmente à hospitalidade que nos dispensou o embaixador do Brasil, Antonio Mendes Vianna, homem erudito e inteligente, de prosa brilhante e pitoresca, grande conhecedor da Grécia, tanto da antiga como da moderna, pois não só tem lido, e bem, tudo quanto de mais importante já se escreveu sobre a história e a cultura gregas, como também tem percorrido este país de automóvel, em todas as direções, visitando recantos onde o turista comum jamais pôs o pé. Para isso enfrenta desconfortos, dificuldades e até perigos, movido por uma autêntica curiosidade intelectual, mesclada duma paixão helenista que chega a ser quase carnal.

A escritora Lydia Besouchet — que havia muito eu conhecia e admirava — e sua sobrinha Olga estão hospedadas na residência do embaixador. Mafalda estabelece com ambas, desde o primeiro momento, excelente camaradagem.

No seu Mercedes-Benz negro dirigido por Kosta, um grego nascido no Egito, figura digna dum romance, Mendes Vianna nos leva pela Ática até ao cabo Sunion. Subimos a encosta do monte em cujo topo se erguem as colunas derrocadas do Templo de Poseidon, num dia em que Éolo está de mau humor e com seu sopro furioso e frio arrepia as águas do Egeu, as copas das árvores, os nossos cabelos e a nossa epiderme.

Uma noite vamos jantar numa taberna da Plaka, o velho bairro de ruas labirínticas situado na encosta da colina da Acrópole, e lá, ao som de canções gregas cantadas por dois homens com aspecto de funcionários públicos, que se acompanham tocando *bouzouki*, comemos *mezédes*, isto é, *hors-d'œuvres*; mussaca, um prato de "sustância" em que várias camadas de carne moída misturada com berinjela alternam-se com camadas de queijo e purê de batatas — tudo isso lubrificado com muito óleo de oliva. Os pratos nos chegam, ricos, variados e em porções generosas: *souvlákia*, nacos de carne assada em espetos e temperada com manjerona; carneiro recendente a basilicão; *taramosalata*, que tem o nome mais bonito que o gosto. Aprecio especialmente as gordas alcachofras gregas, que se nos servem despidas de suas pétalas e que parecem grossas taças de jade invertidas, boiando num dourado lago de azeite com manchas rosadas de vinagre. Provo *ouzo*, que sabe a anis, e *retsina*, vinho feito com uvas da Ática e aromatizado com a resina dos pinheiros desta ensolarada península. O gosto dessa curiosa bebida tem dois tempos: o primeiro nos dá a impressão de estarmos ingerindo um dentifrício amargo, o segundo nos deixa na boca um pós-sabor que acaba induzindo-nos a beber mais, *ma non troppo*.

4

Visitamos um dia Elêusis, onde o nosso anfitrião nos fala nos Mistérios. Depois leva-nos a Corinto por uma bela estrada que serpenteia entre as montanhas e o mar, e que, do outro lado do canal, corta os trigais que crescem verdes por entre as cepas das vinhas, variolados pelo vermelho vivo das papoulas semeadas pelos pássaros e pelos ventos. Depois contemplamos de perto o Acrocorinto, onde, segundo a lenda, Sísifo rolava acima e abaixo a sua pedra, numa tarefa exasperante para si mesmo mas utilíssima para os filósofos e beletristas dos séculos que estavam por vir.

Na calçada duma taberna, no cais de Mégara, comemos calamares fritos e dulcíssimas laranjas de polpa avermelhada e casca grossa. E eu fotografo Olga em cores — Pomona! —, com uma braçada dessas laranjas que parecem sóis, contra um fundo formado por casinholas cúbicas e caiadas, com janelas debruadas dum azul quase idêntico ao deste vasto, luminoso céu sob o qual lagarteiam adormecidos os barcos do pequeno porto.

Dois dias mais tarde, com Lydia e Olga, fazemos de ônibus o giro clássico do Peloponeso. Pernoitamos em Náuplia. Na manhã seguinte visitamos Epidauro e seu famoso anfiteatro. Prosseguimos pela planície da Argólida e vamos almoçar em Micenas. Absolvo Clitemnestra de todos os seus pecados, não só o de adultério como também o de ter incitado seu amante Egisto a assassinar Agamenon. Porque Micenas, amigos, áspera, árida e cor de aço, é um cenário que convida à tragédia. Aqui ninguém pode fugir à Fatalidade. E Clitemnestra, afinal de contas, deixada a sós pelo marido, que fora guerrear em Tróia, não devia ter muito com que ocupar o seu tempo. O resto foi obra do Destino. (Aristóteles afirmou que a tragédia nos purifica através da piedade e do temor reverente, e que os homens libertaram-se de si mesmos depois que compreenderam juntos o sofrimento universal da vida.)

5

Que verde, grave paz, que idílica atmosfera nos envolve no vale onde se encontram as ruínas da gloriosa Olímpia! Durante 1200 anos aqui pulsou o coração da civilização grega. Foi aqui que Píndaro declamou suas odes, exaltando os atletas vitoriosos nos Jogos Olímpicos.

Visitamos o museu local. Ali está, quase intacto, o frontão do Templo de Zeus. A história que esse grupo escultural conta tem sabor picaresco. Mal resumida, é assim. Perítoo, rei dos lápitas e, ao que parece, homem de boa vontade, convidou os centauros para a festa de sua boda com a bela Deidâmia. Ora, os centauros, que sempre estavam prontos para uma boa farra, galoparam sôfregos para o palácio do rei, comeram e beberam a fartar e, excitados, puseram-se a atacar as mulheres presentes. Um deles agarrou logo a noiva. O noivo, enfurecido, partiu a cabeça do agressor com um golpe de machado. Começou então o entrevero que o escultor procurou fixar no mármore. À esquerda do frontão vejo um centauro segurando com uma das mãos a cintura duma lápita, ao passo que com a outra lhe aperta o seio, procurando ao mesmo tempo derrubar a moça no chão. Descubro um centauro de maus hábitos atracado com um efebo. E no centro do frontão avulta, bela, serena e dominadora, a figura de Apolo, com o braço erguido num gesto de quem procura majestaticamente restabelecer a ordem.

Se conto a anedota, é para chamar a atenção do leitor para a natureza humana das figuras mitológicas gregas, e para insinuar que o homem, em certos aspectos de seu comportamento individual e social, não tem mudado muito nestes últimos 4 ou 5 mil anos.

A única coisa que importa agora é a imponente beleza, e até estou inclinado a dizer *perfeição*, deste grupo escultural. Por esta amostra imagino o que teria sido o templo de Zeus na idade áurea de Olímpia.

Disse Simônides que a pintura é a poesia silenciosa e a poesia uma pintura da voz. Sempre me senti atraído tanto pela pintura como pela poesia — embora careça de talento para ambas —, mas nunca fui muito entusiasta da escultura.

Esta visita à Grécia, entretanto, está me fazendo olhar a escultura com outros olhos, principalmente agora que estou a dois passos da obra-prima de Praxíteles, sobre a qual Edith Hamilton escreveu estas palavras reveladoras: *O Hermes Olímpico é um ser humano de beleza perfeita, nada mais, nada menos. Cada detalhe de seu corpo foi modelado de acordo com um conhecimento consumado dos corpos reais. Nada se acrescentou para marcar sua deidade, nenhuma auréola em torno da cabeça, nenhum cajado místico, nenhuma sugestão de que aqui está aquele que guia a alma para a morte. A importância da estátua do artista grego, a marca da sua divindade, é sua beleza, apenas isso.*

Além das três mulheres que acompanho, só vejo nesta sala um turista alemão, feio, magro, desengonçado, ruivo, de enorme nariz, a pele duma brancura oleosa de queijo. Examina a estátua com um interesse de estudioso. E Lydia Besouchet, olhando do *Hermes* para o turista, murmura para nós: "Vejam a que ficou reduzida a raça humana depois de dois mil anos!".

6

Atravessamos o golfo de Corinto num *ferryboat*, rumo de Delfos, aonde chegamos ao anoitecer. Olhado da rua, o nosso hotel é uma casa simples de um único andar. Descobrimos depois que existem mais seis pisos para baixo, pois o edifício foi construído contra a encosta duma montanha.

O *boy* que leva nossa bagagem para o quarto que nos foi reservado, tenta comunicar-se conosco numa mistura muito confusa de italiano e inglês. Quer saber de onde somos. Respondo: "De Porto Alegre, Brasil". A cara do rapaz ilumina-se num largo sorriso. "Porto Alegre?", repete. E exclama: "Grêmio!". É que a equipe de futebol do Grêmio Porto-Alegrense andou há pouco a jogar pela Grécia, onde ganhou quase todas as partidas.

Delfos oferece um dos mais belos e grandiosos cenários da Grécia — uma sucessão de montanhas, vales e gargantas duma deslumbrante riqueza cromática e plástica. Cumprimento em nome de todos os literatos passadistas o monte Parnaso, que nesta manhã de sol ostenta suas belas pedras rosadas com manchas dum cinza azulado. Águias pairam sobre o seu cume, em vôos serenos. Encontro outro lugar-comum da retórica: a fonte de Castália, e concluo, bairrista, que ela não é mais bonita ou imponente do que a Cascatinha da Glória, em Porto Alegre.

Mas nosso grande momento em Delfos — vistas as ruínas do Templo de Pítia, as do Estádio, as do anfiteatro; visitado o seu excelente museu, onde, entre outras notáveis peças, se encontra o Condutor de Biga — foi uma noite em que Mafalda e eu permanecemos calados no balcão de nosso quarto, contemplando a silhueta do monte Parnaso a dominar o vale forrado por mais de 1 milhão de oliveiras que se estendem até ao golfo de Corinto. O silêncio noturno era de tal modo profundo e ao mesmo tempo tão leve, que com um pouco de imaginação a gente poderia *ouvir* o brilho das estrelas.

7

De volta a Atenas, vimo-nos uma noite envolvidos sem querer, nem saber num tumulto de rua. Estudantes, populares e soldados da polícia engalfinhavam-se a socos e pontapés e trocavam-se pedradas. Tínhamos saído dum cinema e meus olhos ardiam e lacrimejavam. Disse à minha mulher: "Devia ser proibido fumar dentro dos cinemas". Foi então que percebemos a verdadeira razão de meu involuntário pranto. O ar estava saturado de gases lacrimogêneos. À frente do cinema soldados da polícia assaltavam uma casa onde estudantes se haviam refugiado, quebravam os vidros das janelas, tentavam arrombar a porta... Tratamos de nos safar. Mas, como nas cidades gregas, inclusive Atenas, o tema do labirinto é uma constante, ficamos a contornar quarteirões, a enveredar por becos e acabávamos sempre voltando ao mesmo lugar. Plantamo-nos a uma esquina sem saber que fazer. A luta continuava na praça Omonia (*omonia* em grego é "concórdia"). Havia já muitas cabeças quebradas de lado a lado. Surgiram carros blindados, bloqueando a praça ou abrindo caminho implacavelmente por entre a multidão. As pedras do calçamento das ruas tingiam-se de sangue. Ouviam-se gritos de dor ou ódio. Metemo-nos por uma rua deserta e paramos à beira da calçada, na insensata esperança de caçar um táxi. De repente vimos precipitar-se rua abaixo, na nossa direção, um caminhão cheio de soldados com as cabeças protegidas por máscaras contra gases — o que lhes dava o aspecto de habitantes dum outro planeta. Ouvimos estampidos. Tiros? Em que direção? Mafalda rompeu a correr e abrigou-se atrás duma coluna que nem ao menos era grega, pois estávamos sob as arcadas dum edifício moderno. Eu a segui, já com uma pastilha de trinitrina debaixo da língua. Apesar de alarmados, não podíamos deixar de achar um nadinha cômica nossa situação, de sorte que tratamos de aliviar a tensão rindo. (Quantas vezes a franca risada desta companheira me tem ajudado em situações difíceis!) Passou por nós como um tufão o veículo com os soldados, que faziam explodir contra o calçamento as bombas lacrimogêneas. Pusemo-nos a chorar copiosamente. Encontrava-se agora a meu lado, vinda não sei de onde, uma senhora idosa, toda vestida de preto, que me cutucava e perguntava coisas em sua língua, que para mim era grego. Eu me limitava a encolher os ombros. Finalmente descobrimos do outro lado da rua uma porta entreaberta e embarafustamos por ela, casa adentro. Era uma pequena loja de ferragens, atrás de cujo balção encontramos um velho tranqüilo e sorridente, que nos recebeu com a maior afabilidade. Como não falasse inglês nem francês, chamou o filho, outro homem de boa vontade, que nos ajudou a descobrir o número do telefone da casa do embaixador brasileiro. Dentro de poucos segundos tive Mendes Vianna na outra extremidade do fio. Contei-lhe de nossa situação e perorei: "Embaixador, tenho a honra de requerer asilo político à embaixada do Brasil!". "Que é que vocês andam fazendo na rua a esta hora da noite?", indagou o nosso amigo, numa zanga metade brincalhona e metade séria. "Convidei-os para virem jantar comigo mas vocês alegaram que estavam cansados e iam para o hotel..." Retorqui: "Está bem, mas o governo brasileiro nos concede asilo ou não?". Mendes Vianna respondeu: "Venham passar a noite aqui. Mas não posso mandar o meu carro buscá-los. As ruas que desembocam na praça Omonia estão todas bloqueadas pela polícia".

Que fazer? Com o auxílio do homem da casa de ferragens, depois de muitas tentativas frustradas, conseguimos que um chofer de táxi nos levasse por vias tortuosas até à residência do embaixador.

Fomos recebidos com vaias cordiais. Mendes Vianna emprestou-me um de seus pijamas, que não posso afirmar me tenha assentado como uma luva, pois meu anfitrião tinha exatamente o dobro do meu peso.

No dia seguinte, à hora do café matinal, ficamos sabendo, por um diário ateniense que se publica em língua inglesa, que o saldo dos choques da véspera, sem contar os edifícios danificados, fora de quase duzentos feridos, entre estudantes, populares e policiais.

À noitinha Mafalda e eu embarcamos no iate que nos levaria, através do Egeu, com paradas em Creta, Rodes, Delos, Myconos e Éfeso, até Istambul. A excursão duraria sete dias e sete noites. Descobri que, em matéria de recursos médicos, não existia a bordo nem sequer um veterinário.

8

Debruçado na amurada do barco, o *Stella Maris*, compus uma quadra com nomes de ilhas pertencentes aos arquipélagos das Espórades, das Cíclades e do Helesponto.

Leros, Samos, Lesbos, Kassos
Tinos, Delos, Naxos, Milos
Tera, Rodes, Ciros, Thasos
Hydra, Poves, Andros, Lilos

Shelley tinha razão: o Egeu é o mais belo mar do mundo. O sol brilhava e uma brisa fria soprava das bandas da Ásia Menor. Eu não me cansava de observar os jogos de cor e luz daquele mar mágico. Quantos tons de azul e verde? Impossível dizer, pois eram matizes fugazes — o verde-esmeralda transformava-se num abrir e fechar de olhos em verde-musgo ou jade; insituáveis reflexos violáceos dum segundo para outro ganhavam uma tonalidade de ametista ou turquesa. Se eu não tivesse tanto pudor de certas figuras de linguagem, diria que o Egeu é feito de pedras preciosas liquefeitas. (Tudo se perdoa a um turista.)

Ao anoitecer, um deus invisível — Dioniso talvez — mandou esvaziar sobre o mar milhões de ânforas de vinho tinto.

9

No dia seguinte desembarcamos em Creta. Aqui nasceu Níkos Kazantzákis. Quem ler o seu admirável *Zorba, o Grego* terá uma idéia do caráter e das paixões dos cretenses: homens geralmente altos e fortes, amigos da vida, dos prazeres da mesa e da cama, exímios dançarinos e cantadores, criaturas capazes das maiores generosidades e das mais bárbaras violências. (Em muitos traços psicológicos parecidos com os sicilianos.)

Visitamos o rico museu de Hêrakleion, a capital da ilha, e depois vamos até ao Palácio de Cnossos para examinar os vestígios de uma das mais antigas civilizações do mundo. O guia turístico nos afirma que foi aqui que Teseu entrou no labirinto construído por Dédalo, matou o Minotauro e conseguiu voltar para o ar livre graças ao fio de sua amada Ariadne.

O *Stella Maris* levanta âncora ao anoitecer. No dia seguinte pela manhã atracamos no cais de Rodes, cidade murada, capital da mais importante das ilhas do arquipélago das Espórades. Penso no romancista Lawrence Durrell — ilhômano confesso —, que adora esta ilha de tão turbulenta história, que no passado foi dominada pelos romanos, assediada por persas e turcos, ocupada por venezianos e genoveses e que no século VI serviu de entreposto para os templários da Ordem de São João de Jerusalém que por aqui passavam rumo da Terra Santa.

Disse Luciano de Samósata que Rodes é "bela como o Sol". Cícero, Júlio César, Augusto e Tibério (outro ilhômano) estudaram filosofia e retórica com os sábios desta ilha.

Encontro na arquitetura de Rodes, nas suas mesquitas de esguios minaretes, nos seus palácios, ruas e praças vestígios de todos os seus conquistadores. Tenho, entretanto, a impressão de que predomina aqui uma atmosfera bizantina.

10

Ao anoitecer, voltamos ao *Stella Maris*, que viaja toda a noite por entre estas muitas ilhotas da costa da Turquia para atracar no porto de Kusadasi, na costa da Ásia Menor. Um ônibus, que me lembra os piores que fazem o serviço suburbano de Porto Alegre, nos leva a Éfeso, onde — supõe-se — viveu por algum tempo Maria, a mãe de Jesus. Nosso guia nos mostra o lugar onde são João escreveu parte de seu Evangelho. Visitamos as ruínas do templo de Diana, as da biblioteca de Celso e as do anfiteatro onde o bravo Saulo fez o seu famoso discurso que tanto feriu o sentimento religioso dos efésios como prejudicou os interesses comerciais dos fabricantes de ídolos. (Resultado: são Paulo foi posto na cadeia, o que nos prova que o mundo não tem mudado muito dos tempos bíblicos para cá.)

O *Stella Maris* passou sereno pelo estreito dos Dardanelos, cruzou o mar de Mármara e entrou no Bósforo, dando expressão concreta a nomes que eram meros sinais na geografia da minha infância. Desembarcamos em Istambul, a Velha Constantinopla, num dia cinzento. Visitamos meio às carreiras a Hagia Sofia, a Mesquita Azul, a de Solimão, o Museu Arqueológico, o Grande Bazar, a cidade antiga e a nova; temos um vislumbre do Corno de Ouro e um "deslumbre" do Topkapi, e à noite somos levados a um cabaré que nos oferece um variado *show*, que termina com uma dança do ventre executada por uma bailarina jovem, bastante bonita de corpo e cara. Fiquei a olhar fascinado para seu inquieto umbigo, pensando em que havia pouco mais de um ano eu estava em perigo de vida, dentro duma tenda de oxigênio.

"Mas, se essa dança se prolonga por mais tempo", cochicho ao ouvido de minha mulher, "terei que recorrer à trinitrina..."

No caminho de volta ao Pireu, aportamos na ilha de Delos, que, segundo a mitologia, Poseidon fez surgir das águas, apoiada em colunas de diamantes. Foi aqui que Leto, fecundada por Zeus, deu à luz Apolo e Ártemis, no alto do monte de Cintos, que avisto ao saltar do pequeno bote que nos trouxe do *Stella Maris* até este território sagrado.

O verde destas suaves colinas é desbotado e tenro. Encontramos no chão, onde brotam cardos, papoulas e flores de camomila, um enorme torso de mármore branco, resto duma estátua arcaica de Apolo. Nesta ilha-santuário existiu outrora uma importante cidade dominada por uma esplanada onde se alinhavam estátuas de esbeltos leões. Examinamos o que resta desses belos monumentos. É curioso: os leões de Delos parecem, na sua simplicidade de linhas, na sua fuga ao verismo, esculturas modernas, quero dizer, de nossos dias. Vejo sentado diante de seu cavalete um artista de barbas ruivas e chapéu de palha na cabeça, parodiando voluntária ou involuntariamente van Gogh. Aproximo-me dele e vejo que está reproduzindo na tela as figuras dos leões arcaicos. Não posso compreender como foi que o homem viu esses tons violáceos que estão no seu quadro mas não consigo perceber na paisagem. Fotografo em cores a esplanada, do ângulo do pintor, sem saber que mais tarde, revelada a fotografia, iria encontrar nela, graças a um erro que cometi ao graduar a abertura da lente, os misteriosos tons de violeta que os olhos ou a imaginação do pintor haviam descoberto na atmosfera de Delos...

II

Chegamos em meio da tarde a Myconos, uma das ilhas mais encantadoras do Egeu. É pequena e tem apenas uma cidade, de casinhas cúbicas e brancas, imaculadamente limpas, e centenas de pequenas igrejas. Suas ruas são estreitas, sinuosas, de pavimento caiado, e nelas nos perdemos agradavelmente como num labirinto de brinquedo. Que placidez, a deste lugar! É uma pena que já tenha sido descoberto pelo *smart set* internacional, que começa a visitá-lo no verão. Dentro de mais alguns anos Myconos terá perdido a sua pureza secular, o seu rústico encanto.

Nas tabernas e cafés à beira do mar homens de caras curtidas de sol e vento, provavelmente pescadores, bebem *ouzo*, comem calamar frito, chupam laranjas, tomam café turco... E um pelicano, personagem já famosa nas crônicas turísticas, passeia solitário ao longo do cais.

Deixamos Myconos ao anoitecer, à luz dum crepúsculo fantasticamente vermelho.

Em junho estávamos de volta aos Estados Unidos e à casa dos Jaffe. Edward nasceu em agosto. Fisicamente era uma réplica de Mike.

Sentíamos saudade do Brasil, de nossos amigos, de nossa casa, mas doía-nos a idéia de deixar para trás aquela metade de nossa família. Afeiçoávamo-nos cada vez mais ao nosso genro, que é um homem admirável.

Fosse como fosse, marcamos a data de nosso regresso à pátria para dali a dois meses. Passei esse tempo a ler livros sobre a Grécia e a pôr em ordem as minhas memórias desse país luminoso, com a intenção de um dia escrever um pequeno livro turístico sobre essa viagem. (Seria pretensioso, ridículo mesmo, tentar um ensaio erudito e interpretativo sobre a Grécia antiga.)

Foi no quintal dos Jaffe, ao som dos netos e à sombra de árvores, numa quente tarde daquele verão americano que, acompanhando com o olhar o dourado vôo duma abelha, ocorreu-me o título para o livreco: *Sol e mel*. É que eu vinha deslumbrado com o sol daquele país e compreendia que ninguém melhor que o grego, tanto o antigo como o moderno, sabia tirar da vida todo o seu mel e saboreá-lo cantando e dançando, sem remorsos... Mas o livro nao foi nem será escrito.

Entra o senhor embaixador

I

Em outubro voltamos para o Brasil. Na nossa ausência Luis Fernando deixara Porto Alegre para tentar ganhar a vida no Rio. Encontramo-lo nesta última cidade — pareceu-nos — menos casmurro, mais seguro de si e cheio de projetos para o futuro.

Coisa singular: é muito mais fácil a gente escrever sobre acontecimentos dum passado remoto do que sobre os mais recentes. O tempo como que faz as vezes de filtro, coando impurezas, ao mesmo tempo que nos dá uma mais nítida perspectiva do mundo, dos fatos e de nós mesmos.

Havia muito que eu andava a fazer, digamos assim, "exercícios espirituais" para me habituar à idéia de que a minha mãe um dia teria de morrer. Depois de março de 1961 passei a dizer a mim mesmo: "Pois quase não desapareceste antes dela?".

Em meados de 1963 d. Bega começou a sentir-se mal. O dr. Franklin Verissimo, que sempre tratara dela com a maior dedicação e carinho, descobriu, auscultando-a, de que algo havia de anormal em seu pulmão. Mandou-a fazer uma radiografia de tórax que confirmou seu diagnóstico.

Não vejo razão para entrar agora em pormenores para mim dolorosos, além de desinteressantes para o leitor. Minha mãe foi hospitalizada em agosto de 1963. Câncer do pulmão. Aos 78 anos, d. Bega conservava, nos olhos de pupilas vivas e escuras, uma extraordinária juventude, em contraste com o rosto marcado, de expressão habitualmente tristonha. Eram esses olhos que eu agora via postos em mim, naquele quarto de hospital, numa espécie de muda e medrosa interrogação. Minha mãe jamais procurou saber do que sofria. Seu pavor ao câncer fora sempre tão grande que ela temia pronunciar essa palavra, substituindo-a pela expressão "aquela doença". Ao pé de seu leito, no hospital, eu lhe perguntava freqüentemente se sentia alguma dor. Ela respondia que não. Tinha algum pedido especial a me fazer? Sacudia negativamente a cabeça. E seus olhos miravam meu irmão e a mim com uma expressão de temor e ao mesmo tempo de resignado fatalismo.

D. Bega nunca fora católica praticante. Não costumava ir à missa aos domingos e raramente entrava em igrejas. Tinha, porém, uma grande devoção por santa Rita de Cássia. Na manhã em que as irmãs do hospital perceberam que seu fim se aproximava, sugeriram-lhe que se confessasse e que comungasse, o que ela fez. No dia 12 de outubro daquele mesmo ano, por volta do meio-dia, minutos depois que meu irmão e eu deixamos o seu quarto, d. Bega morreu com a discrição e a dignidade com que sempre tinha vivido.

2

Recebemos no fim daquele ano um surpreendente telegrama, em que Luis Fernando nos comunicava que havia contratado casamento e que oportunamente nos daria pormenores a respeito da noiva e do acontecimento. Mafalda e eu nos entreolhamos e tivemos o mesmo pensamento. Quem seria a eleita? Homem um tanto tímido e, como o pai, um pouco inclinado à inércia e ao não-vale-a-pena, não se teria ele deixado levar pela simples preguiça de dizer não a alguém?

Nossos temores, porém, eram injustificados. Viemos a saber mais tarde que nem a moça suspeitava das intenções daquele bicho-de-concha. Chamava-se Lúcia Helena. Trabalhavam ambos no mesmo escritório. Um dia nosso filho chamou-a (contou-nos a nora mais tarde) e ela imaginou que fosse para passar-lhe um pito por causa de algum trabalho malfeito. Luis Fernando disse-lhe apenas: “Vamos sair”. Ganharam a rua, caminharam algumas quadras em silêncio, fizeram alto à frente da vitrina duma casa de jóias e, apontando para uma coleção de alianças, o rapaz perguntou à colega: “Estás vendo aquele anel ali? Te dou cinco minutos para resolver. Queres ou não casar comigo?”. Lúcia aproveitou apenas uns quatro ou cinco segundos, dos trezentos que Luis Fernando lhe concedera, e respondeu: “Quero”. Deram-se os braços, entraram num botequim e beberam uma Coca-Cola para comemorar o acontecimento.

Casaram-se em março de 1964. A essa altura Mafalda e eu estávamos apaixonados pela noiva. O diabo do rapaz soubera escolher bem. A menina não só era bonita como também inteligente, simpática e de grande firmeza de caráter.

À hora da cerimônia, na igreja de Nossa Senhora do Bom Sucesso, eu já pensava nos netos que o casal nos poderia dar.

3

Numa tarde de janeiro de 1963, estava eu no pequeno escritório que tenho no porão da minha casa, e a que chamo "o subterrâneo da liberdade", pois lá nenhuma arrumadeira, ninguém, tem o direito de mexer em qualquer livro ou papel — quando decidi começar o livro sobre a viagem à Grécia. Sentei-me numa poltrona e entrei a folhear os muitos cadernos que eu enchera de notas quando ainda nos Estados Unidos. Ora, não existe arma mais perigosa na mão dum homem como eu do que um lápis ou uma caneta. Eu tinha naquele momento uma esferográfica que riscava, indócil, uma folha de papel em branco. Comecei a ler as notas gregas. Não consegui, porém, concentrar a atenção no texto daqueles cadernos cheios de desenhos: o perfil dum sacerdote ortodoxo, um esboço rápido da cidade de Rodes, vista do *Stella Maris*; um dos leões de Delos... Minha mão distraída começou então a mover a caneta sobre o papel e, sem idéia conscientemente preconcebida, tracei a face dum homem de aspecto indiático, sob um chapéu Gelot. Lembrei-me então duma tarde, em 1954, no saguão do Hotel Tamanaco, em Caracas, durante a Conferência de Ministros do Exterior da Organização dos Estados Americanos. Estava eu sentado ao lado dum compatriota, a "olhar as caras" e a fazer comentários tipicamente brasileiros sobre os que passavam, quando vimos sair dum elevador um homem de estatura meã, robusto, a tez acobreada, os malares salientes, os olhos oblíquos, vestido como para um casamento ou batizado: chapéu de diplomata, gravata cinzenta, jaquetão de mescla, calças listadas, sapatos de verniz... Meu amigo murmurou: "Aposto como esse índio comprou essa roupa nova especialmente para a conferência". Sacudi a cabeça, sorrindo, e não pensei mais no assunto. No entanto, agora, ali no meu porão, *nove anos mais tarde*, a cena e a figura do desconhecido me voltavam à mente. Por baixo do desenho escrevi: *O senhor embaixador*. Ali estava um assunto para romance! Quantas vezes, durante a minha estada em Washington, me assaltara a idéia de escrever uma história em torno dum embaixador latino-americano junto à Casa Branca e à OEA? Sempre, porém, que tentava elaborar um plano para o romance, tolhia-me a impressão de que a "fruta" estava ainda verde. Agora, entretanto, sentia que o tempo a tinha feito amadurecer e, por artimanhas do "computador", ma oferecia graciosamente, mas exigindo o sacrifício do livro sobre a Grécia.

Atirei para um lado os cadernos de notas e comecei a estudar graficamente as possibilidades da nova idéia. Quando dei acordo de mim, tinham-se passado quatro horas e eu já havia esboçado o plano para o romance.

A figura central da história seria o embaixador dum país imaginário, mas real, da zona do mar das Caraíbas. Ocorreu-me o nome do herói: Gabriel Heliodoro Alvarado. Eu via mentalmente o sujeito: logo ele existia. E o país?

Passei várias semanas estudando diversas regiões da América Central e do Caribe — fauna, flora, história, geologia — para poder criar no meu espírito, com verdade, a minha república. O primeiro nome que me ocorreu para ela foi o de Nova Granada, que repeli por ter existido uma região assim chamada nos tempos coloniais da América espanhola. Aceitei a segunda sugestão do inconsciente: Sacramento. Apanhei um mapa da América Central e das Antilhas e desenhei nele a minha ilha, com seus acidentes geográficos e suas cidades e zonas: a *caliente*, a *templada* e a *fría*.

Dediquei depois uma semana inteira à invenção duma história, dum passado para a República del Sacramento, o que muito me divertiu.

4

Ao cabo de dois meses, estava de posse dum país em cuja existência eu já acreditava sem a menor sombra de dúvida, o que me tornaria talvez possível fazer que os leitores também lhe aceitassem a realidade.

Ao mesmo tempo que fizera todas aquelas leituras e projetos, eu não cessara de pensar na parte mais importante do romance: as figuras humanas. Elas foram surgindo aos poucos, e eu me ia tornando íntimo delas — mais de umas que de outras, como sempre.

Algumas de início proporcionaram-me surpresas. O dr. Molina, que imaginei um tipo ridículo, acabou por transformar-se numa personagem patética. Gabriel Heliodoro — percebi logo — era um parente remoto dos Cambarás, extraviado numa ilha do mar das Antilhas.

Mas... qual era o propósito do livro? Bom, *O senhor embaixador* me oferecia a oportunidade de estudar a estrutura política, econômica e social dessas republiquetas da América Central e do Sul e suas relações com o irmão maior e mais rico, os Estados Unidos. O romance se prestaria também para mexer com um problema que sempre me preocupou: a participação do intelectual na política militante e, mais especificamente, numa revolução de caráter violento. E — por que não confessar? — havia além disso tudo o simples gosto de jogar com vários destinos, ver o que ia acontecer no momento em que — preparado o cenário — eu lançasse todas aquelas personagens em cena.

Emprestei a essas figuras fictícias várias de minhas doenças, gostos e hábitos. Ao dr. Jorge Molina leguei a minha discopatia degenerativa. A Rosalía, a minha vagotonia. A Pablo Ortega e ao dr. Leonardo Gris, minha afeição pela música barroca. Ao pai de Pablo, o meu enfarte. Ao mísero Pancho Vivanco, a minha mania de lidar com lápis e artigos de escritório, bem como o vezo de pensar ou resolver problemas ao mesmo tempo que rabisco desenhos figurativos ou abstratos.

Decidi que *O senhor embaixador* devia ser um livro tão franco e desinibido quanto me fosse possível fazê-lo. (Mais tarde, Wilson Martins havia de chamar-lhe com muita propriedade "romance catártico".) Como sempre, estava decidido a dar a mais ampla liberdade às minhas criaturas, embora esperasse que sua eventual rebeldia não acabasse por prejudicar meus objetivos primordiais.

A narrativa devia ser direta, objetiva. A história começaria não com qualquer das personagens centrais, mas com William Godkin, um ex-correspondente, na América Latina, duma agência de notícias americana de minha invenção, a Amalgamated Press, da qual possuo, naturalmente, o controle acionário.

Escrevi e reescrevi o primeiro capítulo umas quinze vezes. Com o passar do tempo, o que a princípio parecia oferecer-se como uma simples comédia satírica de costumes diplomáticos se foi transformando numa coisa séria — a despeito de certos aspectos caricaturais que, em muitos casos, estavam mais na natureza das personagens do que propriamente na disposição do autor.

Compus trechos desse romance em 1963, com muitas interrupções. Dediquei-lhe a melhor e maior parte de 1964. Contando os seus capítulos reescritos, as páginas que continham sugestões — aproveitadas ou não — e os trechos que foram eliminados, os originais atingiram um total de novecentas folhas datilografadas em espaço triplo. Reduzi-as a seiscentas páginas, que corresponderam às quatrocentas do livro impresso.

Em princípio de 1965 Lúcia e Luis Fernando nos deram uma neta, Fernanda. Mafalda e eu fomos ao Rio para conhecê-la. Vi um pouco das feições do velho Sebastião Verissimo na face carnuda e redonda do bebê e isso me enterneceu.

O senhor embaixador foi publicado em fins de julho desse mesmo ano. Em agosto Mafalda e eu de novo rumamos para os Estados Unidos, isto é, para a casa dos Jaffe.

Mundo velho sem porteira!

I

Estas memórias ficariam injustificavelmente incompletas se nelas eu não narrasse, ainda que de modo breve, as andanças em que me tenho largado pelo mundo na companhia de minha mulher e de meus fantasmas particulares. Desde criança fui possuído pelo demônio das viagens. Essa encantada curiosidade de conhecer alheias terras e povos visitou-me repetidamente a mocidade e a idade madura. Mesmo agora, quando já diviso a brumosa porta da casa dos setenta, um convite à viagem tem ainda o poder de incendiar-me a fantasia.

Na minha opinião, existem duas categorias principais de viajantes: os que viajam para *fugir* e os que viajam para *buscar*. Considero-me membro deste último grupo, embora em 1943, como já contei no primeiro tomo destas memórias, nauseado pelo ranço fascista de nosso Estado Novo, eu tenha *fugido* com toda a família do Brasil para os Estados Unidos, onde permanecemos dois anos. Devo entretanto esclarecer que, mesmo durante esse tempo de fugitivo, jamais deixei de ser um buscador.

O que pretendo fazer agora é — usando o *verissimocolor*, película de baixo custo — apresentar ao leitor por assim dizer alguns diapositivos e filmes verbais dos lugares por onde passamos e das pessoas que encontramos, tudo assim à maneira impressionista, e sem rigorosa ordem cronológica.

Usei como título deste capítulo dedicado a minhas viagens uma expressão popular que suponho de origem gauchesca. Tenho-a ouvido desde menino, da boca de velhos parentes e amigos, de tropeiros, peões de estância, índios vagos, gente da rua... Minha própria mãe empregava-a com freqüência e costumava pontuá-la com um fundo suspiro de queixa. As pessoas em geral pareciam usar essa frase para descrever um mundo que se lhes afigurava não só incomensurável como também misterioso, absurdo, sem pé nem cabeça... Desconfio, entretanto, que na sua origem essa exclamação manifestava apenas a certeza popular de que Deus fizera o mundo sem nenhuma porteira a fim de que nele não houvesse divisões e diferenças entre países e povos — gente rica e gente pobre, fartos e famintos, uns com terra de mais, outros sem terra nenhuma. Em suma, o que o Velho queria mesmo era um mundo que fosse de todo mundo. É nesse sentido positivo que desejo seja interpretada a frase que encabeça esta divisão do presente volume.

Quem me lê poderá objetar que basta a gente passar os olhos pelo jornal desta manhã para verificar que o mundo nunca teve tantas e tão dramáticas porteiras como em nossos dias... As próprias páginas deste livro bem poderiam ser uma confirmação dessa idéia. Mas que importa? Um dia as porteiras hão de cair, ou alguém as derrubará. "Para erguer outras ainda mais terríveis", replicará o leitor céptico. Ora, amigo, precisamos ter na vida um mínimo de otimismo e esperança para poder ir até ao fim da picada. Você não concorda? Ó mundo velho sem porteira!

2

Na segunda semana de fevereiro de 1959 minha mulher, meu filho e eu embarcamos no Rio de Janeiro, rumo de Lisboa, num transatlântico italiano, o *Federico C.* Cometi o erro de comprar acomodações de primeira classe — bastante caras — sem saber que a segunda, conforme verifiquei desde o primeiro dia de viagem, oferecia essencialmente o mesmo conforto. Como ambas encontram-se em boa parte no mesmo nível do barco, freqüentemente eu passava sem perceber da primeira para a segunda. A fauna desta última era muito mais numerosa, variada e pitoresca que a da principal, onde seríamos pouco mais de trinta tristes passageiros — tristes com exceção de dois: Paulo e Nina. O menino teria seus robustos três anos e era filho do casal Nair e Paulo P. Vidal, este um jovem diplomata brasileiro que estava a caminho de Genebra, onde ia reassumir seu posto de secretário da delegação brasileira. Nina — cinco ou seis anos — era a filha serôdia de Georg Friedrich Murat Rosen, embaixador da República Federal da Alemanha no Uruguai, e que, já no fim de sua carreira, retornava a Bonn. Nina — cabelos de linho, um azul de água-marinha nos olhos — era viva, gregária, loquaz e falava com fluência, além do alemão, o inglês, o francês e o espanhol, este último idioma com forte sotaque teutônico. Tornou-se logo a figura mais popular não só da primeira classe como também da segunda, na qual freqüentemente se infiltrava.

Ilustra o salão de festas da classe superior um mural de Campigli em cores esbranquiçadas, pintado um pouco ao modo etrusco: prostitutas às janelas de seus quartos em bordéis do porto de Gênova. O capitão deste bravo *piroscafo* confessa-nos seu horror à pintura moderna e não compreende por que sua companhia pagou 50 mil dólares por *questa roba orribile*.

É neste salão que os passageiros em geral se reúnem à hora do aperitivo, pouco antes do jantar, ao som dum trio — piano, violoncelo e violino — que executa nostálgicas músicas de café-concerto.

No refeitório reina um clima de primavera com intermitentes arrepios de inverno. Uns poucos cavalheiros vestem *smoking* mas a maioria deles limita-se às roupas escuras. Suas mulheres exibem vestidos longos e algumas estão refulgentes de jóias. Olho em torno e calculo que a média de idade entre os passageiros da primeira classe deve ser de cinqüenta anos. Esses viajantes de aspecto próspero devem ser homens de negócio aposentados, banqueiros e capitães de indústria talvez ainda em atividade: em suma, gente rica. Que está fazendo no meio deles um escritor brasileiro que vive da renda de seus livros — 10% sobre o preço de venda de cada exemplar — e que não possui nenhum bem imóvel além duma casa hipotecada?

Mafalda felicita-se porque até agora não se sentiu mareada, como temia. É que os giroscópios do *Federico C* cumprem com eficiência a sua função estabilizadora. Luis Fernando satisfaz suas curiosidades e apetites gastronômicos. O cardápio é enorme e nele me perco como num labirinto cujo Minotauro fosse o fantasma invisível do colesterol. Ao fim dum jantar, quando o *maître* prende fogo nos espíritos que derramou sobre o *crêpe-suzette* que encomendamos, chamas verdes, azuis e amarelas tingem-lhe a face longa, dando-lhe a aparência dum mágico ou dum benigno satanás.

3

Pela manhã e à tarde a piscina enche-se de banhistas e adoradores do sol. Intriga-me um homem que vejo sempre sozinho: estatura mediana, retaco, pele clara, ventre bojudo, desses que a caricatura costuma atribuir aos capitalistas, peito e braços musculosos, nos quais azulam tatuagens. Tem uma cara honesta de camponês. Dino, o garçom do bar da piscina, me informa que o solitário é um dos dois correios diplomáticos da embaixada soviética em Buenos Aires que se acham a bordo. Nunca são vistos juntos. Enquanto um deles vai para a piscina, o outro permanece na cabina, talvez montando guarda aos documentos que levam para Moscou. Ambos fazem as refeições juntos, no próprio camarote.

Há dias que venho observando as manobras de Nina para conquistar a amizade do funcionário soviético. Este no entanto conserva-se indiferente e mudo. A menina tenta comunicar-se com ele em todas as línguas que sabe. O diplomata não move os lábios, nem sequer para sorrir. "*Como te llamas, hombrre?*", pergunta-lhe a pequena certa manhã, pondo na palavra *hombre* mais erres do que ela necessita. O *hombre* continua calado. Hoje enrolou uma toalha em torno da cabeça, o que lhe dá o ar dum califa de pele alva e cabelos louros. Um avião passa alto por cima do navio, Nina ergue os olhos e os braços para o céu e exclama: "*Mirra!*". O russo mira mas cala.

No dia seguinte, porém, muito cedo o gordo pombo-correio comunista e a menina são as únicas pessoas que vejo à beira da piscina. (Sergei Dodonov não percebe que eu o espio semi-escondido, de dentro do bar.) Nina volta à carga e o cidadão soviético evita-a como pode, mas ao cabo de alguns minutos de negaceios entrega sua Stalingrado particular à pequena atacante: murmura algo, não sei em que língua, ao mesmo tempo que passa de leve seus dedos, grossos como bananas, pelos cabelos da filha do embaixador alemão. Nina põe-se a pular e a gritar: "*El hombrre habla! El hombrre habla!*". E deita a correr pela parte rasa da piscina, dando pontapés na água e produzindo borrifos que o sol transforma em breves jóias.

Ergo-me e vou debruçar-me à amurada para contemplar o mar à luz da manhã. Ouço com a memória a voz de João Raymundo recitando um verso de Verhaeren: "*Il fait dimanche sur la mer!*".

4

Os dias passam. Sigo inescapavelmente a rotina de bordo. Depois do café-da-manhã, longas caminhadas ao redor do *promenade deck*. Faço-as em geral sozinho ou na companhia silenciosa de meu filho ou então na de Paulo Vidal. Com este último recordo com saudade um querido amigo que deixamos em Washington, Maury Gurgel Valente, membro também do serviço diplomático brasileiro. "Você já imaginou, Paulo, quando o nosso Maury chegar a embaixador, com aquele seu aspecto eternamente menineiro, as suas deliciosas distrações e o seu descaso pelo protocolo?" E Paulo: "Mas vai ser um embaixador muito eficiente, disso tenho certeza". Eu também tinha, e como! E ambos estávamos certos — posso acrescentar, passadas quase duas décadas.

Pouco antes do jantar, na sala do mural de Campigli, Mafalda e eu conversamos com os pais de Nina e com Gerhard Wolf, que conhecemos em Porto Alegre, onde ele foi recentemente cônsul da República Federal da Alemanha. Como já atingiu a idade da aposentadoria, Herr Wolf volta para Bonn. Os músicos executam o seu repertório, ao qual naturalmente não podem faltar a "Suite de l'Arlésienne", os "Contos dos bosques vienenses" e a "Dança das horas"...

Depois do jantar, costumamos tomar um delicioso café *espresso* no bar. Às nove assistimos a uma sessão de cinema. Sentimo-nos frustrados porque só nos mostram filmes americanos dublados em italiano. Não deixa de ser cômico ver-se e ouvir-se um ator com cara de pau como John Wayne, que mal move os lábios finos quando se exprime em sua própria língua, "falar" um idioma musical e exuberante como o italiano. (Diz meu filho que, como ator, Wayne tem apenas duas expressões faciais: com e sem chapéu.)

Freqüentes vezes, sentados nas preguiçosas do convés, Mafalda e eu discutimos a nossa estratégia para a "campanha de Portugal", onde teremos de fazer manobras sutis para não aceitar favores oficiais, seja de que natureza forem, pois ambos detestamos o regime salazarista.

Na festa com que os passageiros celebram a passagem pela linha do equador, pede-me o diretor social de bordo que eu faça o papel de Netuno. Recuso. Insistem. Reluto. *Ma lei non ha spirito umoristico?* Acabo capitulando. Afinal de contas — concluo — quem viaja não deve perder oportunidades de ser de vez em quando "outra pessoa", livrando-se da tirania dos "outros", que já o ficharam e classificaram definitivamente. Exemplo: "O Verissimo é um sujeito sisudo, incapaz disto e daquilo, principalmente *daquilo*".

Chegada a hora da festa, põem-me na cabeça uma coroa de papelão e no rosto colam-me bigodes e barbas brancas de algodão. O espelho mostra-me um índio velho brasileiro, cacique não sei de que perdida tribo. Levo a comédia até ao fim. A "cerimônia" realiza-se na piscina. Tenho de fazer uma pequena alocução em italiano. No momento de coroar com uma grinalda de flores de papel a jovem governanta de Nina, que foi eleita *miss* não me lembro quê, beijo-lhe ambas as faces coradas. Em suma, divirto-me com a farsa, mas não tanto quanto Mafalda e Luis Fernando, que não podem conter o riso quando me vêem sentado num trono improvisado à beira da piscina, com um tridente de plástico na mão.

5

No dia 18 de fevereiro, por volta das quatro da tarde, nosso *piroscafo* faz uma escala em Las Palmas, capital duma das principais ilhas do arquipélago das Canárias. Cidade limpa, de clima ameno, dona de certa graça para a qual contribuem as cores de suas muitas buganvílias. Descemos para terra e já no cais somos assaltados por um bando de raparigas que exibem os consabidos "trajos típicos" — isca para turistas. Estão munidas de pequenos cestos com flores. Uma delas aproxima-se de mim, prega-me uma flor na lapela e arranca-me um dólar. Quer fazer o mesmo ao turista francês que nos acompanha, mas sua *madame* intervém, rude, dando à moça apenas uma moeda de 25 centavos de dólar. "*Voilà!*" O marido sussurra sorrindo: "*C'est le charme des tropiques*". Alugamos um Studebaker, cujo chofer, Sebastián, nos informa com orgulho que seu carro tem 33 anos de idade. Por uma estrada estreita e perigosa, somos levados pelo valente calhambeque até ao pico dum vulcão extinto, de onde se tem uma vista panorâmica não só da cidade como de toda a ilha. A natureza, com a cumplicidade do tempo, entupiu a cratera, de sorte que a uns duzentos metros abaixo de onde estamos, em vez dum atro abismo que talvez nos pudesse levar ao centro da Terra, vemos um plácido vale, dum vivo verde veludoso, com algumas árvores, umas poucas casinholas e uma plantação de bananeiras.

Ao entardecer, o *Federico C* faz-se de novo ao mar, e nos dias que seguem vamos passando do verão para o inverno. A temperatura cai, os azuis e verdes do céu e das águas transformam-se em nevoentas tonalidades de cinza, e as nuvens às vezes assumem a cor da ostra. O sol, quando não se esconde, mostra-nos uma pálida face de convalescente. Estamos entrando na cauda, quero dizer, no último mês do inverno europeu. A piscina de bordo é esvaziada e coberta por uma rede feita de grossas cordas. Vejo menos gente a passear pelos conveses. Uma vez que outra me animo a enfrentar o mau tempo e faço uma ou duas voltas no *promenade deck*.

* * *

Cinco da tarde. Já quase noite no Atlântico. Na sala de leitura confortavelmente aquecida, finjo ler a revista italiana que acabo de apanhar de cima duma mesa. Na realidade observo disfarçadamente o cavalheiro que está sentado numa poltrona, a pequena distância. Tem um livro fechado nas mãos, os olhos entrecerrados, como em devaneio. É Herr Gerhard Wolf. Quantos dos que me lêem conhecem a extraordinária história desse diplomata alemão? Poucos, suponho. Pois ali está o homem que salvou Florença da destruição. Sem sua corajosa e oportuna intervenção talvez o *David* de Michelangelo, a igreja de Santa Maria del Fiore, a Galleria degli Uffizi, com sua riquíssima pinacoteca, assim como outras inestimáveis obras de arte da histórica cidade italiana estivessem hoje reduzidas a escombros.

Quando Adolf Hitler tomou o poder na Alemanha, o jovem Gerhard Wolf era apenas um simples terceiro-secretário de embaixada. Como homem civilizado, via com apreensão os crescentes delírios paranóicos do *Führer*. Chegou, porém, desgraçadamente a hora em que todos os membros do corpo diplomático do Terceiro Reich foram obrigados a inscrever-se no Partido Nacional-Socialista, sob pena de serem não só demitidos como também processados e possivelmente internados em campos de concentração. Gerhard Wolf não teve outro remédio senão tornar-se um nazista, pelo menos exteriormente. O fato de passar a maior parte do seu tempo fora da Alemanha tornava-lhe decerto menos penoso subir o seu calvário com a cruz gamada às costas.

Durante os últimos anos da Segunda Grande Guerra era ele cônsul-geral da Alemanha nazista em Florença, cidade que não só admirava como também amava. O chefe de polícia florentino, um homem de maus bofes, que se chamava ironicamente Caritas, perseguia com encarniçamento não só os judeus como também os antifascistas italianos, denunciando-os à Gestapo. Herr Gerhard Wolf intervinha, quando possível burocraticamente, mas na maioria dos casos clandestinamente, para dar asilo ou fuga aos perseguidos, salvando assim centenas deles do tiro na nuca, dos campos de concentração, dos trabalhos forçados e das câmaras de asfixia. Nessas manobras corria grandes riscos pessoais, que se agravaram quando em 1943 Mussolini foi derrubado do governo italiano e o Exército alemão encarregou-se da defesa da parte da Itália ainda em poder dos fascistas. O cônsul Wolf, então com redobrada cautela, prosseguiu na sua missão salvadora. Quando as tropas aliadas aproximaram-se de Florença e o general nazista que comandava a praça preparou-se para defender a cidade até o último soldado, Gerhard Wolf conseguiu a duras penas convencê-lo de que isso seria uma loucura, pois essa resistência significaria na certa a destruição de uma das mais valiosas cidades-museus do mundo. O general, porém, já tinha começado a fazer ir pelos ares algumas pontes do rio Arno... Herr Wolf jogou então a sua última e mais perigosa cartada — pois podia ser fuzilado por traidor da pátria ou, no mínimo, destituído de seu cargo por derrotista —, enfrentou novamente o general e tratou de fazer que ele poupasse *il Ponte Vecchio*. Discutiu com o militar com tanta veemência e tamanha paixão, que o nazista acabou concordando não só em poupar a mais bela ponte florentina como também em retirar suas forças da região... Assim, quando os Aliados entraram em Florença, encontraram-na intacta, com todos os seus tesouros de arte.

Preso pelos Aliados, e mais tarde processado e julgado, Herr Gerhard Wolf teve tantos e inequívocos depoimentos a seu favor, da parte não só de pessoas cujas vidas ele salvara, como também de outras que conheciam suas atividades antinazistas, que não só foi unanimemente absolvido como também integrado no serviço diplomático da República Federal alemã — e mais tarde mandado a ocupar postos no estrangeiro.

Florença deu-lhe um título de cidadão honorário. Alguém (ignoro o nome do autor) reduziu sua história a uma peça de rádio intitulada *O Anjo de Florença*. Um dia, pouco depois de eu haver conhecido pessoalmente Gerhard Wolf, tive a ocasião de ler sua biografia, *O cônsul de Florença*, da autoria de David Tutaev.

Nas poucas vezes em que encontrei socialmente em Porto Alegre esse homem admirável, conversamos — como tem acontecido agora a bordo do *Federico C* — sobre viagens, livros e escritores, pintura e pintores, escultura e escultores, a divisão da Alemanha, o futuro da Europa... Jamais esse cavalheiro de cabelos grisalhos, sorriso suave e um pouco triste, fez qualquer referência à sua odisséia florentina. E agora, no fim de sua carreira, volta ele para Bonn, para a aposentadoria e possivelmente para o olvido.

A revista que tenho nas mãos, enquanto observo o cônsul — percebo agora —, está de ponta-cabeça. Herr Wolf desperta de seu devaneio, ergue-se, sai na direção da porta da sala de leitura e detém-se a meu lado. Levanto-me, apertamo-nos as mãos, quero dizer-lhe da grande admiração, respeito e mesmo gratidão que tenho por ele... Mas como entrar no assunto? Sai-me então da boca uma frase cretina: "Estamos quase no fim da viagem, não?". Herr Wolf sorri: "Sim, para o senhor e sua família, que descem em Lisboa, mas não para minha senhora e eu, que seguimos até Gênova, onde tomaremos um ônibus para o interior da Itália. Antes de regressar a Bonn, queremos visitar uma cidade que nos é especialmente cara. Bom, com sua licença...". Torna a apertar-me a mão e se vai. Até hoje tenho atravessadas na garganta as palavras que não consegui dizer ao bravo cônsul alemão que salvou Florença — e que jamais tornarei a encontrar, porque Gerhard Wolf morreu em Munique, poucos anos após esse nosso último encontro a bordo do *Federico C.*

6

PORTUGAL: 1959

Gaivotas que imagino lusitanas (ou será o mar a pátria de todas as gaivotas?) organizaram-se numa espécie de comitê de recepção e acompanharam nosso barco, sobrevoando-o festivamente aos guinchos, desde o oceano até ao porto de Lisboa, ao longo do Tejo.

Clara e suave, com algo de aquarela e presepe, a cidade nos espera nesta fria manhã de fim de inverno, sob um céu tão azul e límpido que seria uma insensatez procurar adjetivos raros para qualificá-lo.

Meu editor Antonio de Souza Pinto e o eng. Jorge de Sena esperam-nos no cais, em companhia de outras pessoas que — debruçado na amurada do navio — tento mas não consigo identificar. Desembarcamos. Mal ponho os pés em solo português, sinto-me filho nativo desta terra. Pudera! Aqui estão minhas remotas raízes, daqui partiu há 150 anos um de meus antepassados, para a aventura brasileira. Estou em casa.

Souza Pinto é um homem de meia-idade, altura um pouco acima da mediana, as faces rosadas e carnudas; veste-se com uma elegância britânica e fuma cachimbo. Jorge de Sena é todo um professor, por dentro e por fora. Conheço-lhe os excelentes poemas e ensaios. Tem e merece a reputação de ser homem duma integridade moral e intelectual a toda prova. À primeira vista me parece um tanto retraído e silencioso. Abomina, como eu, o regime salazarista. Estou certo de que vamos entender-nos bem.

Cercam-nos repórteres de jornais lisboetas. Um deles pergunta: "É a primeira vez que Vossa Excelência visita nossa terra?". Respondo: "Não sei... Tenho a impressão de que já estive aqui... não me lembro quando. Talvez numa outra vida". Curioso: a impressão do *déjà-vu* haveria de acompanhar-me durante quase todo o tempo que passaríamos em Portugal.

No automóvel de meu editor, a caminho do Hotel Tivoli, pergunto por Álvaro Lins, o nosso admirável crítico literário, que agora exerce as funções de embaixador do Brasil em Portugal. A resposta que Jorge de Sena me dá é exatamente a que eu esperava. O fato de Lins ter concedido asilo em sua embaixada ao gen. Humberto Delgado, um dos líderes da oposição portuguesa, irritou o governo de Oliveira Salazar, criando uma crise diplomática séria, que nosso compatriota enfrenta com bravura e dignidade.

Naquele mesmo dia, às cinco da tarde, Souza Pinto reuniu, num dos salões de sua casa editora, grande grupo de escritores portugueses, para que eu tivesse a oportunidade de conhecê-los pessoalmente. Lá estavam figuras que eu admirava e estimava. Alguns daqueles homens haviam já sido hóspedes forçados das prisões da PIDE, a abjeta polícia política de Salazar.

Ao primeiro contato com esses companheiros senti os efeitos da torva atmosfera repressiva criada por um governo de direita que, através duma censura implacável e estúpida, procurava por assim dizer emascular o pensamento liberal, a literatura e as artes em Portugal.

Doía-me ver um dos povos mais ternos e hospitaleiros do mundo dominado por um regime político fascista. Isso me criava um problema que examinei de muitos ângulos com minha mulher e meu filho. Diante daquela situação, como deveria eu proceder? Fingir que não percebia nada — prisões arbitrárias, terror policial, censura férrea —, portando-me como o "perfeito cavalheiro" que, ao entrar em casa alheia, deixa seu espírito crítico do lado de fora e sorri polidamente para os donos da mansão, aceitando seus vinhos, chás, bolinhos, presentes e homenagens? Ou, ao contrário, ser absolutamente franco nas conferências que ia fazer, nos colóquios que ia entreter com estudantes, e nas entrevistas que ia dar à imprensa, fazendo as mais claras manifestações de meus princípios liberais e humanistas? Um escritor português, meu conhecido e partidário do salazarismo, já andava a rondar-me, sugerindo-me fizesse uma visita de cortesia ao sr. secretário de Informação. Acenava-me com facilidades para viajar por conta do seu governo através de todo o país... aonde eu quisesse. "Não tem o meu camarada curiosidade de conhecer nossas províncias d'além-mar? Pode-se arranjar isso lindamente." Tratei de despistar o solícito governista: "É melhor deixar esses assuntos para mais tarde...". Mas o homem insistia: "Ó V'rissimo, não lhe custa nada fazer uma visitinha de cinco minutos ao senhor secretário. É uma pessoa simpaticíssima".

Não fiz. Já tínhamos decidido que para nós só havia um caminho decente a seguir. Ia ser embaraçoso? Paciência.

7

Dois dias depois de nossa chegada a Lisboa, minha mulher e eu recebemos do embaixador Álvaro Lins e de sua senhora uma homenagem que muito nos sensibilizou. Neste ponto prefiro dar a palavra ao anfitrião, citando um trecho de seu livro *Missão em Portugal* (Rio: Editora Civilização Brasileira, 1960).

Lisboa, 21 de fevereiro de 1959

Cocktail ao Erico e Mafalda aqui na Embaixada. Durante uns quarenta minutos estivemos, Heloísa e eu, na entrada do salão, recebendo os convidados, pois foram mais de trezentos! Compareceu tudo o que Lisboa tem de melhor em sua vida literária, em sua vida artística, em sua vida cultural. Em edição de fim de tarde, e no conhecimento da lista dos convidados, o Diário de Notícias *comentava que raramente, em quaisquer salões de Embaixadas, se teria visto aqui uma recepção de tais proporções, tanto pelo número como pela qualidade, conjuntamente, dos convidados.*

Ao mesmo tempo, porém, já fui informado de que, em certos meios mais extremamente fascistas do situacionismo, começam a surgir murmurações por causa do grande número de intelectuais da Oposição, sobretudo da esquerda, convidados e presentes à recepção. Feito por alguém que também conhecia a lista de convidados, já se encontra circulando, neste sentido, um papel anônimo e mimeografado [...] *Dada a condição exclusivamente literária de Erico Verissimo, adotei o critério de não convidar nenhuma personalidade que fosse exclusivamente política, quer da Situação, quer da Oposição. Todos os con-*

vidados são membros da Sociedade Portuguesa de Escritores. Ou diretores e chefes de redação de todos os jornais de Lisboa. Ora, quanto aos diretores de jornais, a quase-totalidade deles é de salazaristas. E nenhum deixou de ser convidado. Agora, quanto aos escritores e professores, aos intelectuais que constituem a vida cultural portuguesa, a culpa não é minha ao constatar-se que, em trezentos de uma lista, 290 são democratas e anti-salazaristas; e que apenas uns dez oscilam entre a neutralidade tímida e o apoio encabulado ao governo ditatorial.

Foi um acontecimento para nós inesquecível essa festa na embaixada do Brasil. Quando em companhia de minha mulher e na de nosso filho cheguei à porta do salão de festas, resplendente de luzes e já fervilhante de convidados, o embaixador e a embaixatriz vieram a nosso encontro. Apertei a mão a ambos. Heloísa — morena, bonita, face voluntariosa de nordestina — estava muito elegante no seu longo vestido escuro. Beijou Mafalda e levou-a na direção dum grupo de senhoras. Álvaro Lins segurou-me pelo braço e fez-me dar os primeiros passos no salão. Procurei afivelar uma das minhas canhestras máscaras mundanas. Inútil. Senti, cheguei a *ver* a expressão bisonha de meu rosto. Nunca me sinto completamente à vontade em reuniões sociais, palcos, plataformas e lugares públicos nos quais por qualquer motivo minha pessoa seja o centro das atenções. Não estou tentando insinuar que me considero uma flor de modéstia. Nada disso! Tenho até uma certa ojeriza por palavras como *modéstia* e *humildade*, pois ambas — e muitas outras desse tipo — me parecem na maioria dos casos disfarces verbais para um tipo de vaidade mais complexo do que o comum.

Mal havia eu dado o terceiro passo no salão, a memória me mandou à consciência, numa síntese que durou apenas uma fração de segundo, toda uma história que só poderei narrar em muitas linhas. Aqui vai.

O cel. Quincas Bicalho era, lá pelos mil e novecentos e vinte e poucos, o chefe político absoluto de Santa Margarida, vilarejo não mui distante de minha cidade natal. Caboclo bonachão, pitoresco contador de "causos", era também conhecido por sua vaidade, por sua paixão por ser homenageado, festejado, condecorado, em suma: "aperciado"... Tinha a obsessão do prestígio pessoal, da popularidade.

Sempre que visitava Cruz Alta, costumava telegrafar a seus correligionários republicanos: *Chegarei amanhã trem meio-dia. Avise compa-*

nheiros. Abraços. Bicalho. Para ele o importante era ter muita gente a esperá-lo na "gare da estação", como dizia.

Por ocasião de uma dessas visitas, o nosso coronel chegou no trem do meio-dia e teve a mais deslumbrada alegria de sua vida ao ver a plataforma da estação cruz-altense repleta de autoridades civis e militares, e de muito povo. Além do intendente municipal lá estava toda a oficialidade da guarnição federal, com seu comandante à frente, de espada à cinta, medalhas no peito, talabarte lustroso, grande uniforme... Mal o trem parou, a banda de música do 8º Regimento de Infantaria rompeu a tocar um vibrante dobrado. O cel. Bicalho saltou do trem, com os beiços arregaçados num sorriso que lhe ia de orelha a orelha. E — baixote, pele tostada de sol, pernas arqueadas, roupa preta e colarinho duro com gravata de elástico — lá se foi ele direito ao comandante da guarnição e, ao abraçá-lo com entusiasmo, quase lhe arrancou as condecorações. "Mas que honra, general!", exclamou. "Muitíssimas grácias!" Chamou aos peitos o intendente, num amplexo de velho companheiro de campanhas e patifarias eróticas e eleitorais, e depois saiu a distribuir apertos de mão entre os outros oficiais e, como bom político, não deixou de acenar efusivamente para a multidão em torno.

A todas essas não notava a expressão de estranheza ou espanto em todas aquelas faces, tanto nas dos civis como nas dos militares. Por fim um amigo chamou-o à parte e disse-lhe ao ouvido: "O compadre está equivocado... Esta recepção não é pra vosmecê, mas pra Sua Excelência o ministro da Guerra, que viaja neste mesmo trem".

O senhor de Santa Margarida, encalistrado, deixou cair a beiçarra e ficou olhando para o luzido grupo das autoridades e demais pessoas gradas que se afastava, rumo do vagão de luxo do comboio.

Quincas Bicalho não tardou a recuperar o bom humor. Soltou uma risadinha e exclamou: "Que bruta rata, compadre!".

Para o rapazote que eu era então, esse fato valeu como uma espécie de parábola exemplar. Aprendi uma boa lição e prometi a mim mesmo, não necessariamente em palavras claras, jamais proceder na vida como o cel. Bicalho.

8

No entanto parece fora de dúvida que esta recepção é mesmo para os Verissimos. Álvaro Lins começa as apresentações. Aperto a mão de cavalheiros corretamente vestidos, alguns deles com a roseta duma comenda na lapela. Às vezes julgo sentir uma certa invejinha de pessoas assim bem-falantes, atenciosas, amáveis — desses tipos extrovertidos que sabem demonstrar de maneira convincente, em palavras, gestos e expressões faciais, toda a sua cordialidade, mesmo quando falsa.

Tenho a impressão de estar num bosque — não perdido, como o Joãozinho e a Ritinha da fábula, pois tenho em Álvaro Lins um guia seguro —, um bosque de árvores móveis dotadas de fisionomia, voz, gestos... Alguns galhos e ramos me envolvem em cálidos abraços, que nada têm de vegetal, pois é de bom sangue humano e quente a seiva destas generosas plantas. Cobrem-me com suas folhas e flores, oferecem-me os frutos de sua prodigalidade. Já tenho os braços cheios deles: são tantos que os deixo cair. "Sou leitor de Vossa Excelência desde o seu primeiro livro!" — "Até que um dia o meu querido amigo decidiu fazer uma visitinha a este nosso Portugal pequenino..." — "Mas onde está madame Verissimo? Quero conhecê-la." — "Já pedi ao Souza Pinto que não deixe de levá-los a Évora!" — "Vossa Excelência não pode ir-se de Lisboa sem jantar em minha casa." — "E na minha também, ora e essa!" Cruzam o bosque ágeis elfos de luvas brancas carregando sobre a mão espalmada bandejas com cálices e copos cheios de bebidas em vários tons de âmbar, ouro velho e novo, rubi e topázio. Tempera o ar uma fragrância de extratos de Paris, de uísque da Escócia e de vinhos da generosa terra portuguesa. Bandejas surgem súbitas no meu campo de visão, cheias de canapés, torradinhas barradas de caviar ou patê, finas fatias rosadas de salmão defumado, empadinhas, azeitonas... "Não, obrigado! Mais tarde!" (Meus tabus alimentares dariam um longo capítulo, que por pudor não pretendo jamais escrever.) Percorro lentamente uma afetuosa estrada de abraços — apenas de raro em raro uma apresentação formal: uma curvatura, um sorriso, um aperto de mão, um nome indistintamente murmurado.

Um senhor corpulento está agora à minha frente e me contempla com uma ternura de tio. É Nuno Simões, um dos mais antigos e cordiais amigos que o Brasil tem em Portugal. Apertamo-nos as mãos, abraçamo-nos. Pergunta-me por Moysés Vellinho. Quer notícias do

Rio Grande do Sul. Comove-me a expressão de bondade que vejo nos olhos deste velho humanista e homem de imprensa.

Abre-se uma breve clareira no bosque. Vislumbro d. Maria Carlota, esposa de meu editor — dama duma simpatia e duma simplicidade cativantes —, no momento em que ela apresenta Mafalda a uma senhora vestida de veludo negro. Sinto-me tranqüilo ao avistar minha escudeira. Estou certo de que ela está tão feliz quanto eu, mas, diferente do marido, sabe exprimir de modo espontâneo sua felicidade. A dama de negro deve ter-lhe contado uma história espirituosa, pois lá está minha mulher a soltar sua franca risada.

Acerco-me dum rijo e alto carvalho, uma das árvores mais imponentes desta e de qualquer outra floresta de Portugal. É Jaime Cortesão, historiador e ensaísta por quem tenho a maior admiração e estima. Vamos um ao encontro do outro e abraçamo-nos longamente. "Ó homem!", exclama ele. "Até que um dia nos encontramos!" Falo-lhe em sua filha Saudade, casada com o nosso poeta Murilo Mendes; conto-lhe da afetuosa admiração que temos por ambos, e de nossa intenção de procurá-los quando visitarmos Roma, onde o casal reside. Aos 75 anos, alto, vigoroso, desempenado, Cortesão é um belo tipo, de pêra e bigodes longos e grisalhos. Parece um Quixote, mas um Quixote lúcido, incapaz de confundir moinhos de vento com gigantes, pois este homem de pensamento e ação sabe muito bem quais são os inimigos de Portugal e combate-os com bravura. Mais de uma vez teve de emigrar por causa de perseguições políticas. Tanto ele como António Sérgio, a quem aperto a mão a seguir, já foram presos pelos esbirros de Salazar. Contemporâneo e amigo fraternal de Cortesão, António Sérgio é também um humanista. Quando jovem escreveu um estudo sobre a obra de Antero de Quental. Sua preocupação desde a mocidade até hoje tem sido a de reformar Portugal, tanto no terreno da economia como no da educação e do comportamento cívico. Tenho a seguir o privilégio de conhecer a sra. António Sérgio, que aqui está a seu lado. (Sempre tive uma certa pena das esposas de homens de letras, inclusive e talvez principalmente da minha.)

Um fotógrafo esgueira-se por entre as "árvores" e vai tirando instantâneos aqui e ali, e o clarão de seu *flash* reforça por um átimo a luz desta já mui clara floresta. Apanha-me no momento em que converso com Câmara Reis, diretor da prestigiosa revista *Seara Nova*. Nosso assunto: Paulo Duarte, sim, o brasileiro Paulo Duarte, o bravo campeão dos direitos do homem, o leal amigo, a quem ambos admiramos e estimamos; e Juanita, sua incomparável companheira, entra na conversa, envolta também em nosso afeto e nossa saudade.

Um relâmpago diante de meus olhos. Sou fotografado ao lado dum desconhecido sorridente que me abraça, perguntando: "Lembra-se de mim? Lembra-se de mim?". E agora, José? Claro que esta fisionomia não me é estranha... mas como se chamará o homem? *What's in a name?* — pergunta em Verona a suave Julieta de Shakespeare, que não foi convidada para a recepção.

Quem me salva por acaso da situação embaraçosa é Sophia de Mello Breyner, uma mulher esbelta, alourada e bonita, que vem a meu encontro. Em Portugal é hábito em certas camadas sociais beijar a mão às damas. Não consigo forçar-me agora a esse gesto, pois sinto que em mim ele seria postiço. Além do mais sei que estou sendo vigiado por um sujeito malicioso que me persegue com seu olho crítico e mordaz: eu próprio. Limito-me a apertar a longa mão de esquisito desenho e dizer: "Gostei muito de seu *Mar novo*". Por um largo instante fico a conversar com esta criatura agudamente sensível, considerada hoje pela crítica um dos mais importantes poetas de Portugal.

Aos poucos, explorando a floresta, parando aqui e ali ao pé duma árvore, vou encontrando escritores portugueses que conheço de leitura e retrato. De repente exclamo com genuína satisfação: "Ferreira de Castro!". E ele, sorridente, de braços abertos: "V'rissimo!". É um encontro que há muito tenho desejado. Moreno, estatura meã, robusto, à primeira vista este beirão do litoral dá uma impressão de sisudez e incomunicabilidade. Sei que passou sua adolescência de homem pobre na Amazônia, e dessa experiência resultou um livro, *A selva* (1930), que é talvez o melhor romance que se escreveu até hoje sobre aquela região brasileira. Trata não só das agruras da selva como também da exploração de que eram vítimas os trabalhadores brasileiros dos seringais. Seu romance *Emigrantes*, publicado em 1928, mostra as dificuldades e humilhações dos portugueses pobres que então emigravam para o Brasil. Ferreira de Castro me pergunta agora se é verdade que esses dois livros o tornaram malvisto e malquerido no meu país. "Ó homem", respondo, "acho que isso é puro boato. Afinal de contas você nada mais fez que escrever a verdade. E como escreveu bem!" Este bravo romancista, que tanta intimidade tem com a vida, a dura vida dos desprotegidos, é considerado o precursor do romance neo-realista em Portugal. Por alguns instantes conversamos sobre um escritor que ambos admiramos e queremos: Jorge Amado.

* * *

Estou recordando essa festa na embaixada do Brasil quinze anos após sua realização, ajudado pela memória consciente — colaboradora prestimosa mas limitada — e pela inconsciente — informante rica mas imprevisível e caprichosa —, e também por muitas das fotografias que guardo daquela noite, e que tenho agora a meu lado enquanto escrevo. Numa delas vejo-me sentado numa poltrona diante de dois homens, um alto e vestido de escuro; outro baixo e trajado de claro. Tenho a mão direita pousada num dos ombros deste último. Lembro-me exatamente das palavras que nesse exato momento eu lhe dirigia: "Ó Manuel da Fonseca, será que somos parentes? Tenho também o apelido de Fonseca". Ele sorri: "Pois, homem, quem sabe? Tudo é possível".

Manuel da Fonseca, contista e romancista, pode ser enquadrado também no grupo do neo-realismo. É um excelente prosador. Li dele *Seara de vento* (1958). O amigo que está a seu lado é o poeta Armindo Rodrigues, autor, entre outros livros, de *Dez odes ao Tejo*.

Souza Pinto vem solícito ao meu encontro: quer saber como me sinto. Respondo: "Muito bem. Otimamente" — o que não é verdade. Membro da sensível confraria dos vagotônicos, estou já sentindo o que costumo sentir em ocasiões como esta em que sou muito solicitado a falar, a voltar-me dum lado para outro, a prestar atenção a tudo quanto me dizem. É um permanente formigamento — ou calafrio? — que me percorre o corpo, do couro cabeludo à sola dos pés. A cabeça, se não me dói realmente de maneira lancinante ou rombuda, está pelo menos dolorida. Sinto uma espécie de cansaço estonteado, de mistura com uma certa excitação, como se tivesse tomado uma boa dose duma droga estimulante. Os membros, o corpo inteiro amolentados me dão a impressão de que acabo de ser espancado — mas de dentro para fora. Socialmente considero-me um fracasso. Mas isso não me preocupa.

9

Souza Pinto enche de fumo seu cachimbo, e pela mente deste leitor de Simenon passa uma frase: *Maigret bourra sa pipe*. Meu editor afasta-se rumo de outro setor do salão. E neste momento exato avisto Vitorino Nemésio e vou cumprimentá-lo. Eis uma das grandes figuras literárias de Portugal. Seu romance *Mau tempo no canal* é considerado um dos três maiores romances que a literatura lusa produziu neste século. Vitorino Nemésio, homem de formação universitária, tem visitado freqüentemente o Brasil. Pergunta-me por um brasileiro que ambos admiramos e prezamos. "Como está o Augusto Meyer?" Respondo a verdade de Deus: "O Meyer nunca está. Não é deste mundo, mas de um outro, muito particular, do qual só ele possui a chave e o mapa".

Cumprimento a seguir Joel Serrão, ensaísta, historiador e professor de grande mérito. Mais tarde, ao saudar Forjaz Trigueiros, pergunto-lhe, entre outras coisas, por que decidiu abandonar a ficção pelo ensaio. Sento-me depois ao lado do crítico João Gaspar Simões — que não é sorridente nem expansivo — e digo-lhe do quanto gostei de seu ensaio biográfico sobre Eça de Queirós. Ele me mostra com um sinal discreto a figura dum homem magro de meia-idade que se encontra no meio do salão, com o ar de quem está perdido, e diz: "Sabe que aquele ali é o filho de Eça de Queirós?". Por alguns instantes ficamos a comentar os mistérios da hereditariedade.

Repito que não tenho voz apropriada para reuniões sociais e muito menos para conferências. Para me fazer claramente ouvido num salão como este, tenho de vencer a cortina de ruído que me cerca — vozes, risos, rumor de passos e pratos, tinir de cristais, arrastar de cadeiras... Minha voz, além de fraca, é opaca, sem metal nem impostação. Empalidece e some-se em ambientes festivos. Sinto já a garganta irritada, a boca e os lábios secos. Passa um garçom com uma bandeja cheia de copos. Faço-lhe um sinal, ele estaca a meu lado e — mísero puritano — apanho um copo com água mineral, e dele bebo um gole largo. (Vejo com a memória a figura de meu pai, que me fita sorrindo e sacudindo a cabeça, penalizado. Ó Sebastião Verissimo! — exclamo em pensamentos. — Quem devia estar aqui no meu lugar eras tu. Não há justiça no mundo!) Ainda tenho na mão meu copo quando sou apresentado a Fernando Namora, homem ainda jovem e muito afável. Mal trocamos as primeiras palavras, tenho a intuição de que poderei facilmente ser amigo deste romancista. Talvez por causa de sua tez morena e do seu não-sei-quê de mouro, tenho a impressão de que deve ser natural do Algarve. No entanto veio de Condeixa, do centro do país. Além de excelentes romances como *O trigo e o joio* e *Fogo na noite escura*, Namora tem de certo modo romanceado a sua rica experiência de médico. É um neo-realista não engajado em qualquer corrente política, embora seriamente preocupado com problemas de justiça social.

Alguém me apresenta a Alves Redol. Eis aqui um ficcionista politicamente coerente e bravamente político, homem de esquerda num país de duro regime direitista. Um tipo simpático e informal. Vejo-o com a lembrança, e a fotografia que tenho dele agora aqui à minha frente confirma a imagem que a memória guardou. Redol está beirando os cinqüenta anos, mas aparenta menos idade, apesar de todos os seus sofrimentos físicos impostos pelas muitas prisões e pelos implacáveis interrogatórios da PIDE. Creio que este é o mais convicto dos neo-realistas portugueses, o romancista mais entranhadamente consciente dos problemas sociais de sua terra, e dos de outras. O último livro que produziu, *A barca dos sete lemes* (1958), tem um dramático conteúdo político. Assim como no Brasil José Lins do Rego escreveu o ciclo da cana-de-açúcar e Jorge Amado o do cacau, Redol romanceou em Portugal o do vinho do Porto.

Avisto Heloísa no exercício de suas funções de anfitriã. (Recuso usar o termo *anfitrioa* como recomendam os dicionários.) De quando em quando Álvaro vem saber se estou bem. Noto-lhe pela expressão fisionômica que está preocupado. Penso no seu "hóspede", o gen. Humberto Delgado, que a esta hora encontra-se recolhido a seus aposentos, no andar superior, de onde decerto estará escutando, indócil, estes sons de vozes humanas e — homem extrovertido, gregário — deve estar ardendo por descer e confraternizar com os amigos e correligionários e, eventualmente — língua solta e brava —, insultar alguns figurões do salazarismo aqui presentes. Nosso embaixador, porém, faz cumprir à risca as leis que regem o direito de asilo político, de sorte que não permite que o líder oposicionista desça ao salão de festas nem autoriza qualquer pessoa estranha ao serviço da embaixada a subir aos aposentos do general.

Converso por alguns instantes com Joaquim Paço d'Arcos, uma figura de aspecto *racé*, elegantemente trajado. Tem olhos claros, e fala com erres parisienses. Diplomata, membro duma família tradicional, escreveu seis importantes romances urbanos sob o título geral de *Crônica da vida lisboeta*. (Semanas mais tarde Joaquim Paço d'Arcos e sua encantadora senhora nos ofereceriam um jantar muito cordial em sua bela mansão de Lisboa, cheia de objetos de arte.)

Pergunto-lhe por Miguel Torga. Paço d'Arcos responde que o autor de *Bichos* e *Novos contos da montanha* reside em Coimbra, onde exerce sua profissão de médico. Ao deixar meu fidalgo interlocutor, faço uma descoberta que me surpreende e alegra. Vejo a um canto do salão, como que escondido, talvez numa tentativa de mimetismo defensivo, José Rodrigues Miguéis, que conheci em 1941 em Nova York onde, exilado voluntário, ele dirigia o Departamento de Traduções da edição em língua portuguesa do *Reader's Digest*. Nesse primeiro encontro, achei-o sério, cordial e inteligente, mas só mais tarde descobri nesse homem franzino e retraído um romancista de real valor, preocupado com problemas psicológicos, e um seguro pintor, em três dimensões, de ambientes urbanos. Abraçamo-nos e por alguns instantes nos entregamos a uma espécie de diálogo da saudade, recordando camaradas comuns ausentes. Deixo Miguéis para me aproximar de uma das figuras mais respeitadas e admiradas da literatura de língua portuguesa: Aquilino Ribeiro. Um dia Jaime Cortesão referiu-se a ele como sendo "enorme e agreste". É assim que o sinto quando lhe aperto a mão. Aos 74 anos, mestre Aquilino, de estatura meã, robusto, face rosada, cabelos ainda abundantes e completamente brancos, tem algo (é claro que o motivo principal desta impressão é o que li de sua obra e o que sei de sua vida) que me sugere a aspereza do cardo e a dureza da pedra. Este beirão, que pode ser considerado o decano das letras portuguesas, teve uma vida aventurosa de político militante. Quando muito jovem, foi preso depois da explosão da carga de dinamite que escondia em seu quarto. (É natural que algo dessa dinamite aparecesse um dia de algum modo em sua forte e rica prosa.) Conseguindo escapar da prisão, Aquilino Ribeiro emigrou para Paris, onde escreveu o seu primeiro livro, o *Jardim das tormentas*, e freqüentou o Quartier Latin. Voltou a Portugal em 1914 e no ano seguinte meteu-se num outro movimento revolucionário — o que resultou numa nova fuga para Paris, de onde regressou à pátria, para em 1928 envolver-se em mais um movimento sedicioso. Dedicando-se mais tarde à literatura, Aquilino se foi transformando num estilista pessoalíssimo, conhecedor profundo de seu idioma, de sua terra e de sua gente. Seu regionalismo tem sempre um interesse universal. A prosa deste mestre do conto e do romance freqüentemente me tem feito exclamar para mim mesmo: "Que diabo de língua rica, a portuguesa!". Aquilino não me parece, pelo menos nesta festa, um homem loquaz. Procuro um meio de dizer-lhe o quanto admiro sua integridade pessoal e suas qualidades de escritor. Não encontro. Por outro lado não lhe confesso que tive de consultar o dicionário muitas vezes, quando li, há pouco, o seu forte romance *Quando os lobos uivam*. Lembro-me das páginas que mestre Aquilino escreveu à guisa de prefácio para esse livro. Elas nos dão uma idéia do homem que tenho agora à minha frente. *O meu dia caminha para o ocaso. Dei bem conta quando cheguei ao fim deste trabalho... Todavia continuo a produzir como se me peneirasse um ardente e fecundo Verão. Obriga-me uma espécie de sina e fugir-lhe seria negar-me. Por isso hei-de morrer com a enxada em punho.*

Percorro agora longamente o setor feminino do salão, onde sou apresentado a várias prosadoras e poetas. Não lhes guardei os nomes mas sei que jamais lhes esquecerei os traços fisionômicos.

O vagotônico sente que se está aproximando do limite extremo da sua resistência física e psicológica, mas feliz, lânguida e extenuadamente gratificado. Quero exprimir o meu contentamento sorrindo, mas imagino a minha própria cara no momento em que tento manifestar esses sentimentos — e isso me desconcerta. Algo existe de errado nos meus músculos faciais que me torna difícil rir de maneira aberta, franca, natural. Sei que minha expressão fisionômica habitual dá uma idéia errônea de meu temperamento. Por causa de minha aparente sisudez muita gente imagina que sou um homem austero. Preciso "consertar" com a maior urgência esta face que herdei de minha mãe. (Ó Sebastião, onde estás que não me vens ajudar? Sei que terias facilmente as palavras, os gestos, os sorrisos, a simpatia com que eu poderia manifestar minha gratidão e minha afeição para com esta afetuosa gente portuguesa!)

Em terras lusas o tratamento de Vossa Excelência é moeda corrente em várias camadas sociais. O *tu*, que nós, gaúchos, ainda usamos para os íntimos, é obviamente uma herança lusa ao mesmo tempo que uma influência platina. O *você* tem em Portugal sutis implicações de relacionamento que não ouso analisar. Gosto especialmente da maneira como os portugueses às vezes tratam o interlocutor como se ele fosse uma terceira pessoa ausente. Uma das convivas me pergunta, acentuando a segunda sílaba de meu nome de batismo: "O Eríco Verissimo pretende permanecer muitos dias em Portugal?". "Tantos quanto nos for possível." E ela: "E o casal tenciona visitar também a Europa?". Protesto: "Mas Portugal está na Europa, minha senhora!". Ela sorri de maneira enigmática e pergunta: "O meu amigo tem certeza absoluta disso?".

10

Dias mais tarde recebi do Brasil, da parte de Maurício Rosenblatt, um bilhete acompanhado dum recorte do *Correio do Povo* de Porto Alegre, contendo uma curta notícia distribuída pela United Press International e na qual se informava que o "romancista brasileiro" se encontrava em Lisboa *como hóspede oficial do governo português*. Essa inverdade me deixou irritado. Não sou homem de grandes explosões, mas de pequenas implosões. Telefonei imediatamente para a agência local da UPI, pedi à operadora que chamasse seu gerente. Quando o tive na outra extremidade da linha e ouvi o seu "Está lá?", identifiquei-me, minuciosamente, li em voz alta e tão clara quanto possível a notícia do recorte, e acrescentei: "Exijo que essa agência desminta o mais cedo possível este comunicado. Não é verdade que eu esteja em Portugal como convidado do governo salazarista. Viajo por conta própria e neste país sou hóspede de meu editor Antonio de Souza Pinto. Jamais aceitei nem aceitarei qualquer favor dum governo totalitário". Meu invisível interlocutor murmurou apenas: "Pois pois...". Desliguei o telefone. Como uma agência de notícias da estatura da United Press International não pode enganar-se e muito menos admitir publicamente que cometeu um erro de informação, a maneira que o citado gerente encontrou para "restaurar a verdade" foi a de, no próximo comunicado que expediu para o Brasil a meu respeito, anunciar que "*o escritor, que se encontra na Europa em viagem particular de recreio, pronunciará hoje à noite uma conferência pública no Teatro D. Maria II...*".

Ora, essa conferência seria a minha primeira prova de fogo em Portugal.

O velho teatro está situado no Rossio. Muito antes da hora marcada para o início da palestra, a casa estava completamente tomada por um público que me pareceu um tanto excitado.

No fundo do palco aberto via-se uma longa mesa enfeitada de flores. (Ah! As famosas, formais, chatíssimas mesas das cerimônias públicas, às quais sentam-se as autoridades e as chamadas "pessoas gradas", a mesa fatal de onde partem monótonos e solenes discursos!)

Álvaro e Heloísa Lins entraram no teatro discretamente, quase às escondidas, para evitar os aplausos com que geralmente os membros da oposição portuguesa costumavam saudar, sempre que o viam, o embaixador que dava asilo ao gen. Humberto Delgado, livrando-o das masmorras da PIDE. (Lins queria evitar qualquer pretexto para tumultos durante minha conferência.) O casal esgueirou-se — e esse é o verbo exato — para o camarote que lhe estava reservado. Descoberto por um dos setores das torrinhas, recebeu uma ruidosa ovação em meio da qual se ouviram exclamações como "Viva o Brasil! Viva a Liberdade! Viva a Democracia!" (Estávamos em 1959.) Álvaro Lins, entretanto, manteve-se impassível, sentado no fundo do camarote. Quando os patrocinadores da conferência foram convidá-lo para assumir a presidência da mesa, o embaixador brasileiro recusou aceitá-la, no que, a meu ver, procedeu com acerto.

A todas essas eu havia sido deixado sozinho nos bastidores, e caminhava dum lado para outro, esperando que algum contra-regra providencial me viesse empurrar para a cena. Um zumbido de casa de marimbondos assanhados, vindo principalmente das torrinhas e dos balcões, enchia o recinto. Por fim surgiu o administrador do teatro, um homem de grande simpatia pessoal, e acercou-se de mim. Notei que estava conturbado. "Encontramo-nos num impasse, senhor V'rissimo", disse ele. "Vosso embaixador não quer presidir a mesa." "Ótimo!", exclamei. "Assim não teremos mesa. Prefiro falar sem ninguém às minhas costas." O homem consultou seu relógio. "Nove horas passadas. Estamos já atrasados. O público está impaciente. O teatro parece-me um verdadeiro barril de pólvora. Por favor, meu amigo, não acenda nenhum fósforo. Compreende o que lhe estou pedindo?" Fiz com a cabeça um sinal afirmativo, mas não prometi nada.

Escondido atrás do pano de boca arrepanhado a um dos lados do palco, espiei a platéia, os balcões, os camarotes, as torrinhas. A coisa toda tinha o aspecto dum comício político. De pé nos corredores, entre os grupos de poltronas da platéia e ao longo das paredes, alinhavam-se soldados da polícia, no seu fardamento verde e cinza. De súbito a memória, às vezes uma grande galhofeira, me mandou à mente imagens de policiais de Lisboa tais como os mostravam caricaturalmente as revistas musicais que em idos tempos companhias teatrais portuguesas costumavam encenar no velho Coliseu, em Porto Alegre. (Mais tarde fiquei sabendo que existia uma delegacia de polícia permanentemente instalada no subsolo do teatro lisboeta.) Com o olhar procurei e encontrei Mafalda num dos camarotes, sentada ao lado de d. Maria Carlota.

O administrador da casa segurou-me o braço: "Que fazemos? Não sei quem pode apresentar Vossa Excelência! É uma tarefa muito delicada em vista da situação... Quero evitar problemas...". "Não se preocupe", tranqüilizei-o. "Eu mesmo me apresento. Não vejo neste teatro nem nesta cidade quem me possa conhecer há mais tempo do que eu mesmo..." O homem pareceu aliviado. "Pois bem, meu amigo. Pode iniciar a conferência. Vá com Deus!"

Entrei no palco e aproximei-me do proscênio. Achei exagerados os aplausos com que o público me recebeu. Afinal de contas eu não tinha feito ainda nenhuma acrobacia, nenhum número de prestidigitação ou telepatia. (Hoje, passados mais de três lustros, começo a desconfiar de que, antes de entrar em cena, eu já havia trocado mensagens telepáticas com boa parte daquele auditório.) Das galerias rompeu de repente um brado que me surpreendeu: "Viva Luiz Carlos Prestes!". Uma voz gritada dos balcões rebateu: "Provocação! Provocação!". E começou o tumulto. Na platéia cabeças voltavam-se dum lado para outro, para trás, para o alto... Os policiais verdes movimentaram-se, parvos. Vivas, morras entrecruzavam-se na atmosfera cálida. No centro do palco vazio eu esperava, as mãos enfiadas nos bolsos, tomado duma calma de que eu mesmo me admirava. O velho coração portava-se bem, procurando tornar-se, pelo menos parodisticamente, digno das armas e dos barões assinalados, que da ocidental praia lusitana, por mares nunca dantes navegados, etc., etc... Na platéia e em alguns camarotes cavalheiros de aspecto respeitável pediam calma com gestos e palavras. Vislumbrei a face entre assustada e divertida de minha mulher. A confusão durou no máximo dois ou três minutos, mas minutos de terremoto, desses que parecem horas. Por fim ergui os braços num sinal de quem pede paz ou se rende. O silêncio aos poucos se fez. Perguntei em voz alta: "Posso falar também?". Romperam risos em vários quadrantes do teatro. "Senhoras e senhores, espero que todos tenham desabafado, porque agora quem vai desabafar sou eu!" (Lembro-me ainda claramente da face rosada, redonda e gordalhufa do corpulento sargento da polícia que, de pé no corredor central da platéia, a poucos metros de onde eu me encontrava, contemplava-me com um sorriso e um olhar que me pareciam de humana ternura.)

Usando duma técnica já experimentada em várias conferências que fizera não só no Brasil como também nos Estados Unidos, inicialmente apliquei, por assim dizer, uma injeção sedativa no público, contando-lhe primeiro, em tom de conversa informal ao pé do fogo, fatos de minha vida, principalmente a "epopéia" da minha farmácia cruz-altense, meus desastres comerciais e mais tarde os literários... Ouviam-se risadas, a princípio tímidas, pois o povo português é geralmente cerimonioso e boa parte daquela gente que lotava o Teatro D. Maria II decerto esperava ouvir uma conferência acadêmica. Senti que aos poucos a tensão do público diminuía. Ao cabo duns dez minutos, se tanto, pareceu-me que todos estavam descontraídos, e já familiarizados com o conferencista. Bom, feita a sedação, iniciei a operação propriamente dita e, de bisturi metafórico em punho, comecei a cortar a carne dos governos totalitários, mostrando degenerescências, tumores e focos infecciosos: mentiras, contradições, violências, arbitrariedades, corrupções...

Ao fim da palestra convidei o público para estabelecer um diálogo comigo. Durante mais de meia hora respondi a perguntas dos mais variados tipos: óbvias, inteligentes, capciosas, inocentes ou provocadoras do ponto de vista político... Notei que algumas pessoas tentavam evitar os assuntos proibidos pela Censura. Mas quem dirigiu o espetáculo foram os homens e mulheres que enchiam as torrinhas, de onde de vez em quando partiam na minha direção verdadeiros petardos que, ao explodirem no ar tenso, me davam ensejo para de novo malhar ditaduras e ditadores. (Tive o cuidado de esclarecer que sou contra todos os regimes totalitários, tanto os de direita como os de esquerda.)

A todas essas o robusto policial verde-cinza lá continuava firme no seu posto, sem afastar os olhos da minha pessoa. Notei-lhe no rosto uma expressão que me pareceu de afeto quase maternal.

II

Dias mais tarde, a Sociedade Portuguesa de Escritores ofereceu-nos um banquete, no velho castelo de São Jorge, que data do tempo dos visigodos e dos mouros, e que está plantado com suas pardas torres quadradas no topo da mais alta colina de Lisboa. Como era de esperar, fizeram-se inúmeros discursos, entre eles o de dois intelectuais partidários do salazarismo, ambos discretíssimos, sem qualquer conteúdo político. Saudou-me também Jaime Cortesão. Quando ele terminou de falar, abracei-o, batemos nossas taças e delas bebemos, num brinde a um futuro de liberdade política e justiça social para Portugal. Quando me deram a palavra, repisei alguns temas da conferência do Teatro D. Maria II, indo porém muito mais longe na minha crítica aos regimes autoritários. Visei então mais diretamente o governo português: só me faltou pronunciar claramente o nome de Oliveira Salazar. Apesar de no decurso do banquete eu ter bebido apenas água mineral, limitando-me a bicar como passarinho os vinhos servidos, portei-me como se estivesse embriagado. (Estou convencido de que certas palavras e principalmente certas idéias possuem alto teor alcoólico.) E o meu querido amigo Cortesão, sentado ao lado de Mafalda, de quando em quando lhe dizia ao ouvido: "As palavras de seu marido são champanha para meu espírito...". Seu rosto resplandecia.

Em suma, esse banquete, no qual tomaram parte mais de duzentas pessoas, transformou-se num animado comício político. Diga-se a bem da verdade que uns 10% dos convivas não estavam de acordo com minhas idéias político-sociais. Em alguns era fácil perceber criptoliberais que, por um imperativo de sobrevivência, tinham de aceitar a tutela do governo e calar-se ante todos os seus abusos de poder. Entre eles descobri vários equilibristas habilíssimos que pareciam pedir, quase suplicar, a simpatia ou pelo menos a tolerância de seus colegas oposicionistas, ao mesmo tempo que temiam perder o calor e o favor oficiais. Confesso que tive pena desses patéticos acrobatas. Não lhes quis mal nem os desprezei. Foi-me mais natural compreendê-los e apiedar-me deles.

Na primeira tarde em que dei autógrafos numa das principais livrarias de Lisboa, formou-se — contaram-me depois — uma fila do comprimento de dois quarteirões. Meu editor, radiante, fumava seu cachimbo de tabaco aromático e cronometrava o meu trabalho. Ao cabo de meia hora sussurrou-me ao ouvido: "O meu amigo está autografando uma média de oito livros por minuto". Impossível! — pensei — pois eu escrevia em cada volume que me era apresentado o nome completo de seu dono, e muitos havia que usavam, além do nome de batismo, três e até mesmo quatro apelidos de família. Além disso, eu quase sempre trocava algumas palavras com cada leitor ou leitora. A sessão durou mais de três horas. Interessou-me agudamente a variedade de gente que me apareceu com um, dois ou mais romances de minha autoria para serem autografados. Procurei saber a profissão de cada um. Verifiquei que passavam por mim pessoas de todas as idades, desde adolescentes até senhoras e senhores idosos. Desfilaram diante da mesa à qual eu estava sentado comerciários, estudantes, bancários, membros das profissões liberais, operários, datilógrafas, motoristas de táxi (lembro-me principalmente de um que me perguntou quanto devia pagar-me pelo autógrafo), militares, homens de negócio. Alguns me faziam perguntas comovedoras. "O Erico V'rissimo vai continuar a história da menina Clarissa?" Um gordo cidadão de bela calva lustrosa queria saber se o cap. Rodrigo Cambará existira na vida real ou era "um produto da imaginação de Vossa Excelência".

Houve um momento em que me apareceu uma senhora já grisalha, de fisionomia simpática, elegantemente vestida. Quando lhe perguntei o nome, ela respondeu que era a baronesa de São Mamede. Estendeu-me a mão, que apertei, soerguendo-me da cadeira. Nunca em minha vida eu tinha autografado um livro para uma baronesa. A essa dama seguiram-se um funcionário público ainda na ativa e um outro aposentado, cujo nome era João Batista Cardoso Moreira de Azevedo e Cunha. Ufa!

Souza Pinto tocou-me de leve no ombro. "Já anoiteceu. Se está cansado, podemos deixar o resto para outro dia." Respondi que, enquanto houvesse um cristão naquela fila, eu ficaria. E de repente me veio, vagamente desconcertante, a impressão de que estivera todo aquele tempo a assinar cheques sem fundo, enganando aquela boa gente, e que por isso estava sendo procurado por essa espécie de Interpol que muitos de nós trazem dentro de si mesmos e que nos persegue de modo implacável, como no meu caso particular. Possivelmente um desses agentes secretos agora me esperava à porta, para me algemar...

Houve, em outros dias, mais duas longas tardes de autógrafos, em diferentes livrarias. A uma delas compareceram uma filha e uma bisneta de Camilo Castelo Branco. À outra, a filha de Guerra Junqueiro, que trouxe para Mafalda uma braçada de gladíolos. E então eu vi e ouvi num relâmpago de memória meu pai recitando *Os simples* no seu escritório de nossa perdida casa de Cruz Alta.

12

Nosso quarto no Tivoli estava sempre cheio de flores e cestos de frutas, além de outros presentes — em geral objetos de arte popular — enviados por leitores de nós desconhecidos. Era bastante grande a quantidade de cartas que me chegavam de várias localidades de Portugal. Numerosas eram também as visitas que recebíamos no hotel de representantes de associações literárias. A todas essas eu sentia uma canseira boa e agradecida. O vagossimpático às vezes me dava pequenos sustos, mas dum modo geral a saúde ia bem.

Luis Fernando saía por Lisboa em suas andanças solitárias, livre de quaisquer compromissos sociais. Mafalda mantinha-se firme a meu lado, e seus conselhos me foram muito úteis em várias instâncias daqueles dias passados em terras lusitanas. Com sua intuição feminina ela sabia farejar o "perigo", isto é, descobrir num convite ou sugestão de aparência inocente uma armadilha oficial para me envolver e comprometer, afastando-me da oposição. O escritor português que insistia para que eu visitasse o secretário de Informação continuava com seu assédio, aparecendo nos lugares e horas mais improváveis. Duma feita veio sentar-se à nossa mesa, no hotel, quando começávamos a tomar o café-da-manhã. Amável e melífluo como sempre — e o diabo do homem era insinuante! —, repetiu a sugestão. "Meu caro", respondi, "será que preciso dizer-lhe claramente por que não quero nada com o seu governo, nem com o de Franco ou o da União Soviética?" Ele se calou, contrafeito, e passados alguns segundos mudou de assunto.

Durante todos aqueles dias nosso agradável e fácil convívio com os Souza Pinto e com Jorge de Sena continuou. Tivemos a oportunidade de conhecer pessoalmente Mécia, a admirável Mécia, esposa de Jorge e mãe de seus numerosos filhos. Fizemos a melhor camaradagem com Antônio Luís, filho único dos Souza Pinto, um menino simpático e sensível, de seus doze anos, e ao qual Mafalda e eu logo nos afeiçoamos. Decidi um dia que já tínhamos o direito de nos considerar "amigos de infância". Ele aceitou a idéia. E é ainda assim que nos tratamos até hoje, passados quase dezesseis anos.

Na conferência que fiz na Universidade Clássica de Lisboa, a convite de sua faculdade de medicina, fui apresentado ao público por um professor salazarista. O salão em forma de anfiteatro estava atopetado de estudantes. Iniciei a conferência mas tive de calar-me dentro do primeiro minuto por causa do ruído das vozes de protesto de pessoas que não tinham conseguido entrar no auditório, por falta de espaço.

Restabelecida a calma, falei sobre o Brasil, sua juventude, seu povo, seu futuro, a construção de Brasília e as perspectivas de desenvolvimento cultural e econômico que eu via para meu país. No diálogo que se seguiu à palestra, um jovem universitário me perguntou: "A que atribui Vossa Excelência a presente crise da literatura portuguesa?". Respondi de imediato: "À Censura, meu filho. Sem liberdade não pode existir plena criação literária ou artística". Um outro estudante ergueu-se e objetou: "Mas que fazer quando um escritor não tem ética?". Repliquei: "Ora, mais tarde ou mais cedo ele se destruirá por suas próprias mãos". O rapaz voltou à carga: "Permita Vossa Excelência que lhe diga que isso não me parece estar acontecendo no mundo em que vivemos. Os romances que mais se vendem hoje em dia, os famosos *best-sellers*, são em geral pornográficos, negativistas, prejudiciais ao público em geral e à juventude em particular". Argumentei: "Está bem, meu amigo. Você propõe a censura como solução para controlar, digamos assim, a 'ética' de cada escritor... Mas diga-me uma coisa: quem é que vai controlar a 'ética' do governo ditatorial que exerce essa censura? Nem sempre ou, antes, quase nunca os mais capazes e decentes são os que tomam o poder, nos regimes de força. E preste atenção ao que lhe vou dizer. Prefiro que dois ou doze mil romancistas considerados sem ética por um governo de direita ou esquerda continuem a publicar livremente suas obras a ter de suportar esses regimes que atentam contra as liberdades civis, que se avocam o direito de pensar pelo povo e que, mantidos pelo terror policial, encorajam a delação e fazem vista grossa às torturas de presos políticos. Já leu o *1984* de George Orwell? Não? Pois leia. Leiam-no todos".

Inumeráveis foram os coquetéis e jantares com que nos homenagearam sociedades literárias e gente de imprensa em Lisboa. Nessas ocasiões os discursos eram sempre muitos. Não preciso repetir que não tenho o menor talento ou gosto oratório. Considero-me um tipo mais gráfico do que oral. Ao cabo de certo tempo todas as imagens, metáforas e adjetivos de meu pobre almoxarifado lingüístico que eu poderia usar com referência a Portugal, esgotaram-se. E em mais duma conjuntura fiquei na situação aflitiva dum sonho que tenho periodicamente, em que me vejo e ouço discursar sem dizer nada, quero calar-me e não consigo, fico a equilibrar-me à beira dum abismo, mais consciente do que nunca de problemas de sintaxe, estilo e semântica — mas sempre amparado pela esperança de que, seja como for, vou sair bem da enrascada...

13

Antes de iniciar as excursões maiores ao norte e ao sul de Portugal, visitamos rapidamente os arredores de Lisboa com Souza Pinto e Jorge de Sena. O Estoril deixou-nos indiferentes. É sem a menor dúvida um belo e confortável balneário internacional para gente rica, refúgio e recreio de reis, príncipes e políticos — exilados ou não —, mas simplesmente nada tinha a ver com o Portugal que Mafalda e eu buscávamos, talvez um tanto preconcebidamente.

A caminho de Sintra encontramos o Palácio de Queluz, tranqüilo e até um pouco tristonho em meio dum jardim de tipo francês, mas sem a menor pretensão a grandiosidade e esplendor. A construção do palácio data do século passado e — se bem sei interpretar a expressão fisionômica dos casarões solarengos — este me parece um tanto encabulado de ser, ou melhor, de ter sido residência de monarcas e depois deixado ao olvido, a ponto de quase transformar-se em ruínas. E essa cábula permanente mostra-se na cor de suas paredes, pintadas dum rosa muito especial, nem desmaiado nem berrante, digamos, um esquisito rosa crepuscular.

Nosso carro estaca. Tenho a impressão de ouvir em surdina a voz do palácio: "Se estão com pressa, amigos, passem de largo. Não percam tempo comigo. Se procuram riquezas arquitetônicas ou história antiga, recomendo-lhes os conventos de Mafra, o da Batalha, o de Alcobaça... Não passo dum casarão hoje meio esquecido, que o governo usa de raro em raro para suas insípidas recepções... Mas, se estão cansados da viagem e querem exercitar um pouco as pernas, desçam, entrem, sejam bem-vindos. Percorram minhas salas e salões, olhem meus móveis, pinturas, tapetes, relógios, relíquias e, usando a imaginação, conversem com meus fantasmas".

Deixamos o automóvel. Satura o ar da manhã um perfume de flores de laranjeira. Passeamos pelo jardim por entre verdes canteiros com flores para mim conhecidas e desconhecidas, estátuas tímidas e lagos artificiais com muros de azulejos e fundo de lápis-lazúli. Percorremos, depois, sala por sala, o interior do palácio. Terminada a rápida visita, voltamos ao carro e continuamos a excursão rumo de Sintra.

Creio que se poderia fazer um estudo comparativo entre o espírito de Portugal e o da Espanha através dum paralelo entre as cortes, os castelos, palácios, mosteiros e catedrais desses dois países ibéricos. É muito conhecida a expressão "um grande de Espanha", mas não me consta que se fale em "grandes" de Portugal. As monarquias deste país — que eu saiba — jamais igualaram as da Espanha em esplendor e riqueza.

Desde que chegamos a Lisboa, tenho notado que os portugueses não revelam a menor simpatia pelos seus vizinhos espanhóis e muito pouco sabem a respeito deles. Jorge de Sena assegura-me que "do lado de lá" predomina o mesmo sentimento e a mesma ignorância com relação aos portugueses e sua terra. Meu editor — cachimbo na boca, mãos no volante, olhos na estrada — diz: "Temos até aqui em Portugal um ditado muito expressivo. *Da Espanha, nem bom vento nem bom casamento*". (Curioso: sempre que hoje recordo a voz de Souza Pinto pronunciando essas palavras, ela me vem envolta na fumaça aromática de seu cachimbo, e na luz duma dourada manhã de primavera.)

Estamos entrando em Sintra, tão minha conhecida de velhas leituras de romancistas e cronistas do século passado. (Ó Deus, como estou ficando obsoleto!) Ponho a cabeça para fora do carro e aspiro um aroma de... flores de laranjeira. Em seguida meu olfato muda de opinião e decide que se trata de magnólias ou mimosas. Qual! Isso é perfume de madressilva, e da boa! Ou de jasmins? Concluo então que sob o azulíssimo almofariz invertido deste céu de abril, o vento, químico amador, tenta misturar a fragrância de todas as flores e plantas deste lugar. Sintra é um verdadeiro jardim botânico, espécie de mostruário da flora de Portugal. Aqui — afirma-se — existem mais de noventa espécies de plantas que não se encontram em nenhuma outra parte da Europa.

Entrevejo por entre árvores, no fundo de pequeno parque, um chalé claro. Digo aos companheiros: "Aposto que ali vive uma velhota inglesa solteirona e excêntrica, personagem à espera dum romancista". "É possível", sorri Jorge de Sena. "Sintra sempre teve uma forte colônia britânica: poetas, pintores, escritores, diplomatas aposentados, boêmios..."

Lord Byron, que costumava visitar Sintra, descreveu-a com amor no seu poema *Childe Harold*. Penso nas cordiais relações seculares de tio rico e sobrinho pobre existentes entre a Inglaterra e Portugal. Os ingleses há séculos parecem ter encontrado em terras portuguesas seu sonhado jardim, seu solário e sua adega.

Saímos a andar a pé. Cruzamos a praça Grande. Fiacres passam e o clop-clop das patas de seus cavalos parecem sinais duma mensagem em código, que só o romântico adolescente que me habita clandestinamente poderá decifrar.

Eu não sabia que Sintra tinha uma serra, espécie de espinhaço que em tempos imemoriais se ergueu da terra em conseqüência dum terremoto.

Visitamos o Paço Real, cuja miscelânea de estilos me desconcerta. Mas o espécime arquitetônico mais estranho de Sintra é o Palácio da Pena, muito mais novo que o castelo real, pois data de pouco mais de cem anos. "Nós, portugueses, lavamos as mãos desse *crime*", sorri Jorge de Sena. "Quem mandou construir este *pot-pourri* de pedra foi Ferdinando, um príncipe consorte alemão da casa de Saxe-Coburgo, marido de d. Maria II. O gosto é dele."

Examino o palácio. Que têm a ver essas cúpulas amarelas com a *loggia* manuelina e a torre gótica, acima das quais se empina, esbelto, altivo e como que alheio a tudo, um minarete mourisco? No interior do castelo — móveis, bibelôs, estatuetas, tapeçarias, quadros, armaduras, peças de cerâmica — não é menor a mistura, o anacronismo e, em certos casos, o gosto *kitsch*. Uma das janelas parece chamar-nos com insistência... Acercamo-nos dela e compreendemos que sua intenção é mostrar-nos numa espécie de compensação — longe, no alto da serra, as ruínas "autênticas" duma severa torre mourisca e os restos de uma muralha do que foi em remotos tempos um bastião muçulmano.

Lembro-me agora de que, quando percorríamos o interior do Paço Real, Jorge de Sena me mostrou um de seus pátios, dizendo: "Está vendo aquele banco de azulejos? Conta-se que um dia o rei d. Sebastião ali se sentou para ouvir o próprio Luís de Camões ler-lhe trechos dos *Lusíadas*. O nosso fogoso monarca, que tinha apenas 24 anos, andava então ardendo numa febre de conquistas em África, pensando obsessivamente em deflagrar uma nova Guerra Santa". É possível — reflito — que Camões lhe tenha recitado os cantos que exaltavam as conquistas dos templários portugueses, e isso deve ter feito subir a febre do monarca, que sonhava com anexar Marrocos ao reino de Portugal. A verdade é que d. Sebastião lançou novos impostos, recrutou combatentes, pediu o auxílio de Filipe II de Castela e um dia meteu-se com suas tropas em quinhentas caravelas e se fez ao mar, rumo do Alentejo, trampolim para a África. O resto é história e lenda. Homem afoito, insistia em tomar parte na ação, correndo todos os riscos, como um simples soldado. Derrotado e, segundo se pode concluir, morto na Batalha de Alcácer-Quibir, seu corpo entretanto nunca foi encontrado — fato que propiciou a lenda de que o romântico soberano haveria de retornar um dia a Portugal... Concluo que todo ser humano, em maior ou menor grau, alimenta uma forma de sebastianismo. Não escapei à regra. E o meu "monarca" casualmente chamava-se também Sebastião...

14

Fria estava ainda aquela manhã de entrefechado inverno e entreaberta primavera em que deixamos Lisboa para visitar as províncias de aquém- e além-Tejo. O veículo? Um automóvel alemão BMW. O piloto? Souza Pinto. O navegador e guia? Jorge de Sena. Os passageiros? A trinca Verissimo.

O carro rodava, Estremadura acima, numa excelente auto-estrada, embora não muito larga, e que às vezes me parecia uma fita cinza-chumbo costurada sinuosamente sobre uma vasta colcha de retalhos nos mais variados matizes de verde e terra-de-siena: trigais, vinhedos, arrozais, lavouras de cevada ou centeio... Nos pomares algumas árvores estavam carregadas de flores. Pinheiros alinhavam-se à beira da estrada. Passávamos também por olivais. Com sua folhagem dum verde claro e opaco, seus troncos contorcidos como a face de quem muito tem sofrido na vida, eles pareciam contemplar-nos com um ar tristonho. Bastava, porém, que a brisa soprasse um pouco mais forte para que essas árvores graves nos sorrissem tremulamente na súbita e breve prata do reverso de suas folhas.

O céu estava azul e eu me sentia azul por dentro. É que a paisagem, os ares, o povo e as póvoas de Portugal possuem o condão de liberar em nós sentimentos de ternura lírica e bucólica que, por machismo ou temor à pieguice, em geral costumamos encerrar a sete chaves na mais recôndita alcova da casa de nosso ser.

A etapa final daquela primeira jornada seria Coimbra, na Beira-Litoral. A distância de Lisboa a essa velha cidade universitária em termos geográficos brasileiros é insignificante. Havia porém muita coisa a ver e fazer pelo caminho, se quiséssemos — e como queríamos! — ir tendo um sabor pronunciado de Portugal.

Nossa primeira parada na Estremadura é na vila de Mafra ou, mais exatamente, em seus arredores, onde, em meio duma planície rica em pequenas hortas e pomares, ergue-se com fria e rija majestade o seu famoso palácio, conseqüência duma transação privada entre d. João v, rei de Portugal, e Deus. Conta-se que, em princípios do século xviii, esse soberano português, que não tinha filhos mas ansiava por tê-los, elevou o pensamento ao Todo-Poderoso: "Se me concederdes a graça duma descendência, prometo mandar erguer para Vossa maior glória um palácio, com basílica e convento, tao grandioso quanto o Escorial de Filipe ii de Espanha". Não se sabe o que o Senhor do Universo respondeu, mas a verdade é que d. João v, o Magnânimo, tornou-se pai e cumpriu a promessa. Convocou arquitetos nacionais e estrangeiros, encomendou-lhes projetos, discutiu-os e aprovou por fim o que lhe pareceu mais grandiosamente belo e mandou construí-lo. Não teve problemas financeiros, pois na época o tesouro do reino estava atulhado do ouro e das pedras preciosas que vinham do Brasil. Momento houve em que cerca de 50 mil operários — ou melhor, escravos, já que se tratava de trabalhos forçados — foram empregados na obra, dizem que ao mesmo tempo, o que não me é fácil imaginar.

Treze anos e cerca de mil e muitas vidas de escravos mais tarde, a construção foi inaugurada. E agora ali estava concretizada diante de nós a promessa de d. João v, com suas duas altas torres, onde se encontram famosos carrilhões, cinqüenta sinos em cada torre (e cá estou eu já nas frias garras da estatística), 4500 janelas, a cúpula com zimbório numa remota parecença com a da basílica de São Pedro, em Roma. Jorge de Sena me chamou a atenção para as influências do barroco alemão na ampla fachada. Eu não ignorava que o palácio possuía pomposos salões com uma abundância de mármores e douraduras, e que belíssima era sua sala do capítulo, importante sua biblioteca.

Ao recordar agora o momento em que estávamos os cinco viajantes parados diante daquele monumento arquitetônico, por mais que cavouque na memória não consigo atinar com o motivo por que não lhe visitamos o interior. Ocorrem-me hipóteses. Primeira: o edifício estava ocupado, pelo menos em parte, por uma repartição do governo em plena atividade. Segunda: nosso tempo naquela manhã fazia-se cada vez mais escasso... Terceira: eu havia declarado que a visita ao edifício não me seduzia porque tenho uma certa aversão ao mármore — sugestivo de túmulo, cemitério, morte, frios sonetos parnasianos. Ou então meu desinteresse e o de Mafalda pelo palácio de Mafra explicam-se porque ele nos lembrou certas pessoas ricas e orgulhosas, de porte pomposo e insolente, com as quais não sentimos o menor desejo de fazer amizade, e cuja existência só nos toca de modo passageiro e formal. Se lhes somos apresentados, resmungamos secamente: "Prazer...", fazemos uma quase imperceptível inclinação de cabeça e seguimos nosso caminho.

Penso agora em que o palácio-convento-basílica de Mafra bem podia ter-nos conquistado a simpatia se de súbito derramasse graciosamente por aqueles céus, ares e campinas a música de seus carrilhões... Algo de Bach, por exemplo. Ou mesmo um fadinho. Mas quem éramos nós para merecer tanto?

Voltamos para o BMW e continuamos a viagem, agora rumo de noroeste. Eu estava curioso por conhecer Alcobaça. Não fora em vão que o adolescente lera *O monge de Cister*, de Alexandre Herculano.

15

Mal havíamos percorrido dois terços da distância que separa Mafra de Alcobaça quando, para minha surpresa e júbilo, uma pequena cidade murada surge em nosso caminho e na minha vida de "colecionador" de burgos antigos. Estamos às portas de Óbidos. Pare, meu caro Souza Pinto! Pela espada de d. Afonso Henriques! Pela glória da dinastia de Avis! Pelas patas do cavalo de d. Fuas Roupinho, pare!

O BMW afasta-se da estrada e estaca. Não ignoro que esta visita não consta de nosso programa, mas sei que jamais me perdoarei se passar de largo por esta jóia de pedra. Desço do carro e dirijo-me para a entrada da velha cidade mourisca. A meio caminho uma súbita luz se faz sobre um pequeno mistério. Conheci a bordo do *Federico C* um professor universitário inglês aposentado que me dizia: "Quando em Portugal, não deixe de visitar Abedos. É linda! É maravilhosa! É única!". Abedos? Eu não conhecia nenhuma comunidade portuguesa com tal nome, mas isso não me impediu de fazer com a cabeça um sinal afirmativo. Agora está tudo claro. Abedos é Óbidos!

Seria uma brutalidade, uma espécie de estupro, entrar de automóvel nesta diminuta cidade. Decidimos visitá-la a pé. "É tão pequena", diz Souza Pinto, "que nos bastará menos de um quarto de hora para ver tudo." Marcho à frente da fila indiana. Vou pensando em meu pai, razoável conhecedor da história de Portugal. Lembro-me de que um dia, sendo eu ainda menino, contou-me ele que d. Dinis, o Rei Trovador, deu a cidade de Óbidos como presente de núpcias à sua esposa Isabel, que viria a ser conhecida na história como a Rainha Santa. Imaginei então uma cidade inteira embrulhada em papel de seda azul e amarrada com fitas douradas, em cima duma almofada de veludo, nos braços de 5 mil pajens...

Ainda do lado de fora ponho-me a fotografar Óbidos, na certeza de que nos meus diapositivos coloridos seu grande castelo mourisco e as suas muralhas de pedra amarelada vão parecer dourados à luz matinal. Óbidos está situada numa colina em cuja crista, à feição de proa de barco, ergue-se o castelo que d. Afonso Henriques conquistou aos muçulmanos em 1148. A cidade, que se conserva — dizem — quase tal qual era nos seus primórdios, no século VIII, está toda contida dentro das muralhas ameadas que protegem os flancos e a retaguarda do castelo.

Entramos. Óbidos não terá mais de cinco ruas, cujas casas se amontoam, quase subindo umas por cima das outras, num prodígio de pacífica convivência arquitetônica e urbana e de graciosa economia de espaço. As ruas são estreitas e curvas, sobem e descem, pavimentadas de pedra irregular, por entre as quais crescem ervas. E cá vamos nós, atentos a tudo, caminhando devagarinho, sem a coragem duma palavra, a não ser de vez em quando um *bá!* bem gaúcho. Sinto-me particularmente enternecido por esses beirais e telhados antigos e escuros em que o tempo e a intempérie pintaram belos quadros abstratos em sépia, vermelho de ferrugem, verde-prata e amarelo de ouro velho. Como não posso levá-los comigo, fotografo-os. Lampiões de ferro batido pendem de arcadas ou salientam-se, sustentados por seus suportes de ferro rendilhado presos às paredes das casas, muitas delas tão brancas que parece terem sido caiadas ontem. Mafalda e eu continuamos em reverente silêncio, pisando de mansinho, como se temêssemos acordar um burgo adormecido ou profanar uma comunidade morta. Mas qual! Óbidos está viva e bem desperta. Um cachorro nos segue, rosnando baixinho. Um sapateiro remendão bate sola à frente de sua oficina, e, quando passamos, ele sorri e nos dá os bons-dias. (O "bom-dia" no plural me soa sempre mais jovial que no singular.) Um ferreiro malha em sua bigorna uma barra de ferro incandescente. (Sempre tive uma simpatia particular pelos artesãos.) Mulheres surgem às suas janelas, lançam-nos um rápido olhar e somem-se. Uma rapariga rega as flores de seu minúsculo jardim apertado entre duas paredes. Minha companheira surpreende-se ao ver uma árvore "em tamanho natural". Jorge de Sena leva-nos a visitar rapidamente as três (três!) igrejas que esta pequena cidade possui, todas elas numa riqueza de lápis-lazúli. E, de novo na rua, descobrimos uma pracinha com uma fonte, junto da qual duas senhoras idosas vestidas de negro, com xales escuros a cobrir-lhes as cabeças, conversam. Suas faces parecem tratos de terra ressequida por onde um arado tivesse andado a riscar sulcos sem sentido, nas mãos dum lavrador desvairado. Ao nos verem, calam-se, olham-nos sérias e talvez apreensivas. Minha fantasia põe-se a trabalhar. Suponhamos que cinco pessoas do século XX esgueiram-se para dentro duma cidade que ainda vive em plena Idade Média... Bom, a idéia não é nova, já foi explorada incontáveis vezes por ficcionistas. Imaginemos então que essas duas figuras de negro vivem a vida de seu tempo e entram de súbito em pânico ao verem seu burgo assombrado por fantasmas vindos do futuro...

Pomo-nos a andar lentamente de volta às portas desta vetusta cidadela mourisca. Sinto não poder permanecer aqui por alguns minutos mais. Sento-me na saliência da base duma pequena torre e penso que não é impossível que um dia d. Dinis se tenha sentado exatamente neste lugar para escrever uma de suas cantigas. Mentalmente componho uma cantiga de amor e de amigo para Óbidos. Uma lagartixa sobe pela parede da torre e, parando por um instante a meu lado, parece fitar-me com seus olhinhos de obsidiana. Com a memória vejo-me menino no jardim do sobrado avoengo de Cruz Alta, observando um bichinho como este. (Será que o pensamento tem uma velocidade igual à da luz?) Passam-se quarenta anos e uma lagartixa esbranquiçada sobe pelas paredes da casa do cel. João Falcão, prócer baiano de Feira de Santana, e do qual fomos hóspedes por uma noite. Transmito esses pensamentos a minha mulher, que exclama sorrindo: "As idéias que te passam pela cabeça!". No caminho de volta ao automóvel digo-lhe que precisamos viajar no estrangeiro com todas as lembranças do nosso passado nacional, a fim de que possamos ter sólidos pontos de referência no tempo, no espaço e na fantasia.

Fora dos muros da cidade fotografo uma igreja tão parecida com as de Ouro Preto, que seu risco bem podia ter sido feito pelo Aleijadinho. Um minuto mais tarde estamos todos dentro do carro, que arranca rumo de Alcobaça. Adeus, Óbidos! (Ou Abedos.)

16

Parece geralmente aceita entre psicólogos e filósofos a idéia de que o ser humano não é um produto acabado, mas um processo transitivo, um contínuo devir. Creio que o mesmo acontece, apenas em ritmo mais lento, com os monumentos de pedra: castelos, catedrais, palácios, pontes... Nascem sob o signo do estilo predominante na arte de construir de seu tempo, e vão sendo alterados com o passar dos séculos, de acordo com a moda arquitetônica da época em que cada reforma é feita.

Chegamos a Alcobaça e nosso carro se detém à frente da entrada principal da igreja do famoso mosteiro. Não posso esconder meu desapontamento. Não vejo nessa fachada sua esperada beleza, sua tão apregoada grandiosidade. Bom, não negarei que é *bonita*. Construída de pedra calcária, dum creme dourado pelo sol — esse templo, considerado um dos maiores e mais importantes de todo Portugal, é um exemplo visível e palpável da teoria do devir aplicada aos monumentos arquitetônicos. Apesar de ter sido construído no período de transição do românico para o gótico, de gótico só vejo nele agora a porta ogival e, um pouco acima dela, uma rosácea. A parte superior da fachada — isso salta logo à vista — tem muito de manuelino e de barroco.

Quando, porém, entramos no templo, este filho de d. Bega experimentou a sua mais profunda sensação de beleza desde que sentara pés em terras de Portugal. Foi uma espécie de "susto estético", se é que me faço entender... Já da porta divisei três longas naves ogivais de pedra cinzenta, as três da mesma altura, e em puro estilo gótico primitivo: o mais simples, harmonioso e austero conjunto arquitetônico religioso que até então eu encontrara, digamos assim, face a face. O interior do santuário me causou um impacto tão forte, que me cortou por um átimo a respiração. Foi como se eu tivesse sido arrebatado para a quarta dimensão, como já me acontecera algumas vezes na vida sob o sortilégio de certas peças de música. Nunca experimentara em ambiente algum tamanha sensação de recolhimento, silêncio e paz. Aquele conjunto de naves (que importa a cronologia?) bem podia ser a versão em pedra duma tocata de Johann Sebastian Bach para órgão, grandiosa apesar — ou por causa — da singeleza de sua linha melódica, tão olimpicamente serena na sua intemporalidade e no entanto tão sugestiva dos dramas do homem e dos mistérios da vida e da morte.

Fazia frio dentro do templo, mas não devia ser só essa a causa do arrepio que me percorria o corpo abrigado por grosso sobretudo. Perdi de vista os companheiros. Ouvia apenas o murmúrio de suas vozes. Continuei a contemplar, extasiado, a nave central — despida de ornamentos tanto na abóbada como nas altas colunas — e sutilmente me veio a revelação de que sua perspectiva não fugia apenas no espaço mas também no tempo e, não fosse o medo que tenho às palavras enormes, eu acrescentaria — na Eternidade. De súbito compreendi o misticismo, cheguei a ser eu próprio um místico, embora apenas por uma fração de segundo. Continuei a respirar um pouco ofegante, os olhos piscos e já meio úmidos, como à espera de que algo de sobrenatural estivesse prestes a acontecer. No fundo da nave central a luz da manhã entrava intensa por três janelas. Seriam os olhos fulgurantes de Deus que me contemplavam, querendo revelar-me um Mistério, algo capaz de mudar inteiramente minha vida interior?

Volto aos poucos ao mundo tridimensional e digo aos companheiros algumas palavras que me soam estúpidas, inanes. E os cinco nos encaminhamos para a abside, lá no fundo. Visitamos depois o Claustro do Silêncio, mandado construir por d. Dinis. E estes dois sarcófagos de pedra tão delicadamente esculpidos que parecem obras de ourivesaria? Num deles jazem os restos de d. Inês de Castro, a que depois de morta foi rainha. Sobre a pesada tampa vejo estendida sua figura talhada em pedra, em tamanho maior que o natural. Seis anjos de asas abertas contemplam-lhe o rosto com uma expressão de terna tristeza. Este sarcófago foi desenhado e esculpido sob a fiscalização pessoal de d. Pedro I, seu desvairado amante, cujos despojos aqui se encontram também, num sarcófago idêntico ao de sua bem-amada. Assim — imaginava ele e acredita até hoje a fantasia popular —, no dia em que os arcanjos fizerem soar suas trombetas, anunciando o Juízo Final, ao se erguerem de suas tumbas Inês e Pedro se encontrarão frente a frente, cairão um nos braços do outro e, de mãos dadas, comparecerão à presença de Deus, por quem serão julgados e naturalmente absolvidos, permanecendo depois juntos na Eternidade. (Já notaram como essa palavra anda me perseguindo?)

Souza Pinto consulta seu relógio-pulseira e convida-nos a visitar o resto do mosteiro. Antes, porém, de deixar o templo, torno a caminhar por entre suas naves, pensando assim: "Talvez eu esteja vendo estas pedras pela última vez na minha vida. Sei que vou encontrar na Espanha, na França e na Itália catedrais românicas, góticas e barrocas mais grandiosas do que esta igreja monacal. Mas prometo, ó santuário de Alcobaça, que jamais te esquecerei. E, se um dia eu tentar descrever em palavras o que senti hoje dentro de ti, perdoa a nossa língua pelas suas limitações e principalmente a este escriba por não saber manejá-la bem. E adeus!".

Não tentarei esconder minha ignorância — não total mas bastante grande — quanto à história de Portugal. É Jorge de Sena quem nos dá um resumo das origens do mosteiro de Alcobaça.

Tendo derrotado os muçulmanos na grande e crucial Batalha de Ourique, d. Afonso Henriques proclamou-se rei de Portugal (1143) com o título de Afonso I, e a seguir empenhou-se em aumentar as terras de seu reino, combatendo e expulsando as forças do islã, que se haviam estabelecido na península Ibérica desde o ano de 714. Atacou e ocupou Sintra, Lisboa e depois Évora e outras cidades e territórios mouros do Alentejo. Faltava-lhe ainda conquistar Santarém, que estava em poder dos almóadas — membros duma dinastia berbere —, cidade com fortificações formidáveis consideradas inexpugnáveis. Nas vésperas do assalto pediu a proteção de Deus, que até então tanto favorecera as armas de Portugal, e prometeu ao Altíssimo que, se conseguisse apoderar-se da cidade berbere, mandaria construir em algum lugar, não mui longe dali, um grande mosteiro dedicado à Virgem. Derrotados os almóadas em feroz batalha, Santarém caiu em poder dos portugueses. Afonso I tratou de cumprir sua promessa e para isso pediu o auxílio dos monges cistercienses de Clairvaux, França, cujo douto e virtuoso abade era Bernardo, o futuro são Bernardo. Ergueu-se o primeiro edifício do mosteiro na confluência dos rios Alcoa e Baça. Cedo os monges fundaram uma escola pública. Hábeis agricultores e horticultores, senhores de métodos próprios já famosos em toda a Europa (afirma-se até que esses tenazes e industriosos monges haviam exercido influência considerável no cultivo da lã na Inglaterra), começaram a cuidar do solo. Drenaram pântanos, detiveram a marcha das areias do litoral para o interior, arrotearam a terra, plantaram vinhedos e oliveiras, multiplicaram as lavouras e as hortas. Dentro em pouco o mosteiro de Alcobaça produzia as melhores frutas de Portugal, principalmente pêssegos, abricós, figos e uvas, e aquela parte da Estremadura passou a ser considerada a mais fértil de todo o país. Os monges de Clairvaux, que haviam trazido consigo da Borgonha hábeis arquitetos e escultores, empenharam-se na construção da igreja do mosteiro, que ficou pronta cerca do ano de 1222.

Como precisava povoar e tornar produtivos os territórios conquistados aos infiéis, Afonso I decidiu doar à Ordem de Cister toda a extensão de terra que ia de Óbidos a Leiria, tendo como limite ocidental o oceano.

A partir de certa época o mosteiro de Alcobaça chegou a ser um importante centro cultural, espécie de universidade popular, onde se ensinavam não só gramática, lógica e teologia, como também artes e ofícios domésticos, agricultura e horticultura.

Parte do mosteiro hoje é ocupada por uma escola e por um quartel militar. Passamos pela biblioteca e pelo belo e amplo refeitório num marche-marche meio desatento de excursionista que, ao aproximar-se do meio-dia, entra a pensar mais com o estômago do que com a cabeça. Está combinado que almoçaremos em Nazaré, nossa próxima escala.

Confesso que, das partes mais bem conservadas deste velho mosteiro medieval, a que mais seduz o romancista é a sua vasta e pitoresca cozinha. Subo para a plataforma de pedra dum assador: ergo a cabeça e vejo a boca da larga e longa chaminé de tijolos que termina lá no alto num quadrado luminoso de céu. Conta-se que, aqui onde estou, era possível assar em espetos rotatórios seis bois ao mesmo tempo. Outra curiosidade: um riacho, afluente do Alcoa, atravessa providencialmente a cozinha. Era em suas águas correntes e límpidas que os cozinheiros do mosteiro lavavam pratos, panelas, potes, canecos e provavelmente de vez em quando apanhavam algum peixe.

Antes de deixarmos Alcobaça, visitamos rapidamente a esta hora meridiana a praça do mercado. Passamos por entre tendas onde se expõem espécimes da afamada louça azul e branca do lugar, que é realmente muito bonita, e também os famosos lenços de Alcobaça e tecidos de algodão estampados em cores vivas.

Mas o tempo passa. (Passa? Onde? Nos relógios? Na nossa mente?) Voltamos para o BMW, que se põe em movimento. Penso nas naves da igreja do mosteiro de Alcobaça, que já me parecem fora da dimensão do tempo humano.

17

Apenas uns dez quilômetros separam Alcobaça de Nazaré. O vento recende a maresia. Lanço um olhar enviesado para o meu relógio: ambos os ponteiros estão em cima do XII. A gorda voz da mulata Laurinda, cozinheira de meu avô paterno, me grita do passado: "Meio-dia! Panela no fogo, barriga vazia!".

Entramos em Nazaré, clara e alegre vila de pescadores, situada ao pé dum penhasco, à beira do mar. Descemos do carro na frente dum restaurante cuja fachada está voltada para o oceano. Respiro ar e sol. A luz mágica desta praia de areias levemente rosadas deixa alucinados os pintores que procuram reproduzi-la em suas telas. Vagamente encabulado por estar fazendo o papel de turista — mas consola-me a idéia de que o escritor pode ser a um tempo o satirizado e o satirista —, ajusto minha câmara à luminosidade ambiente e ponho-me a tirar fotos a torto e a direito, principalmente a torto, como haveria de verificar mais tarde ao ver as fotografias reveladas.

Os pescadores de Nazaré vestem camisas e calças dum pano de lã xadrez de cores variegadas. Na cabeça usam uma carapuça preta afunilada, cuja ponta terminada numa borla lhes cai sobre os ombros. É dentro desse barrete que guardam tabaco, fósforos, dinheiro e outras miudezas.

Os restantes membros do nosso "safári" entraram já no restaurante onde vamos almoçar dentro em pouco. Mafalda e eu ficamos na praia, atentos agora ao seu elemento humano, pois já tivemos nossa dose de paisagem. "Já reparaste como são bonitas algumas dessas mulheres?", pergunta minha companheira. Considero essas palavras um tanto insultuosas. "Claro que já", respondo. As raparigas de Nazaré (ah! o esforço que como escritor tenho feito para reabilitar a bela palavra *rapariga*, tão desmoralizada no Brasil, onde no passado, pelo menos no Rio Grande do Sul, era sinônimo de *prostituta* e hoje, quando usada, é apenas para designar empregadinhas domésticas), mas, como ia dizendo, estas mulheres descalças de Nazaré usam em geral blusas escocesas de lã, e sete saias pregueadas e rodadas, uma por cima da outra, e que parecem dançar no ritmo de seus passos firmes. Andam descalças e quase sempre equilibram nas cabeças cestos cheios de peixes e mariscos. "Nunca imaginei", murmura Mafalda, "que fosse encontrar aqui mulheres e homens louros e de pele clara!" "Não te esqueças", digo, "que em remotas eras andaram por estas bandas raças nórdicas: celtas, visigodos, suevos..."

Quando os pescadores voltam ao mar nos seus barcos de proa recurva, de tipo fenício, pintados de cores vivas e "ilustrados" com figuras coloridas — peixes, galos, frutas, flores, imagens de santos —, um companheiro postado na praia orienta, por meio de sinais de braços e mãos, o homem que está ao leme para que ele dirija a embarcação de modo a aproveitar convenientemente a última onda que a erguerá no seu dorso, projetando-a na areia da praia, onde uma junta de bois espera para puxá-la até à zona de areia seca. Desembarcado e selecionado o produto da pesca, são as mulheres dos pescadores que, numa longa fila, todos os dias levam os peixes frescos à vila para vendê-los no mercado. Esses barcos pesqueiros têm nomes pitorescos como *Rosa-dos-Ventos*, *Florzinha*, *Vida Minha*, *Menina do Mar*, *Medusa*. (Importa muito ao leitor que eu esteja agora imaginando nomes para essas embarcações? Afinal de contas ninguém, nem mesmo os computadores eletrônicos, tem memória infalível.)

Quem são aquelas mulheres vestidas de negro, algumas idosas, outras de meia-idade e não poucas ainda jovens? São viúvas de pescadores que morreram no mar ou em terra firme. Segundo uma tradição local transformada em lei não escrita, mas nem por isso menos inflexível, uma viúva aqui não tem o direito de casar-se de novo.

Olho o céu, onde nuvens brancas sopradas pelo vento parecem barcos. (Era ou não era uma fatalidade essa imagem?) Em busca de que peixes navegarão essas claras e aéreas naves? Minha mulher, a quem repito a metáfora em voz alta, lança-me um olhar enviesado e murmura que a fome já me deve estar conturbando a mente. Caminhamos devagar ao longo da praia onde se estendem grandes redes de pesca. Um velho sentado num caixote fuma cachimbo e conserta sua rede. Ao passarmos por ele, ergue o rosto curtido de sol e vento: concluo que deve ter sido à força de tanto contemplar o oceano que seus olhos líquidos adquiriram essa cor entre azul e verde.

Uma velha vestida de negro fita o horizonte. Pensará na madrugada em que viu daquele mesmo lugar o marido partir no seu barco que o mar tragou? Esperará ela ainda que as águas cruéis lhe devolvam um dia o corpo do companheiro? E então de súbito o menino está em Cruz Alta, na Aula Mista Particular de d. Margarida Pardelhas, de pé junto de sua carteira, com a *Seleta em prosa e verso* nas mãos, lendo em voz alta um trecho de Pinheiro Chagas, intitulado *Os restos do naufrágio*, e que começa assim: *Nas praias da Bretanha vivia um pescador com a mulher e um filho...*

Mafalda me toca no braço e eu retorno a Nazaré, 44 anos mais tarde. Indico com um gesto de cabeça o grande penhasco onde, segundo a tradição católica, operou-se o milagre que salvou a vida do fidalgo d. Fuas Roupinho, cujo cavalo estava prestes a precipitar-se no abismo mas foi a tempo detido por intervenção da Virgem, a quem o cavaleiro, pressentindo o perigo, pedira socorro numa oração relâmpago. Murmuro: "Dom Fuas... que bom nome para o nosso neto! Dom Fuas Veríssimo Jaffe. Mas agora é tarde. O menino já foi batizado, vai ser pelo resto da vida um Mike como centenas de milhares de outros no mundo anglo-saxônico".

Passamos por um grupo de pescadores que conversam em voz alta. Falam uma língua que não conseguimos entender, por mais atenção que lhe prestemos. Dizem que os nazarenos se alimentam de peixe. Acho que também gostam de comer vogais.

Dirigimo-nos agora para o restaurante, a cuja porta nosso filho nos faz com os braços sinais semafóricos, usando o código elementar de seu apetite.

Sentamo-nos os cinco a uma mesa junto duma janela que se abre para a praia. Em cima de outra mesa menor, ao lado da nossa, vejo um caranguejo gigantesco, com cambiantes cores outonais, mas nem por isso menos terrível em seu aspecto antediluviano. Cada um de nós apanha um cardápio — aqui chamado "ementa" — e trocamos sugestões sobre o que se vai comer. Quero provar lulas, mexilhões, amêijoas, talvez menos seduzido por esses moluscos do que por seus nomes. É como se eu sentisse mais apetite pelos *significantes* do que pelos *significados*. E um polvo assado, hem? E camarões à moda da casa? Mas por que não ostras? — prossigo, pois sei que Mafalda as detesta sem jamais tê-las provado. Conhecedora profunda das debilidades de meu aparelho digestivo, ela veta o meu pedido desses "sonoros" frutos do mar. "Estás em viagem. Não podes adoecer." Ela própria tem um medo invencível às infecções intestinais produzidas por peixes e mariscos em mau estado de conservação. Costumo dizer-lhe que ela precisa aprender a fazer pesca submarina a fim de poder comer sem receio o peixe debaixo d'água, menos dum minuto depois de arpoá-lo. O garçom anota os pedidos dos outros companheiros. Quando chega a minha vez, opto por uma lampreia grelhada com batatas cozidas e uma salada verde. Mafalda solidariza-se comigo na lampreia, porque afinal de contas o mar encontra-se a poucos passos do restaurante e o peixe deve estar em excelente estado sanitário — se é que se pode dizer isso dum peixe morto. Souza Pinto consulta-nos sobre vinhos. Declaro-me analfabeto no assunto. Meu editor recomenda-nos um Dão branco. Poucos minutos mais tarde Luis Fernando está entretido e aparentemente feliz com sua lagosta cozida e seus graúdos camarões... A conversa entra pela porta da cozinha portuguesa: as mil e uma maneiras de preparar o bacalhau, o uso abundante do óleo de oliva, de pimentões e tomates e azeitonas como temperos, isso sem falar nas ervas do Algarve com belos nomes de origem árabe.

Abrem-se grandes silêncios durante os quais a alegria de comer parece bastar-nos, mas comer assim entre amigos, em espírito de feriado. Nossa única "obrigação" para o dia de hoje é chegar a Coimbra, pois a partir de amanhã temos de começar a cumprir o programa que nos foi traçado pelos universitários para os dois dias que lá vamos passar. O caranguejo gigante parece atento às nossas palavras e aos nossos silêncios. Bem pode ser um agente da PIDE disfarçado.

De vez em quando olho para fora através da moldura da janela. Com a cumplicidade do sol, do vento e das nuvens o mar brinca de calidoscópio.

À hora da sobremesa Mafalda e Jorge de Sena descobrem uma afinidade: ambos gostam de doces. Penso logo nos ovos-moles d'Aveiro, da particular predileção do nédio Dâmaso Salcede, personagem de Eça de Queirós... Jorge de Sena pergunta se já provamos os "rebuçados d'ovos" de Portalegre. Não. E os "papos-de-freira"? E os "toucinhos-do-céu"? Quando passarmos por Abrantes, haveremos de saborear sua famosa "palha" e seus "queijos-do-céu".

Trazem-nos uma cabaça com frutas, que permanecem intocadas em cima da mesa, como uma natureza-morta. Café? Todos aceitam. Por fim nosso anfitrião pergunta: "Um conhaque, Jorge de Sena?". Teríamos de ouvir essa frase muitas vezes, durante aquela memorável excursão. Ao sairmos do restaurante, fico por algum tempo a contemplar as águas. Para nós, turistas, este é um mar alegre, lúdico, parte dum quadro. Para as mulheres de roupagens negras de Nazaré é uma entidade enigmática, ora dadivosa ora perversa, que lhes fornece o sustento de cada dia mas que também às vezes devora implacavelmente seus homens.

18

Três e pouco da tarde. Nossa caravana está de novo na estrada, rumo do monumento histórico mais celebrado e querido de Portugal: o mosteiro da Batalha. Jorge de Sena fornece-nos dez escudos de história enquanto o automóvel roda maciamente sobre o asfalto, atravessando um prado de tenros verdes.

A brisa balança os salgueiros e faz tombar pétalas de flores de cerejeiras e ameixeiras nos pomares. Fumegam as chaminés dos casais, galinhas ciscam o chão moreno dos quintais, lírico é o céu, e uma grande paz luminosa se espreguiça na paisagem — e por tudo isso me é difícil imaginar que foi aqui, nesta planície de Aljubarrota, que em 1385, auxiliado pelo seu bravo capitão Nun'Álvares Pereira e alguns cavaleiros e soldados ingleses, d. João I comandou seus 6 mil soldados, enfrentando em batalha campal o Exército castelhano invasor, forte de 36 mil homens. Campônios lusos armados de varapaus, ancinhos, foices, enxadas também tomaram parte na resistência. Conta-se que no decurso da refrega a mulher dum padeiro matou a golpes de pá seis soldados castelhanos que se haviam escondido no seu forno. Na Batalha de Aljubarrota tiveram as forças lusitanas a maior vitória militar de sua história.

Em ação de graças pelo triunfo das armas portuguesas, d. João I mandou erguer um mosteiro de proporções grandiosas a uns três quilômetros do lugar onde se travara a batalha, e dedicou esse santuário a santa Maria da Vitória.

A aldeia (ou vila?) de Aljubarrota, hoje em dia mais conhecida pelo nome de Batalha, é tranqüila, graciosa, asseada como quase todas as outras aldeias e vilas que temos encontrado nesta excursão. Nosso automóvel atravessa-a em marcha lenta para que possamos ver melhor seus habitantes. As mulheres me parecem belas e rijas. Os homens, bom... que adjetivo devo usar para esses aljubarrotenses ou aljubarrotanos? Bonitos? Não fica bem... Digo então que são fortes e têm caras simpáticas. Em breve a aldeia fica para trás, nosso carro transpõe uma ponte de pedra e minutos mais tarde avistamos o mosteiro.

Minha primeira impressão do conjunto é a de que estou diante duma construção em estilo gótico que lembra muito o flamejante francês, mas que foi achatada não sei por que imensa e perversa mão.

Descemos do carro. Examino melhor a fachada do mosteiro, construído de pedra calcária cor de ouro velho, lembrando um pouco o arenito avermelhado da igreja, hoje em ruínas, da extinta redução jesuítica de São Miguel, no meu estado natal. Sei que a Batalha foi construída numa época de transição entre o românico e o gótico. Ao primeiro relance não vejo nesta estrutura nada de românico, a não ser sua pouca altura. Mas... vamos devagar. Que entendo eu de arquitetura? Examino melhor a fachada da Batalha. Tem uma porta magnificamente entalhada e altas janelas ogivais. Seu perfil está eriçado de pináculos e campanários. Em seu frontão vejo o relevo de estátuas de reis, santos, papas, mártires e, se não me enganam os olhos, até um Cristo sentado num trono. Isso tudo me parece uma prodigiosa renda de pedra, tal é a delicadeza com que essas figuras e arabescos foram esculpidos. Concluo que, se esta catedral conseguisse "emagrecer", ou melhor, crescer, subir para o céu, acompanhando pelo menos durante uns cem metros a assunção de sua padroeira, teríamos aqui sem a menor dúvida um belo exemplar do gótico florido, de tipo francês. Mas não estarei raciocinando com o coração? Quem pensa e sente nestes primeiros minutos de contato visual com o mosteiro da Batalha é o mesmo homem que ainda hoje prometeu fidelidade amorosa eterna ao austero interior da igreja de Alcobaça. É como se eu me tivesse apaixonado por uma mulher sem pintura no rosto de expressão severa, vestida com um bom gosto discreto, e agora corresse o perigo de deixar-me seduzir por essa dama tão ricamente trajada, tão resplendente de jóias e rendas.

Entramos no templo. Suas ogivas interiores me encantam, principalmente as da nave central. A pedra aqui dentro é também trabalhada com uma delicadeza minuciosa de ourivesaria. E os vitrais, devidamente ajudados pela luz solar, parecem apelar para este apaixonado por imagens e cores que sou.

Nossa visita à Batalha é um tanto desordenada. Vemos a tumba de d. João I e a do Soldado Desconhecido, a solene sala do capítulo com sua cúpula e depois as esquisitas capelas inacabadas, chamadas "imperfeitas", e nas quais se notam influências do estilo manuelino. D. Duarte, sucessor do Vencedor de Aljubarrota, mandou construir para si e seus descendentes uma capela funerária que não conseguiu ver terminada, pois a morte o levou antes disso. Existem ao todo na Batalha sete "capelas inacabadas", e o curioso é que o tempo fez a seu modo e em seu estilo o que os homens não planejaram fazer, de modo que hoje essas capelas possuem uma estranha força dramática e evocativa.

No claustro, também em estilo manuelino, com vagas influências bizantinas, rico em mármores brancos esculpidos — flores de lótus, a cruz de Cristo cercada de arabescos —, por alguns instantes me sinto culpado de traição a Alcobaça. Percorremos também a capela dos túmulos reais, onde estão sepultados d. João I e d. Filipa, o infante d. Henrique, o Navegador, e d. Fernando, conhecido como o Infante Santo. Num outro claustro vemos, com seus respectivos brasões, as sepulturas onde jazem os despojos dos muitos príncipes que ajudaram materialmente a construir este mosteiro.

Dentro em pouco sinto-me estonteado em meio de tantos vitrais, abóbadas, colunas, ogivas, desenhos mouriscos, góticos, renascentistas... Concluo que eu bem me podia casar legitimamente com Alcobaça e de vez em quando — talvez aos domingos — vir visitar clandestinamente a Batalha. Julgo que não haveria malícia nem pecado nesse adultério arquitetônico...

19

De Batalha a Leiria é apenas um pulo. A primeira coisa que avistamos de Leiria, ainda de dentro do carro em movimento, é o vulto do castelo de d. Dinis, no alto duma colina, e depois o longo pinheiral que o soberano mandou plantar e que à luz de âmbar deste entardecer, sob um céu que já empalidece, não deixa de me parecer uma cantiga póstuma do Rei Trovador — cantiga ao mesmo tempo de amigo e de amor.

É curioso como estão agora esfumadas em minha memória as lembranças dessa nossa breve parada em Leiria. Creio que lá passei quase uma hora dando autógrafos numa livraria, e que ouvi dois discursos e fiz um... ou então nada disso aconteceu. Conheci algumas pessoas cujos nomes me fugiram da memória, saí depois com os companheiros e alguns próceres locais pelas ruas da bela cidade, que desde os tempos medievais tem a fama de dar grande apreço à cultura. Contava Leiria, ao tempo de d. Dinis, com uma numerosa colônia judaica de muito boa qualidade intelectual. Foi aqui que se fundou a primeira fábrica de papel de Portugal e uma de suas primeiras imprensas.

Parece mentira, mas todos os fatos históricos que aprendi sobre d. Dinis e sua esposa Isabel parecem ficção quando comparados no meu espírito com a história e as personagens inventadas por Eça de Queirós em seu romance *O crime do padre Amaro*. Procurei ver a "longa alameda macadamizada que vai junto do rio, entre os dois renques de velhos choupos" e onde, segundo o escritor, o cônego Dias e seu coadjutor passeavam naquele longínquo agosto, enquanto esperavam a diligência que traria à cidade seu novo pároco, o jovem pe. Amaro Vieira. Vi o largo do chafariz onde, de lanternas acesas, e puxada por dois magros cavalos brancos, a diligência veio parar ao pé do chafariz, por baixo da estalagem do Cruz. "[...] e um homem desceu cautelosamente... bateu com os pés no chão para os desentorpecer, e olhou em redor."

Estou vendo a cena, pois li esse romance mais de cinco vezes, em diversas épocas da minha vida. Jorge de Sena mostra-nos um sobrado esbelto de dois andares e diz: "Pela descrição do romancista, podemos deduzir que esta era a casa de Amelinha onde o padre Amaro hospedou-se". Contemplo o sobradinho com uma ternura meio desconfiada e tento confrontar o que vejo com a imagem da residência da S. Joaneira que guardo na memória. Concluo que uma das vantagens do livro sobre os meios de comunicação audiovisuais é a de que no caso destes últimos a imaginação do espectador fica irremediavelmente presa ao que vê e ouve, ao passo que a cada releitura dum romance o leitor imagina as personagens, as cidades, as ruas, as casas e seus interiores de maneira diferente, embora as palavras do autor da narrativa permaneçam as mesmas.

Cerca de um quarto de hora mais tarde estamos todos no BMW rumando para a estrada. Ao passarmos pela frente da casa da S. Joaneira, sinto um ímpeto de gritar: "Amelinha, toma cuidado com esse padre!".

20

Anoitecia já quando descemos do carro para ver as ruínas de Conímbriga, que distam apenas uns quinze quilômetros de Coimbra. À luz do crepúsculo passeamos por entre os restos duma cidade fortificada que os invasores romanos fundaram antes da Era Cristã e que os suevos destruíram no ano de 468 d. C. As escavações que devolveram à luz do sol e da lua as ruínas da mais importante cidade romana de Portugal, foram iniciadas em 1930: um achado arqueológico de importância capital.

Ao lusco-fusco da hora pareceram-me fantásticas aquelas colunas que à distância sugeriam os remanescentes duma floresta incendiada, com troncos de árvores mutilados. Vimos restos de palácios, átrios pavimentados de mosaicos com desenhos de cores apagados pelo tempo e pela penumbra da hora. Passamos sob o arco que devia ter sido parte dum aqueduto de grandes proporções. Os arqueólogos que ali trabalharam durante anos descobriram as ruínas de três portas de Conímbriga, vestígios de palácios, casas de comércio, termas. Encontraram estelas funerárias, vasos etruscos e moedas — peças que foram identificadas e depois levadas para um museu, em Coimbra.

Jorge de Sena dissertou brevemente sobre Conímbriga. De súbito calou-se. Senti então o mistério daquela hora que eu havia de recordar dois anos mais tarde quando, estendido numa cama, entre a vida e a morte, angustiado e febril, em espírito eu procurava refúgio naquele momento e naquele lugar de silêncio e paz, que haveria de ficar-me na memória como um mágico retalho recortado ao tecido do tempo.

21

Chegamos a Coimbra depois das oito da noite. Cinco estudantes, representando a Associação Acadêmica, esperavam-nos à frente do hotel onde nos íamos hospedar. Cabeças descobertas, capas e batinas negras, de acordo com a tradição da velha universidade — receberam-nos com uma cordialidade um tanto cerimoniosa. Eram rapazes cujas idades iriam de 22 a 25 anos. Notei que a boa qualidade de suas roupas denunciava neles filhos de famílias ricas ou pelo menos remediadas.

Desde as primeiras palavras que trocamos, procurei deixá-los à vontade. Após os apertos de mão e os cumprimentos de praxe (ah! como lamento não ter tomado nota do nome de cada um desses dedicados estudantes!) disse-lhes: "Tenho a impressão de que estou no Brasil. Agora sim acredito que brasileiros e portugueses somos gente do mesmo sangue. Você aí", e apontei para um deles, "bem podia ter nascido em São Paulo, filho dum próspero plantador de café. Agora você", continuei, voltando-me para outro, "tenha paciência, mas você é irremediavelmente gaúcho, natural de Bagé, São Gabriel ou Dom Pedrito, filho dum estancieiro proprietário de muitas léguas de campo e milhares de cabeças de gado... Essa capa negra bem podia ser um pala... E como lhe sentaria bem um palheiro aceso entre os dentes!". (Tive de explicar o que era palheiro.) Um moço moreno, o mais franzino dos cinco e o de olhos mais vivos e maliciosos, sorriu: "E eu?". Lancei-lhe um olhar avaliador e decretei com a tirania (aparente) que o romancista exerce sobre suas personagens: "Você só pode ser carioca". Foi nesse momento que surgiu no saguão do hotel, retardatário e imponente, um estudante alto, corpulento, de cabeça leonina, evidentemente o mais velho do grupo e que nos foi apresentado solenemente como sendo Sua Excelência o Dux Veteranorum. O Chefe dos Veteranos! A cada aperto de mão o recém-chegado fazia uma leve curvatura de busto, enquanto se desculpava pelo atraso. "Então vosso palanquim chegou fora do horário, Excelência?", perguntei-lhe com fingida solenidade. E o Dux, com entonação de teatro antigo, exclamou: "Hoje em dia não se pode ter confiança nos fâmulos. Ah! Essas malditas reivindicações sociais...". E nesse momento um dos rapazes, de face longa e ar retraído, e que até então se mantivera meio escondido entre os companheiros, acercou-se de mim e, voz e gesto em surdina, perguntou: "E eu, doutor V'rissimo, de que parte do Brasil sou?". A resposta me ocorreu rápida: "Você, sem sombra de dúvida, é um bom mineiro". O estudante sorriu e murmurou: "Curioso. Sou natural duma região montanhosa. Nasci numa pequena vila perdida num socavão da serra da Estrela". O Dux Veteranorum postou-se diante de mim: "E eu... de onde venho?". Refleti por um momento e descrevi, grave: "Vossa Excelência é um português que vive no Rio de Janeiro, onde fez fortuna como atacadista. Além de comendador, é presidente do C. R. Vasco da Gama".

Nossa ceia foi breve e leve. Os estudantes sentaram-se à nossa mesa e com eles discutimos o programa do dia seguinte. Antes das dez horas recolhemo-nos aos nossos aposentos. Agradavelmente amolentado por um banho morno meti-me sob as cobertas, cerrei os olhos e pensei naquele dia que nosso deslocamento no espaço tornara tão ricamente longo. Pensei nos monumentos visitados, nas pessoas e paisagens vistas ou entrevistas — e com que nitidez se impôs então à minha lembrança a figura da linda mulher trigueira pela qual eu passara em Leiria, na rua! A corrente de meus pensamentos era como uma espécie de montanha-russa vertiginosa que numa de suas bruscas descidas me fez tombar no abismo do sono. Dos sonhos daquela noite só guardo a confusa lembrança de ter andado perdido por entre as naves da igreja de Alcobaça, à procura de alguma coisa ou de alguém.

22

Na manhã do dia seguinte abrimos as janelas de nosso quarto para um céu limpidamente azul e para uma brisa ainda fria. Digo a minha mulher que a Primavera é uma cachopa tão ávida de festas que, semanas antes do dia da celebração oficial de seu equinócio, começa a vestir-se toda de verdes e a enfeitar-se de brotos e flores, ao passo que o Inverno, sujeito teimoso, insiste em ficar até ao dia em que o calendário lhe ordena que saia de cena — ordem a que nem sempre ele obedece. Quanto ao vento, ora, o vento é um bom menino que deseja agradar a todos, e no interlúdio entre duas estações carrega em suas asas irresponsáveis tanto o frio hálito do velho retirante como os frescos perfumes da moça que se prepara para seu rito triunfal. Em suma, embora nossos olhos já vejam a face e nosso olfato sinta as fragrâncias da Primavera, nossa epiderme está ainda meio arrepiada de frio.

Desconfio que Coimbra já descobriu meu fraco pelas cidades antigas e — modéstia à parte — direi até que está se oferecendo para ser incluída na minha burgoteca. Tem tudo para isso. Situada numa alta colina, suas ruas estreitas descem pelas encostas até o vale do Mondego. Sua história mais que milenar parece estar escrita pela mão do Tempo nestas pedras, nestes telhados, no pavimento irregular destas ruas e becos e nas lajes destas calçadas. Eis uma cidade que pode ser comparada a uma senhora de passado tempestuoso e que nada faz para esconder sua avançada idade nem suas origens plebéias. Todo o mundo sabe, e Coimbra não nega, que ela nasceu dum acampamento de invasores romanos e que desde remotas eras começou a ganhar importância, pois pelo sopé da colina em que nasceu passava obrigatoriamente a via militar que levava de Braga a Lisboa. Quando ainda moça, Coimbra foi violentada, digo, invadida pelos alanos — bárbara gente oriunda de uma região entre o Cáucaso e o mar de Azov — e depois possuída temporariamente pelos visigodos, pelos suevos e mais tarde destruída pelos sarracenos, que a reconstruíram mas que finalmente vieram a perdê-la para as tropas de Fernando I, de Castela (1104).

Coimbra foi assim levada a uma vida mais ou menos respeitável. Prova disso é que em 1139 foi feita capital do reino de Portugal. De nada disso, porém, esta cidade parece orgulhar-se. Sua grande glória é a de ser a sede duma das mais antigas e importantes universidades da Europa.

Como ficam rusticamente belos ao sol da manhã esses velhos telhados limosos, esses muros, fachadas e portões que olham passar o tempo, os homens, suas guerras e paixões! Coimbra é uma cidade que não usa maquilagem. Vemos a cada passo em suas ruas estudantes vestidos de negro. Segue-nos um pequeno bando de meninos malvestidos e descalços, o qual por sua vez é seguido por cachorros como aquele que ali vai trotando, o ar timidamente inquisitivo e pateticamente súplice de quem anda em busca dum dono, dum amigo, dum amor. E aqui marchamos nós, os cinco membros deste safári branco de paz e amizade, comboiados carinhosamente pelos estudantes que nos receberam ontem. Um deles nos informa que esta parte da cidade é conhecida como a Alta.

Foi com uma emoção morna e um pouco buscada que pisei as lajes que pavimentam o largo à frente do edifício principal da Universidade de Coimbra, pensando nas grandes figuras de mestres, sábios, humanistas, homens de letras, artistas ("E bestas!", exclama o espectro de Eça de Queirós, aparecendo-me de súbito) que por ali deviam ter passado durante séculos. Lá estava a famosa torre com o relógio e o sino de chamada, conhecido entre os estudantes como "a cabra".

Como era de esperar-se, a universidade é formada de edificações dos mais diversos períodos e estilos. Passamos pelas mais modernas — algumas ainda inacabadas — como gato sobre brasas. O que mais me impressionou nessa visita foi o conteúdo e o continente da preciosa biblioteca joanina, com seu meio milhão de volumes e manuscritos, suas estantes de madeira negra, finamente entalhadas, com adornos dourados, seus mármores e sua atmosfera de austeridade. Aspirei seu indescritível odor de tempo e história. Tem-se a impressão de que, ao cabo de longa permanência num ambiente como esse, uma pessoa pode adquirir por osmose ou por outro processo ainda mais sutil uma certa cultura ou, pelo menos, um inequívoco respeito pelos livros e seus autores. Visitamos outros salões e detivemo-nos por mais tempo naquele de cujas paredes pendem retratos a óleo de antigos reitores da universidade. Notei que um fotógrafo nos seguia, preparando-nos em cada sala uma emboscada. Quando menos esperávamos, lá estava ele ajoelhado, com sua câmara assestada na nossa direção, fazendo fuzilar a sua lâmpada.

Tenho o vezo, que talvez me venha do berço, de nem sempre estar presente em pensamentos no local onde meu corpo se encontra fisicamente. Como pássaros inquietos, minhas idéias costumam fugir, sem aviso prévio nem ruído de asas, para os céus do passado e às vezes até para os do futuro. (Devo sofrer duma espécie de doença da atenção.) Desde que começamos a andar pelas numerosas dependências desta universidade, tenho alternadamente dividido minha atenção entre o agora, o ontem e o amanhã. Se não me falha a memória, existe num de meus romances uma personagem (será Clarissa? ou Noel?) que só sabe gozar profundamente o momento presente quando este se transforma em passado e pode ser lembrado e revivido em solitude e tranqüilidade.

"Esta é a Faculdade de Letras", ouço alguém dizer, ao entrarmos num prédio. Outra voz: "Camões estudou aqui?". Uma terceira voz: "Não. Não há nenhuma prova disso. É possível e mesmo provável que Camões tenha feito seu curso de artes e humanidades num colégio que existia em Coimbra, no mosteiro de Santa Cruz, dirigido por cônegos da Ordem de Santo Agostinho".

23

Almoçamos no restaurante Pinto de Ouro com o Dux Veteranorum e mais três dos rapazes que conhecemos ontem. Insistimos para que o Dux ocupe uma das cabeceiras da mesa. Decerto já correu entre os universitários a informação de que não sou um "senhor formal": sinto-os agora descontraídos e naturais. Contam piadas sobre a vida estudantil de Coimbra. O Dux, alvo de muitas das brincadeiras verbais dos companheiros, escuta-os sorrindo com um ar de superior e adulta indulgência. Pergunto se Coimbra conserva a velha tradição de boêmia e combatividade ideológica, como nos tempos da famosa Geração de 1865, de que faziam parte personalidades como Antero de Quental,

Oliveira Martins, Eça de Queirós, Ramalho Ortigão, João de Deus e Guerra Junqueiro... "Qual! Qual!", exclama um dos estudantes. "Ainda se brinca um pouco, é verdade, mas..." Cala-se. Os outros se acumpliciam com esse silêncio, mas todos me parecem mais resignados ou indiferentes do que tristes ou revoltados. Um deles exclama: "Que diabo! Ainda nos divertimos um bocado. Fazemos nossas serenatas, visitamos o choupal, temos as tricanas... Mas não podemos deixar de reconhecer que os tempos mudaram...".

Saímos do restaurante para um tépido e claro princípio de tarde. Aonde vamos? Alguém sugere um passeio pelas margens do Mondego. A idéia é aceita. Enfiamos por uma ruela em declive, de calçadas estreitas, que nos leva até à beira do rio. Ao avistar as celebradas águas, penso no poeta António Nobre, o solitário e orgulhoso Anto, autor de *Só*, e que tantos versos escreveu sobre este curso d'água.

Vou encher a bilha e trago-a
Vazia como a levei!
Mondego, qu'é da tua água,
Qu'é dos prantos que eu chorei?

Caminhamos vagarosamente ao longo da avenida de choupos que acompanha as preguiçosas curvas do rio, em meio do qual avistamos pequenas ilhas floridas, verdes de tílias e salgueiros. O Mondego parece um rio paradisíaco que flui sem pressa nem cuidados para o mar. Um dos estudantes, futuro engenheiro hidráulico, me informa que períodos há em que esta corrente transborda, inundando as campinas e boa parte da cidade baixa, em derredor. Essas cheias chegam a ter com freqüência um caráter calamitoso. A antiga e histórica igreja de Santa Clara, situada perto do Mondego, está quase submersa, pois seus contrafortes já afundaram mais de cinco metros. O jovem continua a falar, mas a idéia "igreja submersa" me faz pensar imediatamente em *La Cathédrale engloutie*, de Debussy, e eu passo a ouvir com a memória, num disco de 78 rotações, a sugestiva melodia, contra um fundo feito dum estralar de pipocas. Por alguns segundos não estou mais em Coimbra, em 1959, mas em Cruz Alta, em 1926, tentando compreender Debussy.

Jorge de Sena conta-nos que a Rainha Santa mandou construir, a pequena distância dessa igreja agora perdida, um palácio para sua residência particular, e para lá se retirou depois que seu esposo e senhor d. Dinis foi chamado à presença de Deus... ou do Diabo. E foi nesse mesmo palácio que muito mais tarde o rei d. Pedro teve secretos encontros amorosos com sua adorada Inês, que, segundo as palavras do Bardo, lá vivera posta em sossego, até o dia em que membros da corte mandaram assassiná-la, sob a alegação de que era muito perigoso uma princesa galega ter tamanha influência sobre um rei de Portugal. As águas do Mondego — penso — testemunharam esse e outros crimes, através de séculos. Mas não! A dar crédito — e eu dou — à idéia de Heráclito de que não nos é possível atravessar duas vezes o mesmo rio, o que está de pleno acordo com a moderna teoria psicológica do contínuo devir do homem — as águas que passavam na trágica hora em que d. Inês era impiedosamente degolada, já se perderam há mais de seis séculos no oceano. Essa corrente que agora passa por nós nada sabe desse crime, embora possa saber de outros.

Voltamos para a cidade alta, subindo uma ladeira estreita e tão íngreme que lhe dão aqui o nome de Quebra-Costas. (Em Salvador, na Bahia, existe uma rua tão perigosamente empinada, que lhe chamam brasileiramente Quebra-Bunda.) Passamos sob o arco que se abre por baixo duma torre meio derrocada, restos das muralhas que defendiam a antiga Coimbra.

Subo em silêncio. Sinto uma leve dor anginosa. "Estás bem?", pergunta M. Sacudo a cabeça num mentiroso sinal afirmativo. E de vez em quando, a pretexto de examinar melhor uma velha casa ou um balcão, faço alto para recobrar o fôlego e aliviar a pressão no peito. O coração me bate mais acelerado que de costume. E agora, passados dezesseis anos, eu me pergunto o porquê dessa simulação. Machismo? Pudor de revelar fraqueza? Temor de deixar minha companheira alarmada? Relutância em aceitar o fato de que tenho problemas cardíacos? Não sei se durante todo esse tempo consegui obter uma resposta honestamente satisfatória a todas essas indagações.

Quando chegamos à parte mais alta da ruela, avisto a Sé Velha e me considero recompensado de todo o esforço feito. É um templo maciço, de aspecto austero, em bom estilo românico, sem imagens esculpidas na fachada. Entramos em seu frio ventre de pedra. Sentamo-nos num de seus bancos. Minha mulher ajoelha-se e põe-se a orar. Jorge de Sena me leva até ao famoso retábulo de madeira esculpida e pintada, obra de Olivier de Gand. Voltamos depois para o ar livre, para o sol, onde nos reunimos aos estudantes que nos acompanham.

24

Como lembrar-me agora de todas as coisas que fizemos naquele resto de tarde? Vimos, disso me lembro claro, a Sé Nova, grandarrona, branca, barroca — para meu gosto sem a beleza e a dignidade da Sé Velha. Fica num largo onde habitualmente se realizam feiras, e suas escalinatas são o ponto de reunião dos estudantes nas horas de folga. Conta-se que foi neste largo que Eça de Queirós avistou pela primeira vez Antero de Quental, pessoa pela qual tinha a maior admiração, estima e respeito.

O que há de errado com as viagens é que — tomemos o meu caso — um homem passa boa parte da vida desejando conhecer de verdade o mundo que lhe prometeram os livros, os filmes de cinema, as revistas ilustradas... Um dia, quando consegue recursos financeiros para viajar, tem de enfrentar problemas de tempo, de programas mais ou menos rígidos, provocados quase sempre por seu apetite geográfico acumulado e pela curiosidade. Ora, um ser humano pode passar uma semana inteira em jejum absoluto, mas, se no domingo lhe derem um farto banquete, sua capacidade de comer terá um limite que o faminto não poderá transpor sem o risco de ter uma indigestão perigosíssima. O mesmo acontece com as viagens.

Vamos a um exemplo. Passamos ainda esta tarde com uma rapidez insensata, quase a correr, pelas salas do museu Machado de Castro, situado no velho palácio episcopal. Além de cansado fisicamente, eu não estou com disposição para uma visita desta natureza. Como resultado disso, lanço para os objetos expostos olhares cegos — quero dizer, fito-os mas não os vejo. Acho, entretanto, que tenho a obrigação de fingir, de mostrar que estou interessado em tudo. Por quê? Por gentileza? A quem? À pessoa da casa que nos acompanha, atenciosa, na visita? A verdade é que continuo a andar, voltando a cabeça dum lado para outro, parando aqui e ali. Às vezes cometo a ignomínia de examinar uma tela ou uma escultura com uma expressão de perito ou pelo menos de diletante. Oh! Como somos todos uns farsantes! O que eu devia ter feito quando convidado para conhecer o museu era confessar a minha indisposição para esse tipo de visita hoje. Mas não! Cometi mais uma dessas pequenas covardias cotidianas e me deixei levar. Estou certo de que Mafalda aprecia melhor que eu o museu Machado de Castro, que possui (li mais tarde num folheto) preciosas obras de ourivesaria de valor histórico, além de objetos do uso pessoal da Rainha Santa. Em dado momento minha mulher me murmura algo sobre os cachos louros que haviam sido parte da cabeleira duma infanta. Ora, a palavra *infanta* faz funcionar meu obsoleto mas obstinado gramofone interior, e então passo a ouvir em 1927 um disco rachado, *Pavane pour une infante défunte*, de Ravel. E a melodia acompanha-me com intermitências até ao fim da visita.

25

Quem no Brasil já ouviu falar no dr. Adolfo Correia da Rocha, médico português, especialista em otorrinolaringologia, que exerce sua profissão na cidade de Coimbra? Muito poucos, suponho. Pois esse é o nome verdadeiro do escritor Miguel Torga, na minha opinião um dos maiores prosadores de língua portuguesa em nossos dias. Até então eu o conhecia apenas de livro e lenda. Admirava-lhe a prosa enxuta, precisa e clara. Seus contos e romances, bem como seus poemas, estão cheios de mitos agrestes e duma simbologia bíblica. Arraigadamente regionais, nem por isso deixam de ter um sentido universal. Nota-se nos escritos de Torga um profundo amor à terra, aos bichos, às plantas, às coisas agrestes e um fascínio pelo mar — tudo isso a par dum impaciente horror às convenções sociais. Contam-se muitas histórias a respeito desse transmontano solitário. Dizem que é espinhento como um cacto, duro como a paisagem de sua província natal. Detesta os "aspectos festivos" da literatura. Se um leitor lhe pede um autógrafo, nega-o de maneira terminante. Não aceita convites para falar em público. Defende com unhas e dentes sua vida privada. É duma franqueza rude e desconcertante. Não quer saber de negócios com editores: ele mesmo edita seus livros e depois os entrega a uma livraria, que se encarrega de distribuí-los. Em suma, é o que se costuma chamar de "um homem difícil".

Naquela manhã pedi a Souza Pinto que me proporcionasse um encontro pessoal com Torga. Recomendei-lhe, porém, que não insistisse, caso notasse da parte dele pouco ou nenhum interesse em ver-me. Tudo, porém, se arranjou com facilidade. Ao entardecer, me vi frente a frente com Miguel Torga, um homem mais ou menos da minha idade — magro, quase anguloso, e que me apertou a mão cordialmente. Gostei logo de sua cara e da maneira franca e direta com que me encarou sem dizer nenhuma dessas frases de pura cortesia que habitualmente um autor diz a outro ao ser-lhe apresentado.

Nosso repúdio aos regimes totalitários logo nos irmanou. Conversamos durante mais de meia hora sobre a deplorável situação social e política de Portugal. Depois eu disse ao autor de *Novos contos das montanhas* de meu encanto por Coimbra e de meu amor à primeira vista por sua Sé Velha. "A propósito", sorriu Torga, "andou por aqui, há algum tempo, um colega seu, um romancista brasileiro." (Disse-me um nome, que julgo desnecessário revelar aqui.) "Levei-o pessoalmente a visitar a Sé Velha e seus tesouros de arte. O homem me pareceu desatento, desinteressado, creio que até soltou uns dois ou três bocejos enquanto eu lhe falava no retábulo de Olivier de Gand. Quando a visita terminou e saímos para o ar livre, seu compatriota lançou um olhar rápido e morno para a fachada da Sé e rosnou: 'Muito bonitinha'. Imagine, a nossa catedral bonitinha! Que falta de sensibilidade! Que animal!" Pensei em tentar a defesa de meu confrade, lembrando a Torga que muitos escritores não só brasileiros como portugueses eram completamente indiferentes à música e à pintura, e no entanto... Mas Torga me interrompeu e, com seu jeito agressivo, mas paradoxalmente afetuoso, interpelou-me: "Ó homem, sei que você tem andado por aí sempre cercado por uns filhos de famílias ricas e situacionistas. Vai levar uma impressão errada da mocidade de Coimbra. Seria bom se conversasse também com alguns estudantes pobres, desses que lutam para conseguir seu diploma, e que não são politicamente alienados". Respondo: "Pois esse encontro agora só depende de você, dom Miguel. Proporcione-me a oportunidade...". "Ah, mas o Erico Verissimo deve andar cheio de convites para ceias, chás, reuniões, solenidades..." Replico: "Olhe, hoje não tenho nenhum compromisso para o jantar...". "Mas sua conferência não está marcada para esta noite?" "Sim, mas para as nove horas." Torga consulta o relógio. "Pois está bem", diz, "vou reunir numa das nossas repúblicas alguns desses estudantes de que lhe falei. Jantaremos juntos. Não espere banquete. Às sete iremos a seu hotel buscar você e sua mulher. Combinado?" Respondo que sim, e nos separamos.

Umas três horas mais tarde Mafalda e eu estávamos sentados à mesa de jantar duma das repúblicas mais pobres de Coimbra, na companhia de sete ou oito estudantes, de Miguel Torga e de sua mulher, Andrée Cabbré Rocha, belga de nascimento, professora universitária, especialista em Gil Vicente e autoridade reconhecida em teatro do Renascimento. Sereno é seu rosto, límpidos seus olhos, pouco o seu falar. Tenho a intuição de que deve ser uma admirável companheira para Torga.

A comida é simples. A companhia agradável. Os estudantes fazem-me perguntas. Como vai o Brasil? Que penso da construção de Brasília? Que rumo irá Fidel Castro dar à política interna de Cuba? Toleraria Tio Sam um regime socialista praticamente enredado em suas barbas?

Respondo que o Brasil vai bem, pois lá não existe censura. A construção de Brasília parece-me hoje uma extravagância, mas daqui a alguns anos eu serei possivelmente dos primeiros a reconhecer que no fim de contas a mudança da capital federal foi uma boa idéia. E acrescento: "E o mais notável é que essa obra de proporções faraônicas está sendo executada sem trabalho escravo, sem nenhum tipo de opressão. Quanto a Cuba, temo que a inabilidade diplomática dos Estados Unidos acabe por atirar Fidel Castro nos braços da Rússia soviética". Torga resmunga: "É o que vai acontecer. São umas bestas, esses seus amigos americanos".

É naturalmente de Portugal que falamos mais longamente. Digo que tenho achado seus homens de letras tristes, desalentados, e alguns deles até vazios de esperança, quanto a dias melhores. O povo? Parece-me dotado duma grande pureza de alma, mas demasiadamente submisso e resignado. Conto que há poucos dias dei um níquel à mulher que limpa o lavatório de nosso hotel. Ela ficou tão sensibilizada, que me quis beijar as mãos! E depois, quando eu já subia a escada, voltei-me e vi lá embaixo a pobre criatura sorrindo e acenando-me, agradecida. Durante nossa viagem de Lisboa até aqui passamos por várias turmas de trabalhadores — entre os quais vi muitos velhos — que à beira da estrada lidavam duramente com picaretas, pás, britadeiras. Interrompiam sua atividade quando nosso carro se aproximava, tiravam os chapéus e exclamavam respeitosamente: "Bons dias a Vossas Excelências!" — como se fosse um privilégio cumprimentar os cavalheiros engravatados que viajavam confortavelmente aboletados num carro de fabricação estrangeira. Pareciam aceitar sua condição social com demasiada resignação e fatalismo, como se considerassem as diferenças de classe um ato divino irreversível. Concluo: "Tudo isso me faz pensar que a revolução neste país jamais poderá vir de baixo". "Mas virá", replica Miguel Torga, "virá um dia, não me importa de onde. Acho que você tem conhecido e observado os portugueses menos representativos do que este país tem de forte, bravo e obstinado. Não se deixe levar pelo que viu e ainda vai ver na capital federal. Preste atenção ao Porto, que é uma cidade de muito caráter, o baluarte da oposição. Lisboa não passa dum gracioso jardim, duma sala de visitas enfeitadinha."

Entra no refeitório um dos membros do comitê acadêmico, acerca-se de mim e comunica-me que o salão onde devo falar está já de tal maneira cheio — e mais gente continua a chegar — que foi resolvido transferir o local da conferência para o teatro municipal. Olho para Torga e pergunto se tal coisa se pode fazer assim à última hora. O escritor sorri. "Ó homem, Coimbra é ainda uma cidade pequena. A notícia correrá rápida de boca em boca. Para isso bastam uns quinze ou vinte minutos."

26

Levantamo-nos da mesa pouco antes das nove horas. Sinto no estômago o revoar de inquietas mariposas, bem como me acontecia na infância e adolescência em vésperas ou na hora dos exames escolares.

O teatro fica perto da república onde acabamos de jantar. Para lá seguimos a pé, na companhia de membros do Centro Acadêmico. Começo a duvidar da idéia de Heráclito segundo a qual caráter é destino. Tudo indicava que meu temperamento retraído, minha timidez, meu desajeitamento diante das platéias — nas quais noto sempre a presença do meu eu autocrítico e sarcástico — e mais a consciência de que tenho uma voz fraca e opaca me levassem a fugir de compromissos para fazer conferências públicas. No entanto aqui vou, sob as estrelas de Coimbra, já de gorja meio apertada e seca, rumo do teatro onde devo falar perante professores e estudantes duma das mais antigas e famosas universidades da Europa. Já fiz mais de mil conferências em vários países das três Américas. Em muitas dessas ocasiões senti-me como uma espécie de escroque internacional da cultura. Às vezes, no meio duma palestra pública, fosse onde fosse, eu experimentava um desejo suicida de perguntar em voz alta: "Vocês pensam que sei matemática? Ou geometria? Ou química? Ou física? Ou filosofia? Ou história? Se pensam, estão enganados. Modéstia à parte, sou um ignorante". Concluía que, se a UNESCO tivesse uma Interpol, na certa eu seria preso antes de pronunciar a primeira palavra da conferência. Pois é. Agora aqui vou caminhando sobre pedras outrora pisadas e repisadas pelos coturnos de Camões e Gil Vicente, pelos sapatos de Oliveira Martins, Antero de

Quental, Eça de Queirós, Ramalho Ortigão e quantos, quantos mais!? Finjo que estou tranqüilo, digo piadas aos rapazes que me acompanham. Entramos no teatro. Sinto-me envolvido por uma onda de calor humano. Capas negras agitam-se. (Ticiano dizia que o preto é a mais bela das cores.) Rompem aplausos. Sigo escoltado, rumo do palco. Caras jovens e sorridentes por todos os lados. A casa está repleta não só de estudantes como também de homens em maioria — e mulheres das mais variadas idades. Nos camarotes de cinco lugares amontoam-se de oito a dez pessoas. Vislumbro um universitário praticamente escanchado numa coluna, como um morcego gigante num tronco de árvore. Vejo gente de pé pelos corredores, entre os grupos de poltronas. Minhas mariposas epigástricas assanham-se cada vez mais.

Subimos para o palco, ficamos por instantes no proscênio. Soam aplausos. Ó bela gente de boa vontade! Obrigado! Obrigado! Tenho ímpetos de atirar beijos para todos os lados, como faziam os acrobatas dos circos da minha infância. Sou o bravo burlantim do trapézio volante e — respeitável público! — vou fazer hoje o meu ato sem a proteção duma rede.

Os aplausos prolongam-se. De capas e batinas negras, os estudantes parece que vieram para uma missa de sétimo dia ou para um velório. Como se explica essa minha obsessão por velórios? Raro é o romance meu que não tem um, implícito ou explícito. Seja como for, este é um velório alegre. E o defunto está no palco, vivo, de pé, o coração batendo com força. Os aplausos vão serenando e por fim cessam. Verifico com surpresa que Miguel Torga está na platéia, sentado numa poltrona, na primeira fila. Não sei ao certo se isso me alenta ou perturba. Seja o que Deus quiser. Vejo que temos um microfone. Não me será necessário altear a voz para ser ouvido: uma preocupação a menos.

Um dos membros do comitê do Centro Acadêmico me saúda com palavras generosas. Um outro me coloca sobre os ombros a negra capa acadêmica. Um terceiro me entrega um presente: uma bandeja de prata em que vejo gravado o perfil da torre da universidade, o meu nome, o da Academia de Coimbra e a data de hoje.

Finalmente chega a vez de o velho acrobata fazer o seu número. Seguro o trapézio. Onde está a musiquinha dos circos do passado?

Vou correr o risco de levar uma pedrada — penso — e começo a falar: "Senhoras, senhores, meus caros professores e estudantes! Quero que minhas primeiras palavras esta noite em Coimbra sejam de homenagem a um dos mais notáveis prosadores da língua portuguesa que me honra com sua presença neste teatro: Miguel Torga!!!". Faço com a mão um sinal na direção do cacto transmontano, temendo que o homem se erga, brusco e bravo, me grite um palavrão e se retire do recinto. Mas lá está d. Miguel sorrindo e fazendo-me sinais de agradecimento, enquanto o público bate palmas com entusiasmo.

No silêncio de expectativa que depois se faz, sinto que as minhas mariposas adormeceram, o vagotônico está ausente, e uma calma lúcida se apodera de mim. Faço então a minha mais longa conferência de que tenho lembrança. Principio dizendo que certamente o público estranhará meu português de gaúcho, que lhes há de parecer um pesado carro de bois carregado de pedras, já que no Sul do Brasil insistimos em usar e até abusar do som das vogais. A seguir faço todas as acrobacias que sei, inclusive a de saltar de um trapézio para outro com os olhos vendados. Após uns 55 minutos de monólogo, convido o público para um colóquio. Já nesta hora estamos como num serão familiar. Estudantes e não-estudantes, alguns sentados no soalho do palco a meu redor, me atiram perguntas de toda natureza, inclusive algumas perigosamente políticas. Respondo de acordo com minhas possibilidades, porém mais uma vez, diante duma questão complicada, saio pela providencial porta do humorismo. Quem pode dar em poucos minutos sua fórmula para salvar o mundo das guerras e das crises econômicas? Ou definir a natureza de Deus? Ou ainda expor sua "filosofia de vida"?

Ao cabo de mais quarenta minutos, tento em vão encerrar o diálogo, mas qual! Os estudantes têm sempre mais uma pergunta. O trapezista está já de músculos doloridos, a goela seca e ardida. Com muita dificuldade consigo pingar o ponto final à conferência. (Sinto falta do vibrante galope da banda circense que costuma rematar os atos acrobáticos.)

Imagino que posso retirar-me do teatro facilmente, mas vários estudantes sobem para o palco com livros meus, que me pedem para autografar — o que é fácil —, e com perguntas que não tiveram lembrança de fazer durante o colóquio — o que me faz sentir mais acentuadamente a canseira mental.

Do teatro seguimos para um café com um grupo de universitários e lá ficamos em improvisada tertúlia durante quase meia hora. Discutimos com os membros do comitê de recepção o programa do dia seguinte. É mais de meia-noite quando Mafalda e eu nos vemos sozinhos no quarto do hotel. Sinto o corpo amolentado, a cabeça como que oca. Apagamos a luz. Mafalda me diz do quanto gostou dos Torga. E depois: "Tens um fôlego de cavalo". (Qual o gaúcho que não se sente orgulhoso quando comparado com um cavalo ou um avião da Varig?) "Mas falei como um burro... não?", pergunto, assim como quem quer ouvir um elogio. Minha mulher leva algum tempo para responder. "Não. A conferência estava boa. Acho que a reação dos estudantes foi muito favorável. Mas uma coisa te digo. Isto não é maneira de viajar. Quero dizer, esta corrida doida." Revolvo-me na cama, sentindo que não me vai ser fácil dormir. "E tudo indica", digo, "que do Porto em diante o ritmo da nossa excursão vai ficar ainda mais acelerado. Em algumas vilas e cidades passaremos um dia e uma noite. Em outras, apenas algumas horas. E haverá sempre discursos, sessões de autógrafos..." Novo silêncio. "Não podes te queixar. Aprovaste o itinerário." Replico: "Quem te disse que estou me queixando?". "Boa noite!" Em breve ouço o leve ressonar da companheira. Invejo-a cordialmente. De olhos fechados saio à caça do sono numa floresta sombria povoada de vultos, faces humanas, vozes, melodias. Pode bem acontecer que o sono me arme uma arapuca na qual de repente eu caia — caçador caçado. Dá tudo no mesmo. Vozes ainda me fazem perguntas da platéia do teatro. Um oboé toca uma longa frase bucólica de Johann Sebastian Bach, mas num outro tempo, num outro país. E, meio levitando, sigo por entre as árvores o sonoro cipó luminoso, floresta adentro.

Com toda a certeza dormi aquela noite, mas de maneira tão superficial — uma fina fatia de sono — que, ao despertar cedo, na manhã seguinte, tive a impressão de ter passado a noite em claro.

27

Nosso último dia em Coimbra. Visitamos várias repúblicas de estudantes. As mais antigas me parecem as mais pitorescas. Pouco conforto, escassos móveis, uma alegre desordem, e todos os odores das pensões de estudantes da Porto Alegre da minha adolescência. Pelas paredes, cartazes, páginas de revistas com mulheres seminuas ou nuas. Caricaturas de lentes da universidade. Com a curiosidade dum arqueólogo que entra no túmulo recém-descoberto dum faraó, penetro nos lavatórios, examino de perto os grafitos nas paredes... Concluo que seria interessante fazer um estudo comparativo entre o humor estudantil português e o brasileiro. Como um Champollion de mictórios tento decifrar, mas em vão, alguns hieróglifos misteriosos.

E numa atmosfera amoniacal sigo as inscrições e os desenhos murais — alguns duma clareza inequívoca.

Mais tarde deixamo-nos perder nas ruas e becos de Coimbra, na esperança, nunca frustrada, de encontrar alguma curiosidade ou relíquia arquitetônica — um templo (ah! precisaríamos de dois dias para ver bem, e conscientemente, a interessante igreja de Santa Cruz), um mosteiro, uma fonte com azulejos, um claustro... De repente temos a grata surpresa de encontrar nas ruínas do castelo de Sub Ripas a torre em que António Nobre teve seu quarto de estudante pobre e solitário, durante os poucos anos em que freqüentou a universidade — a celebrada Torre de Anto. Dizem que o poeta costumava gravar seu nome nas molduras das janelas e nas vigas de madeira da vetusta torre.

Ó Virgens que passais ao sol-poente
Pelas estradas ermas a cantar!
Eu quero ouvir uma canção ardente,
Que me transporte ao meu perdido lar.

28

No fim daquela límpida manhã em que a própria luz do sol parecia impregnada da fragrância das glicínias, das madressilvas e dos pinheiros — visitamos a igreja de Santo Antônio de Olivais, situada a uma das entradas de Coimbra, e tão cheia de evocações desse santo, dito de Pádua mas realmente nascido em Lisboa, e tão querido em todo Portugal. Estávamos os cinco caravaneiros acompanhados de dois dos estudantes que nos pajeavam atenciosamente desde nossa chegada a Coimbra. Passamos sob os arcos do velho pórtico, ao pé da escada que, ladeada por pequenas capelas que representam as Estações da Cruz, leva à porta do templo. Momentos mais tarde, ao voltar para fora, tive diante dos olhos a perspectiva duma rua de vila provinciana de casas antigas que me lembraram as de Ouro Preto. Atravessamos um pequeno largo e subimos para uma das calçadas. Notei que havia pessoas — principalmente mulheres — debruçadas nas janelas de suas residências. Algumas delas nos fitavam sorrindo, com tal expressão de simpatia, que nós as cumprimentávamos em voz alta, efusivamente, como se fôssemos velhos conhecidos. E este burgófilo examinava com afetuosa atenção telhados, beirais, portas, janelas, sacadas, portões, cornijas — quando de súbito ouviu uma voz: "O senhor Erico V'rissimo em carne e osso passando pela frente de minha casa! Quem diria? Só pode ser um milagre do meu querido santo Antônio!". Voltei a cabeça e vi, enquadrada pela moldura azul de uma janela, uma velha senhora, possivelmente a dois passos dos oitenta anos, agitando os finos braços na nossa direção, o busto muito inclinado sobre o peitoril. Será que ouvi direito? — pergunto a mim mesmo. Ela repete alto e claro o meu nome. Vou a seu encontro e aperto nas minhas suas mãos alvas e frescas. É uma dama magra, os cabelos completamente brancos, os olhos acinzentados e líquidos, o rosto rugoso pintalgado de manchas purpúreas. Mafalda também lhe aperta a mão. Os outros companheiros seguem devagar seu caminho. "Ó meu rico senhor!", torna a exclamar a desconhecida. "Não imagina o bem que me fez a sua Olívia com as cartas! São sempre um consolo para mim. Eu as leio e releio. Quando há pouco me contaram que Vossa Excelência e sua esposa estavam a visitar a igreja de nosso santo Antônio, mal pude crer... Quer dar-me a honra de autografar o meu exemplar de *Olhai os lírios do campo*? Tenho-o aqui, pois estava de emboscada, à sua espera." Voltou-se para dentro da casa e apanhou uma brochura bastante manuseada, na qual tive a surpresa de reconhecer a capa da primeira edição brasileira de meu romance. Apanhei-a, perguntei à senhora como se chamava. (Imprevisível, caprichosa memória! Nega-se agora a devolver-me esse nome e no entanto me mostra com clareza as cores e o desenho do vestido estampado da doce velhinha!) Encostei o volume na parede da casa e escrevi a mais carinhosa dedicatória que me ocorreu no momento, enquanto minha inesperada leitora continuava a falar: "Coitadinha de Olívia! Tão amorosa, tão dedicada e valente. Fez de tudo por Eugênio mas só muito tarde ele a compreendeu. Pobre rapaz! Era ambicioso mas fraco. Não sabia que o dinheiro nunca deu felicidade a ninguém. Ah! E a Anamaria? Deve estar agora uma moça, não? Casou-se? Encontrou um bom homem capaz de cuidar bem dela? E o caro doutor Seixas? Está vivo ainda?".

Devolvi o livro à sua dona, que leu a dedicatória e exclamou: "Quem sou eu para merecer tanto?". Eu não sabia que dizer. Beijar aquelas mãos? Apertei-as apenas, longamente, balbuciando agradecimentos. E seguimos em silêncio na direção dos companheiros, que nos esperavam parados à próxima esquina. A meio caminho voltei a cabeça e atirei um beijo para a anciã, que ainda nos acenava de sua janela. Narciso beijando a própria face refletida num regato do caminho? Não. Estou certo de que atirei aquele beijo para o passado, na direção de todas as velhinhas da minha infância que me quiseram bem, que me afagaram a cabeça, me deram bolos de milho e me contaram histórias maravilhosas.

29

Jantamos naquela noite na República dos Paxás — numa reunião alegre na qual tomaram parte não só estudantes "nacionais" como também convidados de outras repúblicas, como a do Pra-Ki-Stão, além de alguns professores jovens da universidade. Lembro-me de que, ao ser-me apresentado, um lente de pediatria, homem grande e simpático, me abraçou com tanto entusiasmo que chegou a erguer-me do chão. Recordo-me ainda hoje de seus traços fisionômicos, do timbre de sua voz, da cor de sua roupa e até do padrão de sua gravata, e no entanto minha memória obstina-se em negar-me seu nome. Paciência.

Mafalda, Jorge de Sena, Souza Pinto, Luis Fernando e eu fomos levados como chefes de Estado em visita oficial, por entre alas de guardas da "república", com toalhas enroladas nas cabeças, à feição de turbantes, bombachas improvisadas com lençóis ou colchas, faixas coloridas — todos sérios e perfilados, apresentando-nos armas, isto é, varapaus, espadas de madeira e velhas vassouras.

O ágape começou em meio de grande algazarra. Havia sobre a longa mesa travessas com comida variada — diversos tipos de carne e muitas verduras e legumes. Um peixe parecia olhar-me fixamente com seus olhos imóveis, como se quisesse dizer-me algum segredo. Uma cabeça de leitão me sorria, mostrando os dentes. Piadas partiam de todos os quadrantes da mesa. Momento houve em que se travou entre dois estudantes um duelo de trocadilhos — muitos dos quais não conseguimos entender por motivos prosódicos. A luta verbal terminou sob uma vaia geral e gritos de "Basta! Basta! Basta!". De vez em quando os rapazes erguiam seus copos e canecas de vinho e soltavam seus gritos de guerra: *Aleguá-guá-guá! Aleguá-guá-guá! Hurra! Hurra!* (Eu não ouvia *aleguás* desde os meus tempos de menino, de sorte que esses brados tinham para mim um sabor arcaico.) Ao cabo de cada brinde que nos dirigiam, eu não tinha outro remédio senão fingir que bebia com os outros.

Contaram-se piadas. Armaram-se discussões metafísicas e mesmo físicas, tudo numa atmosfera de camaradagem e bom humor. Finalmente vieram, como sempre, discursos em profusão, pois em reuniões de brasileiros, portugueses ou espanhóis, discurso sempre puxa discurso. Por fim chegou minha vez de falar. Fiz o que pude, o que não foi muito. Estaria o peixe ainda a observar-me com seus olhos vidrados? Não estava. Dele só restava agora na travessa a alva carcaça. A cabeça do leitão havia sido devorada, mas sobrara o focinho, a maçã e o ricto.

Deixamos aquele alegre refeitório pouco antes da meia-noite. Alguém me disse ao ouvido que os rapazes nos reservavam uma surpresa, para que levássemos uma boa lembrança da nossa última noitada em Coimbra. Conduziram-nos para a calçada, à frente do prédio da república. Uma névoa espessa e úmida escondia a noite. Fazia um frio penetrante: a temperatura devia estar abaixo de dez graus centígrados. Mafalda agarrava-se a meu braço, tiritando. Alguém exclamou: "Raio de nevoeiro! Não podemos ver a lua cheia". Tive a impressão de que a visibilidade não ia além de cinco ou seis metros.

Ouvimos um tremelicar de guitarras junto com um gemer de violões. De onde vinha a música? Difícil de dizer. Uma voz sentida começou a cantar um fado coimbrão. (Um entendido saberia explicar a diferença que existe entre o tradicional e popular fado português, tal como é conhecido no mundo, e o fado mais sofisticado de Coimbra.) As histórias que as letras contavam falavam de amor, saudade, desencantos e "nunca mais". (As mães foram felizmente deixadas de lado.) E então começou para mim a fantasmagoria. Estávamos no fundo do mar. Peixes, algas, anêmonas, âncoras cantavam em meio dos vultos de caravelas naufragadas havia séculos. Lá no alto, na superfície do mar, um misterioso pescador procurava iluminar as profundezas das águas com um possante holofote.

Mafalda, Luis Fernando e eu estávamos calados. Não havia mesmo nada a dizer. Outras vozes chegaram a nossos ouvidos, outros fados. Onde estavam os mancebos de capas negras que tocavam guitarras e violões, cantando mágoas e amores? Talvez sentados em janelas, ou no parapeito de terraços, ou encostados em paredes ou postes em esquinas próximas. Eu os escutava olhando para o alto, na esperança de que se abrisse uma fresta no nevoeiro e pudéssemos ver a face da lua, madrinha das serenatas. E ali, arrepiados de frio e ao mesmo tempo de beleza, nos quedamos por mais de uma hora ouvindo as cantigas da mais triste e terna gente do mundo.

Cedo, na manhã seguinte, metemo-nos com armas e bagagens no BMW e partimos para o norte, na direção do Porto.

Temendo chegar tarde para se despedirem de nós, muitos dos estudantes nossos amigos haviam passado a noite em sofás e poltronas, no saguão do hotel.

30

Nesta manhã sem vento, sob um céu desbotado, o sol parece lutar com a névoa pela posse completa da paisagem. Quando, cerca das dez horas, chegamos às barrancas do Douro, antes de entrar na ponte de Dom Luís, que nos deverá levar até à outra margem, Souza Pinto faz parar sua viatura ao lado da estrada, e convida-nos a descer para ir até um miradouro próximo, de onde poderemos ter uma vista panorâmica do Porto e arredores. E aqui estamos agora os cinco viajantes junto duma balaustrada de pedra, contemplando a capital da província do Douro-Litoral.

Sinto que as cidades também têm sexo, como os seres humanos e os animais. O Rio de Janeiro tem encantos de mulher. São Paulo é homem. Lisboa é uma graciosa rapariga. Mas, antes que eu forme qualquer juízo a seu respeito, o Porto parece gritar: "Sou macho!", e atrai minha atenção para a mais alta das torres de suas igrejas, que lá está empinada em seu flanco, como um falo secular. Concluo que o Porto é realmente um varão de aspecto severo, um burgo com músculos e nervos de granito, solidamente plantado no seu rochedo, com seus bairros mais novos a estenderem-se principalmente na direção de Figueira da Foz e do porto marítimo (artificial) de Leixões. A cor da cidade? Um branco de osso, manchado aqui e ali pelo azulado de cúpulas, pela ardósia e o pardo avermelhado dos telhados, pelo verde grave dos parques e praças, e riscado pelas faixas cinzentas de suas ruas, algumas das quais, ao norte, na parte mais alta da falésia, semelham longos patamares estreitos. Debruando a base do rochedo onde o Porto tem seu centro, estende-se um cais de pedra com escadarias, arcadas, tendas, toldos, e sobre essa plataforma à beira-rio vejo um formigamento humano de bazar e feira, que tem algo de oriental: homens e mulheres a moverem-se dum lado para outro, sobraçando, equilibrando na cabeça ou levando nos ombros cestos, sacos, caixas, engradados

— todos como que movidos por uma secular ancestralidade fenícia e cartaginesa. Edifícios em geral de quatro andares servem de pano de fundo para o cais, suas janelas, sacadas e portas voltadas para as águas, onde se movem embarcações de variados tipos, rio abaixo, rio acima ou duma margem para a outra.

Depois da Primeira Guerra Mundial o progresso das áreas urbanas em muitos países do nosso mundo passou a ser medido visualmente pela quantidade e pela altura de seus chamados "arranha-céus", de modo que, ao cabo duma década ou duas, essas cidades começaram a ficar parecidas umas com as outras e todas elas com o modelo original norte-americano. Esse, entretanto, não me parece ter sido o caso de Portugal. E, dentre as comunidades mais importantes deste país, creio que o Porto foi a que guardou maior fidelidade a uma fisionomia arquitetônica nacional e tradicional — essa que os portugueses legaram às terras por eles colonizadas no além-mar. Em nenhum outro lugar do Brasil que conheço, nota-se melhor esse traço de família que na cidade de Salvador, na Bahia.

31

Que me poderia dizer agora sobre sua cidade e sua gente um portuense bairrista que surgisse aqui a meu lado neste miradouro, conjurado por minha fantasia? "Meu caro senhor, eis a capital comercial e industrial de nossa pátria. Em Lisboa brinca-se. No Porto trabalha-se. O lisboeta é o mandrião, o pelintra, o funcionário público. O portuense tem sido através da história o mantenedor das tradições liberais de Portugal, o vanguardeiro de seus movimentos cívicos e progressistas. Em 1820 expulsamos as tropas inglesas para cá trazidas pelas guerras napoleônicas. Essa revolta vitoriosa permitiu a volta do Brasil de nosso rei dom João VI e sua corte, bem como a instituição duma monarquia constitucional. Fomos nós que amparamos dom Pedro I, herdeiro legítimo do trono português, quando seu irmão dom Miguel pretendeu usurpar o trono e restabelecer o absolutismo."

Não vejo a face de meu interlocutor imaginário, mas sinto-lhe a sutil presença feita, por assim dizer, de antigas leituras minhas e principalmente das informações bem recentes de Jorge de Sena. Continua o espectro: "A semente da república estava já em nossa revolta de 1820.

Sem o apoio das tropas do Porto essa república não conseguiria manter-se! Como Vossa Excelência deve saber, chamam-nos de 'tripeiros'. Ora, essa alcunha, longe de nos irritar, até nos honra, se levarmos em conta sua origem histórica e patriótica. No ano de 1415 uma grande frota com milhares de soldados encontrava-se às margens do Douro, preparando-se para a conquista de Ceuta. Era preciso dar de comer aos expedicionários. As autoridades do Porto ordenaram então a matança de todo o gado existente na região. A carne foi destinada aos guerreiros, sobrando para a população civil apenas a parte menos nobre da anatomia desses animais. Pois bem. Os portuenses, gente a quem não faltam engenho e arte, transformaram essas tripas num prato não só comestível como também saboroso, que se foi aperfeiçoando através dos tempos até constituir-se na iguaria que hoje aparece até em ementas de restaurantes internacionais como *tripes à la mode du Porto*". Meu estômago se contrai. O entusiástico portuense prossegue: "Sabe que o Porto é a mais antiga cidade de todo este país? Começou como uma povoação, Cale, fundada pelos gregos no ano 2000 antes da Era Cristã". Recebo essa informação não apenas com um grão mas com um barril de sal. Segundo minhas leituras, Cale foi fundada pelos romanos lá pelo ano de 138 a. C. "Qual, meu amigo!", protesta o tripeiro invisível. "Foram os gregos, e a data está certa. Mas não vamos discutir números. Lá estava Cale à margem esquerda de nosso formoso rio. Do outro lado do estuário erguia-se, completamente nu, esse rochedo de granito em cuja base detritos sedimentários do Douro se foram aos poucos acumulando até formar uma praia que passou a servir de abrigo ocasional aos barcos que subiam ou desciam o Douro. Esse lugar, que não tinha nome oficial, mas que lentamente se foi povoando e subindo as encostas, era geralmente conhecido como 'o porto'. Quando alguém queria designar a região limitada ao norte pelo rio Minho e ao sul pelo Douro, costumava chamá-la de 'porto e cale'. Assim, quando em 1094 o rei dom Afonso VI, de Leão e Castela, cedeu esse território ao conde dom Henrique de Borgonha, marido de sua filha bastarda Teresa, já esta parte da península Ibérica era conhecida como o Condado Portucalense. Não é preciso ser filólogo para perceber que de *Portucale* a *Portugal* é só um passo, e bastante curto e óbvio. Como vê, nasceu nesta região o nome que hoje ostenta a pátria portuguesa."

O espectro faz uma pausa durante a qual ambos olhamos para as águas. "E que me diz deste rio? Sem querer desmerecer o Reno, o Loire, o Danúbio, nem vosso formidável Amazonas, pergunto-lhe se haverá no mundo inteiro rio mais belo que o Douro? De que cor acha Vossa Excelência que estão hoje suas águas? Verde-garrafa? Verde-jade? Verde-musgo? Sua cor depende da luz de cada dia ou mesmo de cada hora ou minuto. Amanhã poderão estar cor de chumbo, mas não se surpreenda se um dia, fotografando esse mesmo estuário, ele lhe apareça na fotografia revelada dum puro azul ultramarino... O Douro é um rio mágico. Nasceu na Espanha, não por escolha própria mas porque Deus assim determinou. Rompe Portugal adentro com toda a fúria, o ímpeto e a paixão da alma castelhana, rugindo sobre um leito eriçado de rochedos e que se estreita em incontáveis gargantas, espumeja em corredeiras vertiginosas, tomba em inesperadas cascatas, mas que de certo trecho em diante, já influenciado decerto pela doçura da paisagem portucalense, se vai alargando e serenando, e suas águas refletem as encostas das margens recobertas de vinhas, de onde vem o suco da uva com que se fabrica o famoso vinho que tem levado o nome de nossa cidade a todos os recantos da Terra. É talvez por tudo isso que, antes de desaguar no oceano, em paz com Deus, os homens e o mundo, o Douro transforma-se neste tranqüilo estuário que abraça amorosamente sua cidade...

"Não vou cometer a tolice de perguntar-lhe se já provou do vinho do Porto. Mas talvez não lhe conheça a origem, a história... Há uns oito séculos o conde dom Henrique mandou plantar cepas trazidas de sua Borgonha natal num vale do Alto Douro, de solo tão árido e clima de tal modo tórrido, que nele nenhuma planta lograva vicejar. Ora, essas videiras francesas necessitavam, antes de mais nada, de terra vulcânica e sol, muito sol, elementos de que o vale não carecia. Cercado de outeiros e montes que de certo modo o protegiam contra os gélidos ventos vindos da serra do Marão, o vale era uma espécie de estufa natural. Ah, meu amigo, mas que lutas e sofrimentos tiveram os plantadores de enfrentar naquela atmosfera infernal, arrancando pedras do chão, quebrando lajes a golpe de maceta, antes de encontrar o escuro solo onde fincar as cepas borgonhesas! E depois havia ainda o problema das pragas, entre as quais a filoxera. Mas a verdade é que com o passar do tempo lá estava o vale todo recoberto de vinhas, que foram subindo as encostas e depois por elas descendo pelo outro lado até à beira do rio. Uma epopéia, meu caro senhor! Isso, porém, foi apenas o princípio. O vinho não tinha sido ainda produzido. Hoje em dia as uvas amadurecem ao sol e quem primeiro denuncia esse amadurecimento são as abelhas que as picam. Assim os vinhateiros sabem que é tempo de colher. Isso acontece lá por setembro. O perfume das uvas maduras inunda então os ares do vale e dos montes com sua doce fragrância. Cachopas cortam-lhes os cachos e com eles enchem cestos que os homens carregam às costas até à margem do rio, onde eles são depositados em enormes dornas e, depois de pisadas as uvas (e esse é um alegre tempo de festa, de cantigas e danças!), o mosto é trazido em barris rio abaixo, para este estuário, nessas embarcações munidas duma vela quadrada chamada rabelo, e cujo perfil lembra um pouco o dum barco fenício... E agora, meu amigo, tenha a bondade de voltar a cabeça para a esquerda. Está vendo a comunidade situada nesta margem esquerda? Pois bem. É a Vila Nova de Gaia, onde se prepara o vinho com o sumo que vem das videiras do Alto Douro. Em seus numerosos laboratórios, vestidos de branco, em meio de provetas, pipetas, retortas, os provadores de vinho fazem sua química ou, melhor dito, sua alquimia. Cada tipo de Porto tem o seu segredo. Há o problema do gosto, do aroma, do 'corpo'. Cada um desses provadores deve saber exatamente quando deve usar mais ou menos álcool, para apressar ou retardar a fermentação do mosto. Outra função sutil desses magos é a de saber como misturar o suco de uvas de safras novas com o de safras antigas. Porto doce? Porto semi-seco? Porto seco? E quanto à cor? Âmbar? Amarelo de topázio? Pardo escuro com reflexos de rubi? Não sei por quê, meu amigo, mas por motivos aparentemente absurdos costumo associar o trabalho desses fazedores de vinho do Porto com a delicada tarefa dos grandes cortadores de diamante de Amsterdam. Bom. Feita a alquimia, o vinho é posto em cubas de carvalho da Rússia e posto a dormir e amadurecer em galerias que se estendem por quilômetros e quilômetros, cavadas no subsolo de Vila Nova de Gaia. Pois acredite que produzir esse néctar delicioso é uma das maneiras que nós, os 'tripeiros', temos de fazer poesia, compreende?" Compreendo. Penso em juntar-me aos companheiros mas o portuense me segura o braço com suas mãos inexistentes mas poderosas. "E não esqueça: o Porto não se entrega facilmente, como Lisboa. Os portuenses não cultivam o salamaleque, não costumam dançar minuetos. A princípio a cidade pode até mostrar-lhes uma face meio hostil. Quantos dias vão permanecer entre nós? Dois? Ridículo, se me permite a palavra, ridículo! Aposto como deu e dará semanas a Lisboa. É sempre assim. Vossa Excelência, sua mulher e seu filho precisam penetrar nos secretos encantos desta metrópole, mas para isso é necessário tempo e boa vontade. Bom, meu amigo, não o importunarei mais com as minhas loas ao Porto. Entrego-lhe simbolicamente a chave da cidade. E como bom tripeiro torno a preveni-lo de que não se deixe levar pelas primeiras impressões. E agora, adeus!"

32

Hospedamo-nos num desses hotéis antigos que deve ter vivido sua grandeza e seu prestígio durante o último período da *Belle Époque*, mas que com o passar dos anos foi perdendo estrelas nos guias turísticos, embora tivesse conseguido manter sua confortável respeitabilidade. Enquanto nos registramos ao balcão, julgo ler toda a história desta casa nos seus móveis, tapetes, cortinas e principalmente no "fantasma" da atmosfera do passado que insiste em assombrar palidamente este saguão.

Subimos aos nossos aposentos, de dimensões para nós inesperadas. O quarto de dormir, com sua cama de quatro postes, de tão espaçoso daria uma razoável sala de estar. Pesadas cortinas de veludo clarete guarnecem as duas janelas que dão para a rua. Um tapete persa, puído, mas fazendo ainda a sua figura, estende-se ao pé do leito. O *boy* entra com nossa bagagem. Dou-lhe uma gorjeta, ele agradece discretamente, sem o menor gesto ou palavra de servilismo. Bravo! Depois que ele se retira, vamos examinar o resto do apartamento e verificamos com surpresa que a peça contígua, exatamente do tamanho da primeira, é metade quarto de vestir e metade "casa de banho", como costuma dizer-se por aqui. O singular é que entre essas metades não existe nenhuma divisão de alvenaria, madeira ou mesmo papelão, e sim apenas uma cortina corrediça de pano. E, como está situada numa plataforma, a "casa de banho" nos lembra um palco. Minha mulher e eu nos entreolhamos, intrigados, e depois desandamos a rir. "Essa eu nunca tinha visto!", exclama ela. A um canto da primeira metade da peça, vemos um daqueles móveis que minha mãe e suas contemporâneas costumavam chamar de psichê (alguns diziam *pixixê*). Junto a uma das paredes avulta um majestoso guarda-roupa num vago estilo Regência. No mais, cadeiras, tapetes, quadros famosos em reproduções miniaturais, um vaso com flores azuis... O que me está interessando mesmo é o "quarto de banho" — palco cujo cenário poderia ser descrito assim: *À direita, uma pia de louça branca encimada por um espelho digno do* boudoir *da Dama das Camélias. À esquerda uma caixa alta e estreita de grani-*

to escuro, contendo os chuveiros com suas torneiras de metal cromado. Ao fundo, no centro, um vaso sanitário com a respectiva caixa-d'água. "Imagina o seguinte", digo. "Um dia tu desces para o café-da-manhã e me deixas aqui sozinho. Mais tarde a camareira bate na porta, uma, duas, três vezes, e, como não ouve nenhuma resposta, entra para arrumar o quarto. Dirige-se primeiro a este compartimento anfíbio, faz correr bruscamente o pano de boca do 'palco' e dá com este hóspede grotescamente sentado no vaso sanitário, na postura do *Pensador* de Rodin. A criatura solta um grito. 'Ai Jesus! Perdoe-me, meu rico senhor... Eu não sabia!' Vermelha e atarantada, precipita-se para o corredor... e eu aqui fico, preso à minha condição humana. Sabes? Estou pensando até em escrever uma peça especialmente para este patético cenário. Uma coisa assim *à la* Beckett... Escuta. Terminou a Terceira Guerra Mundial. A bomba de hidrogênio foi usada e a humanidade inteira pereceu. Tudo indica que sou, modéstia à parte, o único sobrevivente da hecatombe. Sentado no sanitário deste hotel do Porto (ou Paris, se preferes), penso em se devo ou não sair pela cidade e pelo mundo em busca duma mulher que por acaso tenha sobrevivido, para recomeçar com ela uma nova humanidade. O problema é se vale a pena ou não continuar a Comédia Humana. Qual é tua opinião?" Mafalda me fita em silêncio e finalmente diz séria: "Por que não aproveitas já a camareira que entrou inesperadamente?". "Pronto! Estragaste a peça!"

Estou curioso por experimentar os chuveiros. Faço correr a cortina, cerrando o palco. Dispo-me. Entro na caixa de granito. Torço suas muitas torneiras, procurando temperar a água. Verifico que do alto sai um jorro que se encontra a meio caminho com o que sobe do chão, como dum chafariz, meto-me entre ambos e depois mexo na torneira da direita, que me manda uma ducha horizontal contra o peito, e na da esquerda, que me atira um esguicho contra o lombo. Descubro então que estou numa crucifixão aquática. Magnífico hotel!

33

Como nosso primeiro compromisso no dia de hoje está marcado para a tardinha, decidimos os cinco excursionistas almoçar juntos no Escondidinho, considerado o melhor restaurante do Porto. O ambiente é muito agradável. Dão-nos uma boa mesa, a um canto. Uma bacalhoada à Gomes de Sá é unanimemente escolhida como prato principal. "Aperitivos?", indaga o garçom. Cada qual escolhe o seu. Peço um cálice de vinho do Porto doce. Doce? Percebo, na face do homem que anota os pedidos, uma leve expressão de estranheza tocada de desprezo. É sabido que o Porto indicado como aperitivo é o seco. O semiseco e o doce devem acompanhar o queijo, à sobremesa.

Quando meninos, meu irmão Ênio e eu íamos visitar Porto Alegre — para nós, mambiras serranos, uma metrópole tentacular — e levávamos, entre outras superstições e tabus, um temor respeitoso pelos garçons dos cafés mais importantes da cidade, em geral uns espanhóis gordos, com lustrosas calvas e cerradas barbas que lhes azulavam as faces, mesmo quando escanhoadas de fresco. Diante do aspecto façanhudo desses símbolos da "cidade grande", sentíamo-nos mais caipiras e acanhados que nunca. Assim, antes de entrar num café ou confeitaria, primeiro espiávamos da porta a cara dos garçons e consultávamo-nos com o olhar: devíamos ou não enfrentar os monstros sagrados? Ora, esse temor acompanhou-nos durante muitos anos. De minha parte confesso que não estou certo de me haver livrado dele por completo. Não ouso agora encarar este português — por coincidência gordo, calvo e de barba forte — por causa da gafe que acabo de cometer.

Trazem-nos os aperitivos, que começamos a bebericar. "Que lhe parece a cidade?", pergunta-me Souza Pinto. Respondo que não senti ainda nenhum desejo de incorporá-la à minha burgoteca. E acrescento: "Devo esclarecer que ela não fez ainda nenhum gesto de coquetismo, de oferecimento, quero dizer, não me exibiu até agora nenhuma rua, praça, beco, edifício ou ambiente, enfim, com a intenção de conquistar-me". Minha mulher elogia a cor do vinho que ilumina meu cálice. (Ela permanece fiel ao seu martíni seco, vício adquirido nos Estados Unidos.) Olho em torno e observo que quase todas as mesas desta sala do restaurante estão ocupadas por uma clientela, em sua maioria do sexo masculino, em que é considerável a incidência do tipo louro, de olhos claros e faces cuja tonalidade vai dum rosa com manchas de cereja até a essa cor de pó de tijolo. Os homens trajam roupas feitas de excelentes *tweeds*. Devem ser ingleses, claro! O Porto conta com uma considerável colônia britânica. Desde 1678 — lembra-me Jorge de Sena — revelaram-se os ingleses grandes apreciadores dos vinhos de Portugal. Era o tempo da Grande Aliança, quando a Grã-Bretanha, aliada à Áustria e à Holanda, disputava com a França, que era apoiada pela Espanha, a hegemonia européia. Era pois necessário à Pérfida Albion (será que se usa ainda esta expressão?) conquistar os favores do outro país que formava a península Ibérica. Assim atraiu Portugal mediante um acordo político, cuja isca era de natureza econômica. Esse tratado, que foi assinado em 1703, compunha-se de duas cláusulas básicas. Por um lado Portugal comprometia-se a deixar entrar "para sempre" em seu território todos os panos de lã e quaisquer outros lanifícios provindos da Grã-Bretanha; por outro a Inglaterra reduziria a taxa de importação sobre os vinhos portugueses que entrassem em seus portos a apenas um terço do que por lei estavam sujeitos os vinhos franceses e alemães.

Assinado o acordo, Portugal foi tomado duma espécie de euforia vinhateira e produziu tanto vinho, que acabou por aviltar-lhe o preço. O fato de sua incipiente indústria de fiação e tecelagem não poder suportar a tremenda concorrência da Inglaterra acentuou desastrosamente para os portugueses o desequilíbrio da balança comercial entre os dois países. O que salvou Portugal da bancarrota foi o ouro que lhe vinha do Brasil. Assim, podemos concluir sem fantasia nem exagero que o ouro brasileiro muito contribuiu para o financiamento da Revolução Industrial inglesa...

Por causa desse acordo entre os fabricantes de tecidos ingleses e os produtores de vinho portugueses, muitos foram os cidadãos britânicos que vieram viver e trabalhar no Porto, visto como a preferência dos "bifes" inclinava-se principalmente para o *port*. Com o passar do tempo a colônia britânica desta capital do Douro se foi fazendo cada vez mais numerosa e influente. Famílias inglesas houve que aqui permaneceram durante muitas gerações e que pelo matrimônio entrelaçaram-se com famílias portuguesas. É sabido que, para onde quer que vá no mundo, o cidadão britânico costuma carregar consigo a Inglaterra, na forma dum clube "exclusivo", da maneira de vestir, morar, comer e de hábitos como o de beber chá segundo um ritual. (Toda esta nossa conversa se processa em voz baixa, enquanto tomamos o nosso caldo verde.) Souza Pinto sorrindo informa que no Porto os ingleses trocaram o hábito do chá pelo do vinho do Porto, em torno do qual já se estabeleceu um rito.

Neste momento, para nossa alegria, chega o garçom com a bacalhoada. Enche-nos os cálices com vinho Dão. (Foi em Santa Comba Dão que nasceu o prof. Oliveira Salazar.) Neste exato momento algum oposicionista português pode estar sendo torturado por agentes da PIDE para confessar o que não sabe. A história oficial de Portugal dirá que foi graças ao gênio mercantil de comerciantes ingleses que o néctar que se fabrica em Vila Nova de Gaia e tem o nome da cidade do Porto se tornou conhecido e apreciado em todos os quadrantes da Terra. Mas quem quiser olhar de outro ângulo a saga do vinho do Porto deve ler o romance *Port Wine*, de Alves Redol.

O *gentleman* rubicundo que almoça solitário a uma mesa, a pouca distância da nossa, acende metodicamente seu cachimbo. Se lhe dissermos que, neste momento em que nos regalamos com uma bacalhoada fartíssima, milhões de criaturas passam fome em quase todos os países do orbe, ele possivelmente nos repetirá o ditado inglês, segundo o qual *It takes all kinds...*, a saber, é preciso um pouco de tudo para fazer um mundo.

34

Quando saímos do restaurante sugiro um passeio lento e descompromissado pela parte baixa da cidade, ao longo dum trecho de seu cais. Deixamos o nosso BMW estacionado numa pequena praça e, tendo Souza Pinto como guia, descemos as inclinadas ruas que nos levarão até à beira do Douro. Sei que, depois que estabelecermos contato com os nossos anfitriões portuenses — a Associação de Jornalistas e Homens de Letras Portugueses —, teremos de cumprir um programa que talvez não nos deixe um minuto livre para caminhadas vadias como esta.

Nota-se uma atividade de colméia nas vias por onde passamos. Sem a menor dúvida: os portuenses trabalham a sério, caminham depressa, num ritmo de quem tem um propósito certo, uma tarefa imediata a realizar, um encontro com hora marcada. (*Time is money?* Dizem que a influência britânica no Porto é bastante acentuada. Não creio, porém, que ela tenha tocado a classe média e o proletariado. Talvez haja ficado restrita principalmente à alta burguesia, entre a qual deve ser de bom-tom parecer inglês.) Vejo nesta gente da rua a mesma solidez que noto nos edifícios, cujas fachadas têm um tom fosco, sugerindo densas faces humanas que resistem à influência do azul do céu e do claro sol deste princípio de tarde. Parece que os seres humanos, bem como as pedras e as plantas, recusam assumir um ar de feriado. A cidade inteira parece dizer: "Meu caro senhor, hoje é um dia útil. Não é domingo nem dia santificado. Temos deveres a cumprir".

Olhando melhor a fisionomia destes edifícios, inclino-me a modificar a primeira impressão que tive do Porto quando o avistei do outro lado do rio — a saber, que seu estilo arquitetônico dominante "tradicionalmente lusitano" foi o que os portugueses deixaram em terras por eles colonizadas no além-mar. É que estou descobrindo com demasiada freqüência um certo quê de oriental nestas construções — algo que eu não saberia descrever ou situar. Talvez seja ainda tempo de fazer uma errata... mas para quê? Será sempre a opinião dum leigo. Além disso acredito muito em "primeiras impressões". Mesmo quando erradas, elas parecem conter em seu âmago pelo menos um grão, embora microscópico, de verdade. Por outro lado a vida me tem ensinado que há verdades que sentimos embora não as possamos provar. Procurando explicar-nos por que não se vêem muitas residências senhoriais no centro do Porto, conta-nos Jorge de Sena que durante longo tempo, em virtude dum edito real, a nenhum fidalgo, a nenhum grão-senhor era permitido construir suas vivendas solarengas dentro dos muros da cidade, lugar reservado exclusivamente aos comerciantes e aos artesãos. Observo que esse fato, interpretado pelo saudável bairrismo dos portuenses, poderia até levá-los a afirmar que a Revolução Francesa na realidade começou no Porto, muito antes que em Paris.

Cá vamos descendo sempre na direção da Ribeira. Sinto a cidade com a visão, o olfato, o tato, a audição. Não posso, entretanto, dizer que a esteja comendo. À medida que nos vamos aproximando do cais, as ruas se fazem mais estreitas, surge o tema do labirinto, aparecem ruelas e becos de calçadas diminutas ou sem calçada nenhuma, pavimentados de pedra irregular. Por todos os lados vejo gente que vai e vem, entra e sai de portas, aparece às janelas... Um cheiro de água, temperado levemente pelo de maresia e de madeira apodrecida, chega-nos às narinas. Às vezes estaco a fim de ver passar uma dessas mulheres robustas, algumas com buços fortes a coroar-lhes os lábios carnudos, de claro desenho, seios abundantes, artelhos troncudos, pescoços fortes. Muitas delas equilibram na cabeça caixas, cestos, trouxas. Ali vai uma carregando um pequeno armário, que sinto pesado, as mãos na cintura, o andar ritmado. Como trabalham as mulheres do povo em Portugal! Crianças, cães e gatos começam a surgir de inesperadas portas, arcadas, vãos e vielas. E, à medida que nos aproximamos do rio, cada vez mais encardidas e malcheirosas são as ruas. Vejo casas de dois ou três andares, com roupas a secar nos peitoris das janelas ou em cordas estendidas dum lado a outro dos becos: lembram-me os filmes e as fotografias dos *vicoli* de Nápoles.

Numa pracinha miniatural em que não falta uma bica de onde a água jorra, somos assaltados por um bando de dez ou doze meninos e meninas de seis a oito anos, descalços todos, as roupinhas sujas e remendadas, as caras encardidas e pálidas. São alunos duma escola primária das cercanias. Quando me vêem de câmara fotográfica nas mãos, rompem a pular e gritar: "Tira retrato! Tira retrato!". Cercam-me num círculo, dão-se as mãos, e põem-se a cirandar, repetindo: "Retrato! Retrato!". Peço-lhes que formem duas filas, que fiquem quietinhos, e fotografo-os em cores... Isso aconteceu no dia 24 de março de 1959. Não é possível — penso agora ao escrever esta página — que algum daqueles meninos, ao chegar à idade militar, tenha sido chamado à tropa e mandado à África para matar angolanos e moçambicanos ou ser morto por eles "na defesa da integridade da pátria portuguesa", como apregoava a Secretaria de Informação do país? Não resisto à tentação de projetar numa parede branca, neste gabinete onde agora escrevo, o diapositivo que mandei fazer daquela fotografia. Revejo os rostos redondos, sujos de carvão mas risonhos. E minha fantasia — que trabalha por conta própria — escolhe o soldado morto. É aquele garoto de calças remendadas, com uma expressão de quase-espanto nos olhos. Sim, foi ele que tombou assassinado por um guerrilheiro de Angola ou Moçambique. *It takes all kinds.*

35

Às cinco da tarde somos muito cordialmente recebidos na sede do Centro de Estudos Luso-Brasileiros pela sua diretoria. Em seus salões estão reunidas — calcula meu editor — umas trezentas pessoas, entre jornalistas, historiadores e homens de letras. Somos abraçados, sacudidos, puxados dum lado para outro por esta simpática gente que tanto se interessa pelo Brasil. Um pensamento me ocorre. Os estrangeiros, principalmente os anglo-saxões, parecem achar muito estranho que duas criaturas humanas que nunca se viram na vida possam abraçar-se com tanta efusão e tão prolongadamente ao serem apresentadas, ficando em muitos casos a bater ruidosamente nas costas uma da outra, como velhos amigos de infância que se reencontram após longa separação. Ora, esse é um belo hábito latino ou, mais precisamente, luso-brasileiro. O proverbial comedimento britânico, o medo de revelar emoções, explica-se, parece-me, no caso do relacionamento entre homens, pela repulsa ao contato físico. No fundo desse sentimento deve estar o inconfessado e muitas vezes insabido horror ou fascinação pelo homossexualismo. *Sorry!*

Poucas das pessoas que me são apresentadas nesta recepção cumprimentam-me de maneira formal. Raras são as que me conhecem pessoalmente. No entanto, na maioria dos casos ficamos a tocar tambor um no lombo do outro e a trocar perguntas e pontos de referência. Conhece fulano no Rio? Já foi apresentado ao sicrano? Em 1936 escrevi-lhe uma carta... recebeu? Sou primo do X, lembra-se dele? Claro, homem! Aperte estes ossos! Venha tomar alguma coisa.

A todas essas minha retentiva vai registrando faces, feições, mas quanto aos nomes das pessoas que me são apresentadas, não consigo ouvi-los claramente ou ouço-os e esqueço-os no minuto seguinte.

Como não podia deixar de acontecer, fazem-se vários discursos, a que respondo com meu habitual desajeitamento. Não sei ainda como esta gente recebe minha falta de brilho verbal, de bravura oratória.

Terminada a recepção, voltamos a pé ao hotel, para ter a oportunidade de ver algumas ruas do centro do Porto. Visitamos rapidamente antiquários. Mafalda lança olhares compridos para uma grande braseira de latão, de aspecto medieval. Mas como transportar essa almanjarra para o Brasil? Onde encontrar lugar para ela em nossa pequena residência? Examinamos imagens de santos, estátuas ditas antigas, ícones, candeeiros, castiçais, candelabros, crucifixos... Em duas livrarias folheamos livros, Souza Pinto nos apresenta a um livreiro e a um editor. Não deixamos de entrar em casas de prateiros e ourives. Porto é a cidade do ouro e da prata. Ruas inteiras aqui existem onde praticamente só se encontram casas que vendem jóias e objetos de ourivesaria e prataria.

De novo no hotel, no nosso apartamento, torno a pensar na "minha peça" sobre o fim do mundo ou uma nova chance para a humanidade — e não resisto à tentação de ser mais uma vez crucificado em água.

Mais tarde, devidamente purificado, estendo-me na cama com a intenção de descansar um pouco, preparando-me para o "jantar regional" que a Associação de Jornalistas e Homens de Letras nos vai oferecer esta noite.

Durmo uma sesta clandestina, da qual acordo com um tolo sentimento de culpa, pouco antes das oito, quando a noite já caía por completo. Visto-me às pressas. Mafalda há muito está pronta. Membros da diretoria daquele grêmio, que de certo modo é o patrocinador desta nossa visita ao Porto, aparecem à hora marcada para nos buscar. Fora, faz frio. Envolto num tênue nevoeiro, o Porto brinca de ser Londres.

Reencontramos Jorge de Sena e os Souza Pinto na sede da Associação. Quase 180 pessoas (o cálculo é de meu editor, que tem bom olho para essas coisas) acham-se sentadas a uma mesa toda enfeitada de flores em que predominam os tons de amarelo e laranja. O presidente da Associação, que está sentado a meu lado — homem culto, agradável companhia, há pouco me ciciou ao ouvido: "Contraria-o saber que haverá possivelmente entre estes convivas dois ou três informantes da PIDE?". Respondo-lhe que, ao contrário, isso será para mim um tempero exótico para o jantar. Examino a ementa. Caldo verde com tora e broa de Avintes. Depois, um prato de sardinha assada ou, se o convidado preferir, bacalhau na brasa. Terceiro prato: tripas à moda do Porto; alternativa: arroz de frango. Sobremesa: doces regionais, frutas diversas, café. Quanto a vinho, temos os verdes de consumo, o do Porto, conhaques e espumantes. É pena que exista uma tamanha falta de *entente cordiale* entre meus apetites e curiosidades gastronômicas e minhas possibilidades digestivas. Ao café começam os discursos. Tenho notado que os portuenses falam de maneira mais lenta e articulada que os lisboetas. Um amigo em Lisboa me disse certa vez que estava p'rt'rbado (sem pronunciar as duas primeiras vogais da palavra *perturbado*).

Chega a minha vez de discursar, agradecendo em nome de minha mulher e no meu a homenagem que nos acaba de ser prestada. Ataco com lerdo e sonolento ímpeto os governos totalitários, a censura, a tortura e digo de minha esperança de, na nossa próxima visita ao Porto, encontrar Portugal liberto de seus opressores.

Voltamos para o hotel cerca de meia-noite. Enfio o pijama, subo para o "palco", escovo os dentes diante da pia do espelho e concluo que vale a pena dar uma nova chance à raça humana. O homem é um ser pitoresco demais para ser completamente extinto. E, pensando isso, atiro-me na cama com um suspiro de alívio.

36

Cedo, na manhã seguinte, saímos no BMW pela margem direita do Douro, rio acima, seguindo a antiga "estrada do vinho do Porto", e deixando a cidade para trás. Fomos tão longe quanto nos permitiu o tempo de que dispúnhamos. Vimos as encostas onde estão plantadas as vinhas em patamares sustentados por muros de ardósia. Imagino que muitos destes montes, alguns de forma cônica, vistos do alto poderiam parecer-se um pouco com as ruínas dos templos maias e astecas, por causa desses patamares e de sua forma piramidal. O tom que predominava nos vinhedos, naquela época do ano, era um pardo avermelhado de ferrugem que lembrava a cor da própria passa de uva. Rebelos singravam as águas abaixo e acima. Eram alguns deles tão longos e de costados tão baixos, que de perfil semelhavam rústicas gôndolas venezianas, só que cada uma munida dum mastro e uma vela, e carregada de barris. Num certo momento do passeio, tudo me pareceu perfeito quando avistei entre aquelas embarcações uma vela vermelha em meio das brancas, ao sol brumoso da manhã. Foi um passeio para nós inesquecível, através duma paisagem idílica, à beira dum belo rio de curvas... — eu ia escrever *caprichosas* por pura força de hábito, pois não é esse o adjetivo que costuma acompanhar, como pajem fiel, o substantivo *curva*? Mas por que hão de ser todas as curvas necessariamente caprichosas? Deixemos, pois, as do Douro desta vez sem adjetivo. Ao cabo de mais de quatro decênios de exercício da literatura vou descobrindo, mais lenta e relutantemente do que devia, a inanidade de certas descrições, a inutilidade de fazer retratos humanos verbais, pintar paisagens com palavras — jogos pueris que podem divertir quem os pratica mas que não têm quase nenhum valor objetivo para o leitor. Reconheço, no entanto, que reincido a cada passo nesse vezo ou vício, e que o gênero literário que mais se presta para tais brinquedos verbais é mesmo a narrativa de viagem.

Voltamos ao meio-dia para o Porto. Mafalda e Luis Fernando têm livre o seu meio-dia. Quanto a mim, compareço com Jorge de Sena e Souza Pinto ao almoço que me oferecem editores e livreiros do Porto, e no qual tenho a oportunidade de conhecer pessoalmente vários cavalheiros cujos nomes estão direta ou indiretamente ligados a firmas que desde menino eu estava acostumado a ler na capa de livros editados em Portugal, como Lello, Garnier, Bertrand, Parceria A. M. Pereira, etc. É uma reunião cordial, tranqüila, com brindes e discursos absolutamente apolíticos. Na volta para o hotel, do carro em movimento, tenho uns vislumbres das ruas do centro do Porto.

Como é bom, quando a gente está em viagem, cumprindo um programa apertado, poder voltar ao hotel, tirar a roupa, meter-se num pijama e cair na cama! É o que faço agora quando me vejo no quarto. Meu nirvana, entretanto, não dura nem meia hora, porque o telefone tilinta e o recepcionista me comunica que "estão aqui embaixo algumas senhoras e senhores duma associação literária que gostariam de ver Vossa Excelência". Bum! Outra implosão de vários megatons. Solto um profundo suspiro de autocomiseração. Torno a vestir-me — ah! a gravata! a gravata! a gravata! — e lá me vou enfrentar os representantes dum ateneu, cenáculo de intelectuais, academia de letras, associação literária ou coisa parecida. Haverá algo mais aborrecido que a literatura institucionalizada?

O grupo que me espera é mais numeroso do que eu imaginava. Seu porta-voz vai logo ao assunto que os traz à minha presença, além do propósito de me fazer uma visita de cortesia. Deseja o grêmio que eu lhe faça uma conferência em sua sede em dia e hora à minha escolha. Sinto que estou com a cara de meu tio Tancredo quando, rapazote, vinha dizer a seu pai que uma rês se havia extraviado da tropa, e o velho, sacudindo a cabeça, murmurava: "Que lorpa!". Finalmente, após mais de meia hora, consigo convencer a "comissão" de que não tenho um minuto disponível para o colóquio que me pedem. E eles se vão em paz, ou pelo menos assim me parece.

Volto ao quarto. Às quatro sou crucificado em água. Morro às quatro e quinze, mas às cinco ressuscito para comparecer a uma sessão de autógrafos na excelente livraria de Tavares Alves, competente editor e livreiro, homem baixo, delgado, amável, ágil de corpo e espírito. Sentado a uma mesa, ponho-me a assinar livros. Leitores vejo sobraçando cinco, seis e até sete romances de minha autoria, nas bonitas edições da Editora Livros do Brasil, de Souza Pinto. Outros compram obras minhas ali mesmo no balcão — vejo com o canto dos olhos — e, quando ouço a registradora tilintar, não posso evitar uma certa cábula perante mim mesmo, pois tenho a embaraçosa impressão de que estou mercadejando numa feira meus próprios "produtos". De quando em quando alguém — homem ou mulher — me pergunta se consinto em aparecer com ele ou ela numa fotografia. Claro! O leitor aproxima-se, eu me ergo, o fotógrafo faz pontaria, o *flash* relampeja e por alguns segundos fico com manchas verdoengas e lívidas a dançar no meu campo de visão... Torno a sentar-me. O espetáculo continua. Venham! Venham todos! Aproveitem a oportunidade, talvez a única de vossas vidas! Quer fotografar-se comigo? Magnífico! Se permito que me segure o braço? Por que não? O fotógrafo quer um sorriso? Ofereço-lhe o melhor que um descendente de d. Maurícia Leite de Morais Lopes pode obter numa emergência como esta... Clique! O clarão. As manchas. Maravilhosa gente! Se soubésseis como eu admiro vossa devoção, vossa paciência de esperar nessa longa fila pela minha assinatura! Ah, mas acima de tudo como me fazem bem vossas perguntas, vosso humano interesse por minhas criaturas de ficção! Não, senhorita, não pretendo escrever mais histórias sobre Vasco Bruno. Perdi-o de vista por completo. Ana Terra é um arquétipo, tem razão. Olívia nunca existiu na vida real. Se gosto de Portugal? Eu amo Portugal e os portugueses. Que Deus lhes dê um dia melhor governo!

37

Oito e meia da noite. Ao deixar o hotel rumo do auditório da Associação de Jornalistas e Homens de Letras, onde devo fazer uma conferência seguida de colóquio, digo a minha mulher: "Este touro (ou vaca, se preferes) entrará na arena já meio cansado das corridas do dia. O público que vou enfrentar daqui a pouco é dos mais quentes de Portugal".

O salão, bastante amplo, está atopetado de gente. Souza Pinto calcula que aqui se encontram cerca de mil pessoas. Isso me parece exagero, produto do entusiasmo de meu amigo e editor. Mas vá! A algazarra é enorme. Sou apresentado ao inquieto auditório por um membro da diretoria da Associação. Enquanto ele fala, já meio em tom de comício político, passeio o olhar pela platéia numa tomada panorâmica — como se diz em linguagem de cinema. Observo as faces: homens, mulheres, velhos, pessoas de meia-idade, jovens, adolescentes... E essas caras parecem contar-me numa fração de segundo histórias de atividades políticas clandestinas. Julgo sentir em cada um desses peitos um anseio de liberdade e em cada garganta um brado de protesto prestes a escapar. Muitas das criaturas que se encontram neste recinto devem ter os dedos manchados de tinta de imprimir de tipografias clandestinas, os corpos marcados por cicatrizes de torturas sofridas nas prisões da PIDE.

Quando o apresentador se cala e me lança na arena, rompem aplausos e gritos, o público quase inteiro se ergue e eu tenho a impressão que neste momento vai começar a grande marcha contra todas as cidadelas ditatoriais do país. Soam gritos de guerra. (Haverá no mundo sujeito com menos cara e fibra de condutor de homens que eu?) Caminho lentamente para o proscênio, pois detesto falar sentado. Alguém ajusta o microfone de acordo com a altura de minha cabeça. Depois de muitos vivas e morras, faz-se finalmente silêncio. De acordo com o programa, o título desta palestra é "Confidências dum romancista". Concluo que não devo começar com amenidades. É inútil, sem propósito, tentar a sedação dum público do calibre deste, duma multidão de tal modo politizada e afeita à luta. Entro logo numa declaração de princípios políticos e sociais que são a negação mesma do que o salazarismo representa em teoria e prática. E convido logo o auditório ao colóquio. As perguntas saltam bruscas, meio entreveradas umas com as outras, lançadas de todos os cantos do salão. Um dos membros da diretoria da Associação intervém para organizá-las em ordem de prioridade. Como de costume, quando começo a falar, "ouço" minha voz fosca e ao mesmo tempo aflautada, em suma, detestável. Em breve, porém, esqueço-a para concentrar-me nos interlocutores e em suas perguntas. Aos poucos vou sentindo, forte, cálido, firme, o pulso da oposição portuense. Que pensa Vossa Excelência disto? (Por favor, não me chamem de Vossa Excelência, mas de você! — peço.) Vou respondendo às perguntas e ilustrando-as com fatos da vida real. Que devemos fazer diante deste ou daquele problema? Respondo com a maior franqueza. Lutar, lutar, lutar sempre, sem esmorecer. Este país pertence a seu povo e não a dezoito ou vinte famílias abastadas. Todas as tiranias caem, mais tarde ou mais cedo. Ninguém é dono de ninguém.

À medida que o tempo e as perguntas passam, mais claras e diretas se vão fazendo as referências ao regime político português. Alguém da platéia pergunta qual é o escritor mais popular do Brasil, e, quando pronuncio o nome de Jorge Amado, a platéia rompe em aplausos e vivas frenéticos. (Em 1959 os livros do autor de *Terras do sem fim* estavam proibidos de circular em Portugal.) Daqui por diante o colóquio vira positivamente comício político de rua. O nome do gen. Humberto Delgado é discutido e aplaudido, bem como o do embaixador do Brasil que presentemente enfrenta a ira do governo português por ter dado asilo político ao homem que, nas últimas *eleições*, ousou apresentar-se candidato à Presidência da República, contrariando a vontade da ditadura.

Ao fim do colóquio, que deve ter durado quase duas horas, um homem de meia-idade ergue-se na platéia e me diz as seguintes palavras: "Estávamos nós, os portugueses, como presos numa casa abafada, de atmosfera viciada e sombria. E eis que Vossa Excelência chega, abre-nos uma fresta de janela pela qual entra o ar fresco, a luz do sol da liberdade, e então nós avistamos uma nesga de céu azul... e a esperança! Muito obrigado! Muito obrigado!". Confesso que, a despeito do evidente exagero dessas palavras, elas me fazem tão feliz que sinto jamais poderei esquecê-las.

Aqui mesmo nesta plataforma de onde acabo de falar, autografo vários livros meus e, como de costume, respondo a perguntas que não foram feitas durante o colóquio. Levo cerca de meia hora para me locomover de onde estou até à porta da rua.

Chego ao hotel cerca de meia-noite, exausto. As duchas mornas me aplacam um pouco a canseira, mas me deixam o corpo ainda mais amolentado. "Que noite!", exclama Mafalda ao deitar-se. "Confesso que houve um momento em que pensei que a polícia ia entrar no salão e acabar com a festa a cacetadas."

Não me lembro dos sonhos daquela noite. E no dia seguinte o BMW esperava-nos à porta do hotel. Retomamos nossa "formação de combate" e deixamos a cidade do Porto, rumo do norte.

38

Os minhotos são gente alegre que ama dançar e cantar, e que tem um gosto acentuado pelos trajes coloridos. É cantando que suas belas mulheres e seus homens — que são também de boa raça — costumam trabalhar. Considerável é o número de grupos folclóricos existentes nesta província, e alguns deles já obtiveram primeiros prêmios em festivais internacionais de danças e canções regionais.

Portugal é um país de tal maneira belo e amorável, que o visitante desprevenido pode ficar com a ilusão de que nele todo mundo é feliz e vive bem. A verdade é que, quando a gente despe as roupas e a mentalidade de turista, dando menos atenção ao "jardim da Europa à beira-mar plantado", à bondade de sua gente e aos seus velhos monumentos históricos — e começa a olhar a nação com olhos realistas, acaba alarmado ante a miséria predominante em todo o território nacional português e suas enormes desigualdades sociais. A mortalidade infantil entre as classes desprotegidas é muito grande. O índice de analfabetismo, alto. A falta de assistência médica é de tal maneira aguda, que não seria exagero afirmar que só existem no país (e mal distribuídos) doutores na proporção de um para cada 9 ou 10 mil pacientes. O trabalhador do campo recebe um salário vil. Costuma-se afirmar que nas províncias ao norte do Tejo predomina o regime do minifúndio e nas que ficam ao sul do grande rio, o do latifúndio. Isso quer dizer que a situação do chamado Norte não é melhor e sim apenas "menos má" que a do Alentejo e a do Algarve. As grandes vivendas senhoriais, dotadas do maior conforto, mesa farta, pomares, parques e jardins, atraem de tal modo a atenção do viajante, que este inadvertidamente (ou por puro hábito burguês) tende a fazer vista grossa ao camponês que mora mal, mulher e filhos amontoados numa choupana com bichos domésticos, nas piores condições higiênicas imagináveis. Poderá um leitor realista replicar que um brasileiro como eu não tinha nenhuma autoridade para criticar a situação socioeconômica de Portugal, pois a do Brasil não era melhor. Replicarei que estou falando num país tal como o conheci em 1959, quando estava sob um regime ditatorial fascista que durava 31 anos. Se, em mais de três decênios de poder absoluto, esses males não puderam ainda ser abolidos ou pelo menos atenuados, então que teriam os partidários do salazarismo a dizer em seu favor?

Examinando um mapa, descubro nomes de lugares que me fascinam pelo que têm de cotidiano, ingênuo ou telúrico: Melgaço, Vila Verde, Amares, Cabeceiras de Basto, Esposende, Paredes de Coura, Kermesses Alegres... E que sugestivo é o nome da comunidade onde fazemos nossa primeira parada: Vila Nova de Famalicão! Aqui nasceu Camilo Castelo Branco, alguns de cujos romances são responsáveis pelas caudais de lágrimas vertidas por milhares e milhares de olhos no mundo de língua portuguesa. Fazemos rápida visita a São Miguel de Seide, onde por muitos anos viveu mestre Camilo, numa casinha branca e simples por entre árvores, e que hoje é um museu camiliano. Enterneceu-me ver a mesa de trabalho, o tinteiro, a pena do escritor, seu boné de alpaca preta, seus óculos, sua cadeira de balanço, sua cama, seus livros... Pensei em sua vida atormentada e concluí que ele, Camilo, era uma trágica personagem de sua própria invenção.

Haverá coisa mais agradável aos olhos e ao espírito dum viajante que rodar em baixa velocidade dentro dum automóvel confortável numa estrada orlada de pinheiros, carvalhos, salgueiros e mulheres bonitas? Nestes nossos primeiros quilômetros andados em terras do Minho já pedi uma vez a Souza Pinto que parasse o carro a fim de que eu pudesse fotografar em cores uma camponesa. Desci do automóvel e perguntei à cachopa mostrando-lhe a câmara: "Permite-me?". Ela assentiu, sorrindo, com um sinal de cabeça. Era loura, de rosto oval, olhos escuros, e tinha um porte de princesa.

Prosseguimos a viagem, sempre para o norte, rumo de Braga, onde não tínhamos nenhum compromisso com estudantes, grupos literários ou livreiros. Dedicamos um par de horas à velha Bracara Augusta, fundada pelos romanos e na Antiguidade ponto de irradiação de cinco importantes estradas militares. Ocupada pelos suevos, arrasada pelos árabes, apagou-se durante quatro séculos de decadência, ao cabo dos quais ressurgiu, tornando-se um dos centros religiosos mais importantes de Portugal. Nesta nossa pressa quase cômica mal relanceamos os olhos por suas igrejas, capelas, conventos, santuários, claustros. Não podíamos esquecer que estávamos sendo esperados com um almoço especialíssimo na vetusta Guimarães, considerada o berço da nacionalidade portuguesa. Em todas as viagens devemos contar sempre com essa fadiga, essa espécie de enfaramento que vai tomando conta da gente e acaba impedindo-nos de ver realmente os espécimes humanos e arquitetônicos que se nos apresentam pelo caminho. (Ocorre-me agora que o homem compreenderia a vida e o mundo menos ainda do que os compreende se não tivesse a necessidade de dormir, ficasse sempre de olhos acesos, focados nas pessoas, animais e coisas a seu redor. Uma noite bem-dormida nos pode devolver o mundo tal como se nunca o tivéssemos visto antes, evitando o tédio. Frase profunda ou idiota, essa? Não sei. Provavelmente idiota.) Mas vamos adiante. O leitor naturalmente lembra-se de que estamos em Braga, não? E de que nossas avós ou bisavós e tetravós costumavam dizer: "Velho como a Sé de Braga". É natural que visitemos esse monumento religioso que um antigo anexim popularizou. Aqui está a Sé, com a sua abside cheia de pináculos, as arcadas de seu pórtico, a pátina secular em suas pedras, suas evocativas capelas funerárias, suas colunas e abóbadas. No interior do templo, sob um baldaquino, ergue-se a imagem da Virgem que dá o santo seio a um guloso Menino Jesus.

Braga é católica. Braga é devota. Aproxime-se de mim, leitor. Assim... Veja agora esta rua. Estamos ou não em plena Idade Média? Não sente até um cheiro de incenso no ar? Imagine que Braga é toda um grande templo. Aquela dama vestida de negro que lá vai com um livro também negro nas mãos, possivelmente um breviário, na certa está a caminho duma igreja, onde vai pagar uma promessa. Pena é que passe agora na rua, anacronicamente, um automóvel Mercedes. Se procurarmos bem, Braga tem indústria, Braga tem cinemas, Braga tem prédios modernos e não é só a música sacra de órgão que se ouve nestes ares, mas também a profana, até a de *jazz*...

Braga merecia pelo menos cinco de nossos dias inteiros, para que começássemos a conhecê-la, a senti-la bem em profundidade e mesmo em superfície. Mas eis que, pobres mortais, chegamos os cinco à conclusão de que estamos todos com uma certa fominha. Entramos num café para comer algo leve que nos mantenha os estômagos iludidos até à hora do almoço guimarantino.

39

De novo dentro do carro e já na estrada real, abro um dos mapas que trazemos e verifico que Barcelos fica a pequena distância de Braga. Minha mulher e eu manifestamos o desejo de ver essa cidade, nem que seja por poucos minutos. Estamos pensando em sua indústria artesanal, nas suas famosas figurinhas de cerâmica, principalmente em seus galos floridos. "Olhe que já estamos atrasados...", observa Souza Pinto. "Mas os amigos mandam. Se querem ir, vamos. O piloto obedece."

Fazemos um desvio rumo de Barcelos. Vamos direito ao largo de sua feira permanente. Perdemo-nos por entre tendas onde se vendem bonecos, galos, bois e outras figurinhas de barro envernizado. Mafalda compra alguns galos. Verifico que os bois, de aspas grandes e recurvas, são uma boa imitação dos animais com cangas de madeira pintada que temos encontrado na estrada, puxando os carros típicos desta região, o toldo abaulado como o das carroças dos pioneiros americanos que conquistaram o Oeste.

Um jovem de vinte e poucos anos presumíveis, montado na sua motocicleta, aproxima-se de mim sorrindo: "Não me diga que é o senhor Erico V'rissimo!". Respondo que esse é exatamente o meu nome. Apertamo-nos as mãos. "Quanto tempo vai ficar em Barcelos?" "Não mais que uns poucos minutos", respondo. "Uns vinte, talvez..." Pergunta o rapaz: "Quer Vossa Excelência dar-me a honra de autografar um livro de sua autoria? Vou buscá-lo a casa. Não levarei mais que cinco minutos. Não se preocupe, saberei encontrá-lo aqui na feira". Diz isso e se vai na sua ruidosa viatura, voltando pouco depois com um exemplar de *Gato preto em campo de neve* debaixo do braço, e com um fotógrafo na garupa da moto. "Permite que meu amigo nos fotografe juntos?" "Mas está claro!" Enquanto ponho uma dedicatória no volume, o fotógrafo entra em ação. Aperto a mão de ambos os moços e eles nos deixam.

De novo tomamos a estrada. "Sabem que horas são?", pergunta Souza Pinto. "Uma e meia da tarde. Já devíamos estar chegando a Guimarães." Lembro-me de que o almoço nessa cidade não é nosso único compromisso neste dia.

Teremos de tocar, ao entardecer, para Vila Real, em plena serra do Marão, onde devo fazer uma conferência.

No interior do automóvel reina já a mais completa camaradagem. Quanto a mim, tenho a impressão de que conheço estes dois admiráveis companheiros portugueses há muitos anos.

Descubro algo que me interessa, à beira da estrada. "Pare o carro, amigo Souza Pinto!" Meu editor faz o que lhe peço. Desço. O que acabo de ver merece ficar impresso num filme. É uma cachopa morena, de nariz levemente arrebitado, parada junto duma sebe coberta de rosas-de-todo-o-ano. "Permite?", pergunto à rapariga. "Pois não!", responde ela. Faço um movimento e algo perde sua virgindade dum momento para outro. (Refiro-me ao filme.) Volto para o carro, saúdo a moça com um gesto. Ela exclama: "Mande-me uma cópia!". Prometo, com um aceno de cabeça, mas a verdade é que nem trocamos endereços.

Continuamos a jornada na direção de Guimarães.

Jorge de Sena surpreende-me com a informação de que o nome da histórica cidade é de origem germânica. Sua forma original era *Wimara*, que deu em *Guimara*, pois era comum na língua portuguesa o *w* germânico transformar-se em *gu*. A forma *Vimaranis* — diz ainda Jorge — é encontrada duas vezes nas Inquirições de 1258.

No momento em que escrevo estas lembranças, não consigo explicar a mim mesmo como e por que só fomos dar com os costados em Guimarães depois das três da tarde. Nossos anfitriões estavam todos reunidos à nossa espera no restaurante Jordão: escritores, jornalistas, artistas, comerciantes, membros das profissões liberais — todos cordiais e compreensivos, prontos a desculpar-nos pelo grande atraso. "Ora e essa, homem!, isso acontece. Só estávamos um poucochinho apreensivos, pensando que lhes pudesse ter acontecido algum contratempo no caminho."

Sentamo-nos à mesa. O grupo folclórico, a Festada de Guimarães, composto de membros duma única família de camponeses, havia sido contratado para tocar, cantar e dançar durante o almoço. Era um alegre bando cujos componentes — filhas, filhos, genros, noras, em matéria de idade iam desde o avô de setenta e poucos anos até um neto de sete ou oito. As mulheres trajavam blusa de linho branco, saias de veludo negro bordadas de contas de vidro, meias brancas de algodão. O traje dos homens consistia numa camisa branca, um colete preto com enfeites encarnados e botões dourados de metal, faixa vermelha ao redor da cintura, calças negras e botinas de salto alto; na cabeça um chapéu preto de aba larga e copa redonda. O atencioso cavalheiro que estava sentado à mesa a meu lado me disse: "São todos gente simples do campo. O avô, que dirige e ensaia o grupo, é um porqueiro". A orquestra da festa era formada por três violas, uma rabeca, uma clarineta e um cavaquinho. O grupo começou seu programa cantando e dançando a "Margarida Moleira". O conjunto era de primeira ordem, bom ritmo, afinadas vozes. Mafalda, que estava à minha direita, confessou num sussurro a sua fome e perguntou-me se eu já vira o possante cardápio. Apanhei um e examinei-o. Bacalhau assado com batatas. Arroz de frango ao molho pardo. Cabrito assado com grelos. Sobremesas? Tortas de Guimarães, massa folhada com recheio de ovos, amêndoa e abóbora.

Começaram a aparecer os pratos. O bacalhau com batatas estava submerso num dourado mar de azeite. A galinha de cabidela teve o poder de evocar — apesar de todas as distâncias no tempo e no espaço — as grandes cozinheiras de minha infância e adolescência cruz-altenses: Laurinda, Paula, Arcádia...

O almoço prosseguia. As conversas animavam-se. A Festada de Guimarães brilhava. Terminado o almoço — ouvidos e pronunciados vários discursos —, fui cumprimentar os membros do conjunto e agradecer-lhes pelo espetáculo. Depois manifestei aos nossos anfitriões o desejo de andar a pé pelas ruas da tradicional cidade. Queríamos ver suas antigas muralhas, seus solares, arcadas e escalinatas. Não sei por que nos levaram a um museu arqueológico. Nada mais indigesto do que um museu desse tipo depois dum farto bródio. Deixamo-nos levar, que remédio! Gastamos nessa visita mais tempo do que devíamos, olhando sem genuíno interesse objetos de pedra de passadas civilizações, enfim, coisas que só podem ser interessantes para os estudiosos do assunto, e assim mesmo com tempo, muito tempo. E, percorrendo as salas desse museu, Mafalda e eu, desatentos e contrariados, víamos através das janelas que a tarde aos poucos envelhecia, o sol caía e o que queríamos era ir para a rua ver o que restava da Guimarães medieval, meter-nos pelos seus becos crepusculares, olhar as faces de seus habitantes. Terminou finalmente a penosa visita ao museu. Percebemos que o sol ainda não se sumira de todo. Renasceu-nos a esperança de poder ver alguma coisa da cidade. Mas qual! No momento seguinte arrastaram-nos para a sede dum clube de futebol juvenil, o Desportivo Francisco de Holanda, onde seus rapazes nos mostraram as taças de ouro e prata ganhas pela sua equipe em vários campeonatos, como também me pediram para deixar uma "mensagem" escrita no Livro de Ouro do Desportivo. Alinhavei meia dúzia de frases desenxabidas sob as quais assinei meu nome. E que Deus me perdoasse!

Saímos para o ar livre. Restam no poente alguns tons de vermelho, roxo e rosa. Acendem-se as luzes de Guimarães. Sou informado de que vamos ser levados a ver numa visita relâmpago um dos mais antigos castelos de Portugal. Seja! Um dos próceres de Guimarães é o nosso guia e aqui está sentado a meu lado, num automóvel em movimento. Em breve avisto o dramático perfil do castelo, com suas torres quadradas e suas ameias. Compreendo que vamos subir uma de suas escadas. Coragem! Noto que os degraus são muito altos. Os portugueses de antigamente deviam ser uns homenzarrões de longas pernas... Meu guia sobe depressa à minha frente, falando sempre, sem revelar a menor canseira na voz ou no ritmo dos passos. (No entanto deve ser uns dez anos mais velho que eu.) Começo a sentir uma ardência na garganta, uma opressão no peito... Numa das salas do castelo por onde ainda deve vaguear em ermas noites o fantasma de d. Afonso Henriques, faz um frio penetrante e úmido. Meu cicerone continua a contar de como d. Afonso rompeu relações com a própria mãe, cujos exércitos o seu próprio derrotou. Graças a essa vitória nascera a nacionalidade portuguesa! Não tenho ânimo nem para dizer: Viva!

Por fim, descemos. Mafalda teve a sabedoria de não nos acompanhar na escalada. Despedimo-nos dos amigos, entramos no BMW e deixamos Guimarães sem tê-la visto como desejávamos e ela merecia. E agora rodamos na direção de Vila Real. Sei que daqui para diante os caminhos serão mais íngremes e perigosos, pois estamos começando a subir a serra do Marão.

40

Reina no interior do nosso veículo um silêncio sonolento de canseira bem alimentada. No meio da estrada uma lebre ofuscada pela luz dos faróis fica por breves instantes estonteada, e só não é esmagada pelas rodas do carro graças à habilidade e à calma de Souza Pinto. Vamos passando por vilas e aldeias de ruas já a esta hora desertas, mas com algumas janelas ainda acesas. Perco a noção de espaço e tempo. Quantos minutos ou horas faz que estamos viajando desde que deixamos Guimarães? Dentro em pouco avisto as luzes duma cidade. É Amarante, informa-nos Jorge de Sena. E acrescenta: “Eles já sabem que não temos tempo para parar, como pediram”.

Entramos em Amarante em marcha lenta. Numa espécie de largo bem iluminado vemos uma aglomeração de gente, não só nas calçadas como no meio da rua. “Deve ser noite de festa aqui, hoje”, murmura Mafalda. Meu editor discorda: “Quer apostar como se trata duma recepção para os Verissimos?”. Impossível — penso. Mas, ao atravessarmos o largo, alguém se posta diante de nosso automóvel e faz um sinal para que ele pare. O BMW obedece. Várias pessoas o cercam, fazendo perguntas. Querem saber se sou um dos passageiros. Creio que sou. Souza Pinto explica que nos é impossível deter-nos aqui, pois temos ainda esta noite um compromisso a cumprir em Vila Real... Surgem duas mulheres com braçadas de flores para Mafalda. Quem serão? Alguém me sussurra ao ouvido que se trata da irmã e da sobrinha de Teixeira de Pascoais. Minha companheira recebe as flores, desce do carro. Fazemos o mesmo. Somos conduzidos a um prédio que minha memória não consegue identificar. Numa de suas salas vemos uma mesa com travessas cheias de doces, cálices e garrafas. Mafalda, Jorge e Luis Fernando provam dos doces, garantem-me que são excelentes. Souza Pinto acende seu cachimbo. Beberico um cálice de Porto. A irmã de Teixeira de Pascoais está com os olhos cheios de lágrimas. O grande poeta e ensaísta português faleceu há uns sete anos. Souza Pinto olha o relógio-pulseira. Um cidadão de Amarante nos saúda com um discurso cheio de palavras generosas para com os apressados visitantes da noite. Ao agradecer pela recepção, sinto-me no dever de falar sobre Teixeira de Pascoais, o que não me é nada fácil, pois, embora eu saiba da grande importância desse escritor na literatura de língua portuguesa, não posso honestamente afirmar que lhe conheço a obra a fundo. Souza Pinto dá o sinal de partida. Para chegar até ao automóvel, levo mais tempo do que esperava, pois no caminho sou interrompido várias vezes para autografar livros meus trazidos por alguns amarantinos. Distribuímos apertos de mão e abraços de despedida. Se vamos voltar? Um dia... quem sabe? Entramos no veículo, que se põe em movimento. Volto a cabeça para trás. Várias pessoas nos acenam com lenços e mãos, do meio da rua. Amarante... Sei que esta é a cidade portuguesa onde na Antiguidade viviam as mais ilustres famílias judias que a partir do século XIII foram forçadas a converter-se ao catolicismo para fugir às perseguições, às torturas e freqüentemente à morte. Em sua maioria continuaram a praticar sua religião às escondidas. Eram conhecidos pelo nome depreciativo de marranos, isto é, porcos imundos. Esta cidade foi um dos maiores viveiros de "cristãos-novos" de Portugal.

Vamos subindo cada vez mais a serra. O nevoeiro se vai espessando. O nome Marão tem algo de assustador. (Infância? As palavras em *ão* como *bicho-papão*, *trovão*, etc...) Noto que Mafalda está um tanto preocupada. Ninguém fala durante vários minutos. Sentimos a altitude na zoada nos ouvidos. Como quem se lembra de repente, minha mulher me diz: "E ainda tens de fazer uma conferência hoje!". Eu já havia esquecido esse compromisso, ou melhor, ele me tinha fugido da memória embora eu o sentisse no peito na forma duma sensação sem nome. Souza Pinto informa que a pousada onde devemos pernoitar fica a uns 22 quilômetros de Vila Real.

Cerro os olhos, encosto a nuca no respaldo do assento. Ouvi dizer que estes caminhos são muito perigosos por causa de seus precipícios, de suas inumeráveis curvas e pela pouca largura da estrada. Ficará na nossa rota a tão falada "curva da morte"? Não formulo essa pergunta em voz alta para não alarmar Mafalda. São quase oito horas. Tenho a impressão de que estamos viajando dentro duma nuvem. As luzes dos faróis lutam com a cerração. Os limpadores do pára-brisa andam dum lado para outro, fazem o que podem... e não podem muito. Por fim, ao vencer mais uma curva, avistamos como uma ferida apostemada no corpo da noite a luz amarelenta dum lampião. "A pousada de São Gonçalo!", diz Souza Pinto. Desvia o carro da estrada real e fá-lo parar. Descemos. Faz um frio que recende a névoa e ervas aromáticas. Não quero saber a que altitude nos encontramos para não influir nas reações de meu próprio coração. Um empregado da hospedaria vem buscar nossas malas. Entramos. É uma pousada de primeira ordem, de aspecto acolhedor... e confortavelmente aquecida! O gerente vem cumprimentar-nos e comunica-nos que alguém já telefonou de Vila Real para indagar se já havíamos chegado.

Meu editor me pergunta se quero cancelar a conferência. "Só o meu amigo pode resolver isso", diz. Minha mulher e eu nos entreolhamos. Ela opina: "Ah! É o que deves fazer, sem a menor dúvida". Estou indeciso. Não gosto de decepcionar ninguém. Mafalda tem um argumento poderoso: "Não podes abusar da tua saúde. O dia hoje foi pesado". Meu espírito, trabalhado por máximas e pensamentos de moralistas lidos na infância e adolescência e por parábolas dos livros de texto escolar que glorificam o homem que cumpre seu dever, que enfrenta as maiores durezas e riscos para manter sua palavra, hesita. Mas meu corpo inteiro clama por uma cama e pela paz do sono. Peço a meu editor que telefone aos próceres de Vila Real que organizaram a festa e peça-lhes cancelem a conferência. "Conte-lhes o que foi o nosso dia", sugiro. Souza Pinto encaminha-se para o telefone e pede uma ligação para Vila Real. Dentro de poucos minutos ouço-o dizer: "Está lá? Está lá?". Mafalda e eu vamos para o quarto que nos está reservado. Atiro-me na cama. Cerro os olhos e meu superego tenta ainda uma reação. Murmuro: "É o diabo... Prometi àquela gente que faria essa conferência, que daria autógrafos... De certa maneira empenhei minha palavra". Mafalda replica: "Alguém vai morrer ou adoecer porque cancelaste a conferência? Depois não se pode dizer que empenhaste tua palavra. Simplesmente fizeste uma promessa que não podes cumprir...". E, sem mudar de tom, quase sem pontuação oral, pergunta: "Queres comer alguma coisa?". Espalmo as mãos sobre o estômago. "Sinto ainda aqui o memorável almoço de Guimarães. Como diria nosso Eça, 'comi como um abade'." Mafalda sugere um caldo quente de galinha ou um chá com torradas. Aprovo ambos. Minutos depois voltamos para a sala de estar da pousada. Souza Pinto comunica-nos que está tudo arranjado. Naturalmente os homens de Vila Real não se sentiram felizes com a notícia, mas compreenderam meus motivos.

Depois da leve refeição que os cinco fizemos juntos, permanecemos ao redor da mesa a conversar sobre os acontecimentos do dia. E eis que rompem na sala dois cavalheiros vestidos de escuro: um deles magro, de rosto chupado, bigode fino, cabelos divididos ao meio. O outro corpulento, de fisionomia mais serena, o colarinho de clérigo a revelar-lhe a função eclesiástica. Apresentam-se. Aqui estão em nome da comissão que deveria receber-nos esta noite em Vila Real. O padre aceita as minhas razões e parece compreendê-las melhor que seu companheiro, que resmunga: "Que pena! Estava tudo preparado... Havia tanto entusiasmo...". Sentamo-nos todos nas fofas poltronas da sala de estar maior. Devo admitir que me sinto culpado. O remorso me dá umas picadinhas de agulha de quando em quando... O padre é um homem simpático, fala-me dos amigos que tem no Brasil, país que tanto deseja visitar. O outro mantém-se de pé, e de inopino rompe a caminhar na sala dum lado para outro, desinquieto, como um tigre na jaula. Que terá ele? Nem sequer me olha. Preciso dirigir-lhe a palavra, dar-lhe mais explicações. Por deformação profissional, meto-me na sua pele e imagino como ele se sente e o que deve estar pensando: "Ora, esse senhor de aspecto tão vigoroso não iria morrer se fosse até ao nosso grêmio em Vila Real e nos dissesse algumas palavrinhas. Com um pouquinho de boa vontade...". Escuto a conversa do sacerdote, mas lanço para seu companheiro olhares oblíquos. Jorge de Sena está calado. Souza Pinto fuma o seu cachimbo e de vez em quando me sorri seu sorriso pícaro, pois ele também está observando o cavalheiro agitado que agora se encontra ao pé da janela, os olhos voltados para a noite serrana. De repente faz meia-volta e, como se me fosse agredir, avança para mim com a mão num dos bolsos internos do casaco e tira de lá não um punhal mas umas folhas de papel almaço cortadas verticalmente ao meio. Planta-se à minha frente, olha-me firme, pigarreia e, com voz impostada, começa a ler o discurso que, suponho, havia preparado para me saudar aquela noite, no salão onde eu devia falar. Escuto-o com atenção. E, quando o orador perora, levanto-me, aperto-lhe a mão, abraço-o, agradeço-lhe pelas palavras tão bondosas que pronunciou e peço-lhe uma cópia do discurso. Volta-me então, mais forte que antes, o arrependimento por não ter ido a Vila Real. Enxugando com um lenço o suor que lhe escorre pelo rosto, o homem magro senta-se, e ali fica num mutismo terrível e ofegante, sem tomar a menor parte na conversação que se segue. "Bom", diz o padre, ao cabo de mais alguns minutos, "os prezados amigos devem estar fatigados. Pedimos licença para nos retirar." Ambos os visitantes levantam-se. Despedidas. Sinto que o orador está comovido. Dou-lhe outro apertado abraço. Acompanho-os até à porta. E vejo-os sumirem-se na névoa da noite.

De volta ao quarto, percebo que o menino que me habita está de relações cortadas comigo porque não fui a Vila Real. De vez em quando olha-me com desprezo e murmura: "Frouxo!". Desconsoladamente visto o pijama e me deito. Mafalda está já acomodada. Apago a luz.

Que silêncio! "Sabes?", pergunto, não sei bem se à minha companheira ou ao guri interior. "Contaram-me que ainda existem lobos na serra do Marão." Mafalda nada diz, pois já afundou no sono. O menino, porém, se revolve dentro de mim e fica imaginando picos nevados, canhadas, cavernas, florestas, furnas, abismos... E creio que nesta pousada só ele e eu conseguimos ouvir agora o uivar de lobos. Saltamos da cama, vestimos nossos casacões de pele de urso, calçamos nossas botas, apanhamos nossas espingardas e facões e saímos impavidamente noite adentro, para matar lobos e proteger ovelhas. Reconciliados!

41

No dia seguinte, muito cedo, passamos por Vila Real, graciosa cidade que fica numa espécie de patamar no flanco de uma destas montanhas. O sol apareceu. Podemos ver os profundos verdes, os precipícios e alcantis da serra do Marão ao som dum concerto de Bach, graças ao rádio do BMW. E esse concerto traz inteira para dentro do automóvel nossa casa de Porto Alegre, as luzes amortecidas, a lareira acesa, a noite de inverno gaúcho, os amigos...

A pequena distância de Vila Real fotografo Mafalda e Luis Fernando à frente de um dos muitos e magníficos solares existentes nesta região e digo-lhes: "Daqui por diante vocês dois vão aparecer no rótulo das garrafas de vinho Mateus rosado". Sim, porque este é o solar dos Mateus, com seus vinhedos, seus pomares floridos e seus jardins.

Retomamos a estrada real e dentro em pouco damos de cara com uma das partes de Portugal que sempre desejei conhecer: a província de Trás-os-Montes. Nota-se que a paisagem mudou. Escasseiam os verdes e nós nos sentimos como num mundo todo de pedra. Nosso itinerário infelizmente não nos levará ao interior da província, a lugares cujos nomes me agradam ao espírito e titilam a fantasia: Vila Pouca de Aguiar, Boticas, Carrazeda de Ansiães, Armamar, Freixo de Espada à Cinta, Alijó, Vidago, Tuela, Murça...

Em Trás-os-Montes tem-se a impressão de que a paisagem emagreceu a ponto de deixar aparecer os ossos do seu esqueleto de granito dum cinza pardacento — ou pardo acinzentado, ó troca-tintas de má morte? Casas de pedra construídas contra a encosta dos montes a princípio escondem-se a nossos olhos como camaleões, e só a fumaça de suas chaminés ou algum vulto humano à porta é que lhes denuncia o desenho e a existência. As estradas são tortuosas, sobem e descem encostas, e de vez em quando a gente avista lá embaixo, num repentino vale, um rio de escassa água a correr límpida sobre um leito de pedras e cuja temperatura gelada pode ser medida à distância pela sua cor e transparência, como se nossos olhos fossem sensibilíssimos teletermômetros. Vez que outra ergue-se à beira do caminho um bosque de altos castanheiros com suas poderosas raízes cravadas no chão.

Ao passarmos por uma cabana, vemos diante dela, em pleno sol, um homem sentado num mocho, com uma toalha ao redor do pescoço, as faces cobertas de espuma de sabão, enquanto outro camponês o barbeia pacientemente com uma navalha de tipo antigo. Personagens do Torga — penso.

Guardamos a melhor das lembranças de nossa parada seguinte, em Peso da Régua, onde éramos esperados pelo proprietário da *Imprensa do Douro* e sua loura senhora, um casal simpaticíssimo. Não houve discursos. Tivemos na livraria pertencente ao jornal uma sessão de autógrafos que foi ao mesmo tempo um animado colóquio com as pessoas que lá apareceram. (Em momentos como esse consigo falar com mais naturalidade.)

O ar da montanha, fino e frio, recendia a flores e ervas. O céu estava imaculadamente azul. Trás-os-Montes, pelo menos nesta "quina" que cruzamos agora, é impressionante como paisagem mas não tem, na minha maneira de sentir, nada de sua tão apregoada terribilidade. Claro, isso é a opinião dum turista que viu pouco e demasiado depressa. Consigo, contudo, imaginar o que possa ser um dia de tempestade na serra do Marão, os trovões ribombando, raios abatendo árvores, a chuva caindo pelas encostas, os rios transbordando... Mas a verdade é que por trás desta dura carapaça granítica o viajante pode ainda sentir muito da indisfarçável doçura da paisagem portuguesa.

Despedimo-nos daquela boa gente da Régua como de amigos com os quais tivéssemos convivido durante anos e não apenas horas, como fora o caso.

E o impávido BMW seguiu seu caminho. Em breve reencontramos o Douro, uma de cujas pontes atravessamos para chegar a Lamego por volta do meio-dia. E aqui minhas lembranças se confundem; aparecem-me como uma aquarela apagada pelo tempo. Fecho os olhos e

Erico e Viana Moog em Nova York.
Depois de comemorar o aniversário em Porto Alegre,
o escritor regressa a Washington, 1956.

AVIATION NEWS PICTURES

Lançamento de *Night* na Livraria
Franz Bader, em Washington, 1956.

Ilustração de Erico para o livro de viagens *México*, 1956.

Porto Alegre, 11 de janeiro de 1956

Queridos compadres:

Só vos escrevo é porque desgraçadamente vos amo, pois carta não mereceis, you bums!

São onze meia dum luminoso dia de verão. Dona Mafalda está em casa, com suas costumeiras dores de cabeça. Luiz Fernando não veiu trabalhar, preso ao leito por uma formidavel belly ache. E eu aqui estou no meu velho escritorio, são de lombo, fazendo coisas para a editora e pensando na minha tarde, na penumbra roja de mi estudio, em que entrarei em contacto com o Mexico.

Vamos vivendo. O que nos traz de pé ? Nosso amor à casa e uns aos outros. Não fosse isso estariamos f...e mal paguissimos. Verifiquei que não me interesso lo más minimo pelas pessoas que em geral nos cercam. A cidade, no centro, às vezes é insuportavel. O ceu anda lindo, o por de sol fabuloso, os verdes muito aprazíveis, com o perdão da má palavra. Mas o resto stinks.

Tudo aquilo que eu contava a vocês (os loucos, os chatos, os mosquitos, os convites) não era exagêro, pois tudo se tem repetido com uma intensidade de endoidecer.

Ontem a noite estava lirica. Ceu cor de violeta, com uma estrelama danada, brisa fresca soprando do lado da Lagoa dos Patos. Mafalda ficou no alpendre com algumas amigas. Eu apaguei a luz do estudio e dei a palavra ao hi-fi e toquei musicas de dilecerar il cuore. Recordei vocês, a casa, a cara, a vós de vocês, os nossos serões. Andei por todos os recantos de nossas muitas casas em Washington. Enfim, uma orgia.

Mas mandem notícias. Que é que ha? Quais são os planos? Não sabemos nada de vocês. Esperamos carta do Armando. Mais ainda: esperamos o próprio Armando. Façam o possível para que êle venha! Ah! E digam aos Jaffes (conhecem?) que não se esqueçam de mandar revelar os 7 rolos de Kodachrome que levaram. Que mandem os slides pelo Pires, depois de exibi-los a vocês. Ha coisas de New York, Trinidad, Barbados, Bahia, Rio e Porto Alegre, principalmente flagrantes do casório.

Mas escrevam. Queremos saber da vida de vocês, do Paulinho, do Pedrinho, da Ava, da Fernanda, da Thea, enfim, de Bethesda, Md, inteira!

Estou com a correspondencia atrasada.Mafalda promete escrever. Clarissa escreveu de bordo e posteou a carta em New York.Estamos ansiosos por saber como foi o encontro com vocês.Façam a menina "representar" os seus três meses de Porto Alegre, a estada do Dave,o casamento,a festa, tudo...

O verão vai bem.O calor é intenso de dia,mas não insuportavel. As noites são frescas.Só os mosquitos é que nos deixam loucos.

Bom,meninos,digo-vos adeus!

Osculos generalizados de todos os Verissimos para todos vocês.

Do compadre e amigo

Erico

Carta a Clarice Lispector e Maury Gurgel Valente, 1957.

Mafalda, Erico e Luis Fernando na
Via Latina, Universidade de Coimbra.

MUNDIAL FOTOS

MUNDIAL FOTOS

Mafalda e Erico com amigos no Castelo de São Jorge, em Lisboa, 1959.

JOHN R. VAN ROLLEGHEM

Erico e Mafalda em Paris, às margens do rio Sena, 1959.

Desenho de Gabriel Heliodoro, personagem de *O senhor embaixador*, 1961.

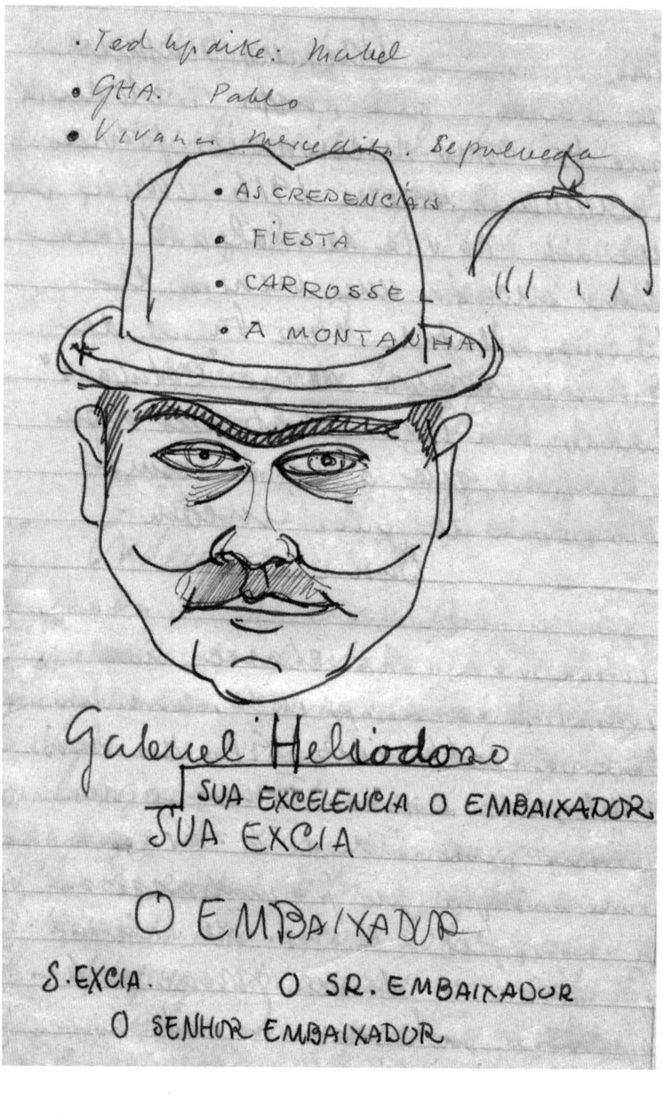

Erico, Mafalda, Clarissa, Dave e os netos no pátio
da casa da rua Felipe de Oliveira, em Porto Alegre, 1963.

CLAUDIO FORNARI

Na sala de sua casa, em Porto Alegre, 1967.

Erico, o cônsul francês e Mario Quintana, 1970.

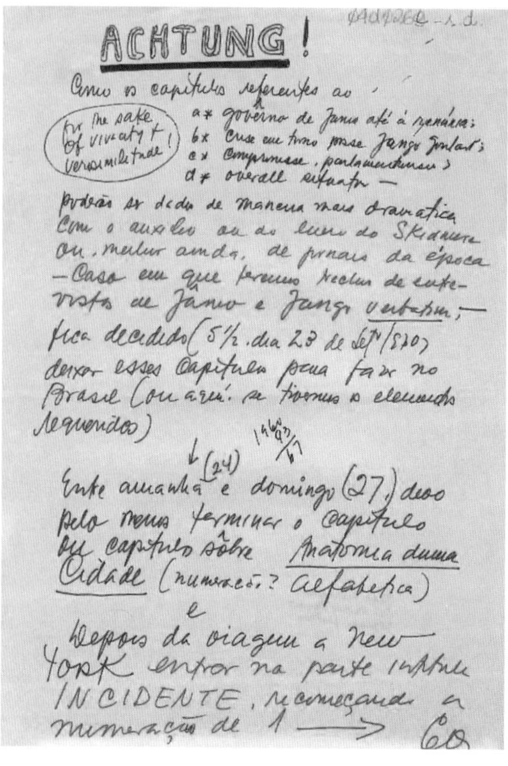

ACHTUNG!

Como os capítulos referentes ao

(for the sake of vivacity + verossimilitude!)

a* govêrno de Jânio até à renúncia;
b* Crise em torno posse Jango Goulart;
c* Compromisse, parlamentarismo;
d* overall situation —

poderão ser dados de maneira mais dramática com o auxílio [illegible] do livro do Skidmore ou, melhor ainda, de jornais da época — Caso em que teremos trechos de entrevistas de Jânio e Jango verbatim; — fica decidido (5½, dia 23 de Setº/970) deixar esses capítulos para fazer no Brasil (ou aqui, se tivermos os elementos requeridos)

(24) 1960 / 61

Entre amanhã e domingo (27) devo pelo menos terminar o capítulo ou capítulos sôbre Anatomia duma Cidade (numeração? alfabética)

e

Depois da viagem a New York entrar na parte intitulada INCIDENTE, recomeçando a numeração de 1 →

EV

Roteiro de *Incidente em Antares*, 1970.

ERICO VERISSIMO Porto Alegre,12 de maio de 1970

Querida Lígia: Como converso com você quase todos os dias -sou o homem que fala com ausentes - imagino que não preciso escrever-lhe. Sou um péssimo epistoleiro.E como os amigos dizem que não me sei expressar oralmente,concluo que me exprimo contando estórias. Ora ,os críticos não me acham gran cosa como ficcionista,de sorte que aqui estou sem saber o que realmente sou.

Recebi com grande alegria e entusiasmo o seu ANTES DO BAILE VERDE.E' uma beleza de livro! Todas as noites leio duas ou três estórias. Você pertence a essa família na qual me esforço por entrar,nem que seja como bastardo,dos contadores de estórias,sem"frescuras" em matéria de linguagem.Lingua magra,clara.Acontecem coisas nos seus contos.Principalmente revelam-se dramas,almas(Ontem à noite me comovi,sério mesmo,com a situação daquela mulher em A Ceia.)E você virou mestra na arte de sugerir,o que é uma proeza das mais difíceis em ficção. No conto A Barca não se sente o autor olhar para o público,piscar o olho e murmurar com o canto da bôca:"Estou vendo,fiz uma estória fantástica." Continuarei lendo o seu livro.A noite é a hora em que me posso entregar melhor ao que leio.Entrego-me na cama,antes de dormir,e nem por isso me considero leitor-prostituto.Otimo o seu livro,Lygia!Conversaremos mais sôbre êle talvez ainda no próximo mês de junho. A caminho dos States,onde vamos visitar,não o Nixon nem o Pentágono,mas a Clarissa,o Dave e os netos - faremos uma parada (não cardíaca,Deus me livre! em São Paulo para rever os amigos que aí temos,cuja lista você encabeça,longe dos outros. Não sei ainda a data de nossa chegada.Telefonarei logo ao chegar. Porque a situação aqui nesta casa e nesta família é a seguinte. Dentro de sete ou dez dias nasce um novo neto,filha da Lucia (ou filho)e do Luís Fernando,que já têm a Fernanda e a Mariana:todos vivendo nesta casa,felizmente.Queremos ver a cara do sujeito ou da sujeita,ficar certos de que tudo correu bem para mãe e recém-nascido e então embarcar com paz de espírito.Mas há outros problemas. Sou pai e mãe de um casal de tios (ela é irmã de meu pai,a ultima das Mohicanas velhos,na casa dos oitenta,e ambos doentes.Ele está no hospital,passando mal. Todas as minhas manhãs são dedicadas a esses tios.São muito pobres e dependem de mim não só economicamente mas sentimentalmente.Sentem-se órfãos quando Mafalda e eu nos afastamos de P.A. por longo tempo. E nós queremos ficar até princípios de novembro em Virginia. Essa é a época do frio e eu não me resigno a ficar fechado em casa por causa da temperatura abaixo de zero e da neve. Vou deixar tudo preparado para que não falte nada aos velhos,mas mesmo assim não vai ser fácil dar-lhes a notícia de nossa viagem.

Esta casa,que ainda espera a sua visita,continua movimentadissima.Domingo passado tivemos vinte amigos conosco,sendo que cinco para jantar,"fregueses de caderno" dominicais.De vez em quando irrompe casa a dentro um reporter cabeludo me pedindo uma entrevista.Os estudantes não me deixam em paz.Uma tarde destas,enquanto eu trabalhava,Mafalda-que tricoteava perto de mim,atendeu dezessete chamadas telefônic Tenho ali em cima da mesa um Himalaia de correspondencia ainda não respondida. Como lhe contei,estava trabalhando em A HORA DO SETIMO ANJO, todo estrurado já,com vários trechos de diálogos escritos,e eis que fico grávido dum livro doido que tomou conta de mim a ponto de me causar uma impressão de febre.Não tem nada a ver com nada que eu tenha escrito antes.Entreguei-me a ele e já está todo projetado.Posso terminá-lo nos Estados Unidos,lá por meados de agosto.O negocio todo é tão louco (loucura metódica do Hamlet)que esta noite tive um sonho perturbador motivado,creio,por essa estória.

Mafalda também está ansiosa por te ver.Ela gosta muito de ti mesmo. Aprendeu comigo.O resto foi sozinha,e por sua culpa.

Para o Paulo Emilio e para o jovem Goffredo o nosso abraço. Para você,abraços e beijos da Mafalda e de seu velho amigo

Carta a Lygia Fagundes Telles.

McLean,28 de setembro de 1970

Maurício: Estamos tristes hoje,Mafalda e eu. Tua amiga estava junto
do bar armando um jig-saw puzzle e eu aqui à minha mesa,escrevendo uma carta
para a Lucia e o Louie quando pelo radio ouvimos notícia da morte do John Do
Passos. Quando nos despedimos em fins de julho,na casa dêle em Baltimore,êle
iam passar um mês em uma pequena localidade do Maine e depois voltar.Promete
nos telefonar. Sem notícias,chamamos repetidamente para a casa de Baltimore
mas ninguém atendeu. Só agora é que compreendemos que durante todo esse temp
Mister Jack devia estar no hospital.Não sei se te contei que o achamos muito
abatido,de pés já se arrastando,e muito magro.Em fim,o homem se foé.Muita ge
te nem sabia que êle ainda estava vivo.Neste mundo assustador,tudo passa com
uma rapidez terrivel,como diria o Cons.Acácio,se vivo fosse. Mas é mesmo.
Duas linhas no jonral,duas no radio,meia na televisão e adeus,Mr. Dos!
O homem morreu aos 74 anos,mas na realidade viveu 84.E viveu bem. Os critico
podem discutir o valor dele,a sua importância literaria,a sua volta face po-
litica. Tudo isso agora não importa muito.Eu me lembro dum homem bom,dum hom
decente. ***** Neste momento o gato Snoopy pulou para a mesa,meteu o focinho
contra os tipos da máquina,levou um susto e resolveu bater em retirada. ****
O verão relutou muito em ir embora.Ha muito que a luz é de outono,mas o calo
continuava terrivel.Ante-ontem tivemos 36,5 centigrados.Ontem caiu um bom ag
ceiro e atemperatura caiu para 10 e 9,devendo baixar mais hoje de noite. ***
Depois d'amanhã vamos a Nova York numa viagem de recreio e para visitar a Na
dine e o Armand e-que diabo!-para respirar uma poluição diferente da daqui.
****Meu trabalho vai bem.Como o Zé Otavio vai lançar uma separata com a hist
ria do capitão ainda este ano,resolvi em boa hora deixar INCIDENTE EM ANTARE
para maio de 1971.Assim poderei trabalhar melhor nele,vocês poderão ler os
originais em paz e fazer sugestões. E' curioso o rumo que tomam os livros e
as personagens,independentemente de todos os nossos melhores projetos.Estou
terminando a primeira parte e só depois que voltar de New York é que vou en-
ttar na historia que contei a vocês aí. Acho que ficou muito bem a "apresen-
tação" de Antáres - a formação das oligarquias,a história enfim da cidade e
de seus habitantes,traçada num desenho à bico de pena,meio em preto e branco
e com um traço não caricatural mas sarcástico.E' um romance sem herois.Na
segunda parte o leitor pode tomar partido,mas na primeira não creio que haja
nenhuma personagem com quem o leitor queira identificar-se.(Quien sabe?)
Espero levar o livro escrito na sua primeira versão,mas não corrigido e na-
turalmente não passado a limpo. Tu sabes como eu me atucano com as famosas
dead lines que ninguém me impõe senão eu pròprio e não sei bem por quê.Medo
e morrer antes de terminar o trabalho?Isso pode ser apenas uma meia respost
do de perder tempo - já que sou um "doente cronológico"? Super-ego exigent
vez seja a Super Bega em mim. Faz o tema do colegio,menino! Levanta para
balhar! Tira boa nota! Não sejas vadio! Levanta dessa cama,vagabundo! Etc.
Leituras? Terminei (creio que já te disse)o admiravel INSIDE THE THIRD
REICH,do Albert Speer.Me veiu vontade de conhecer "o outro monstro" e estou
lendo uma excelente biografia de Stalin. Ao mesmo tempo leio o ultimo romanc
(ou penultimo?)do Jorge Semprun,LA DEUXIEME MORT DE RAMON MERCADER.Bom mas di
e levemente pernostico.Quero discutir êste livro com o Meneguine que,por casu
também o está lendo. *Li no NEW YORKER uma excelente autobiografia do Jorge
Gostei que lhe tivessem dado o premio Cecilo Matarazzo. *Descobrimos um exc
lente escritor que só escreve em iidich.Polaco agora naturalizado americano:
Bashevis Singer.(Estou certo de que ja falei dele a vocês.)São deliciosas es
rias em torno de mágicos,fantasmas,feiticieras e vida de judeus nos ghetos da
Polonia e,agora,em New York. *Mafalda,Clarissa e eu nos esbaldamos de tar
rir das cronicas do L.F. sobre o jantar chinês lá em casa. Ah" Recebemos o te
pacote com revistas.Todá rabá!* Estamos ansiosos por ouvir a cronica da viage
de vocês ao Rio. *Nossa estada no mar foi otima.(Já te contei?) *O pai do Lav
passou quatro dias aqui,de volta da California,onde - segundo ele - teve um
"miserable time",pois discorda da maneira de viver e das ideias das irmãs,sob
nhos e cunhados que là vivem.O pobre do velho está mais chato que nunca.Ontem
domingo,a Lacy Schirmer passou a tarde aqui,jantou conosco.O velho ia embarca
depois do jantar,de volta a N.York. Resolvi pintar um bigode preto de mexican
e me sentei à mesa para ver a reação dêle. Clarissa e Mafalda e Dave tiveram
um frouxo de riso.Lacy soltou uma exclamação de surpresa.O velho Irving me o-
lhou sério e não disse nada...e continuou sério. *O Calatayud nos visitou num
sexta-feira à noite e não calou a boca das 8 às doze.
E' um tipo muito simpát

Nossa amiga Golda andou por aqui. Alá mandou chamar Nasser, urgente. Sábado passado fomos à noite à casa do Ashley Hewitt. O casal estava festejando o oitavo aniversario de casamento. Moram a um quilômetro aqui da casa dos Jaffe.

Abraços para a turma do Sabado na casa de vocês.

Hoje escrevi à Ruth.

Recebeste uma carta minha para entregar aos Loureiros Chaves?

O Diaulas andou por aqui na companhia do Caio Alcantara Machado, sujeito muito simpatico mas com ôlho safado. Foi diretor do I.B.C. Conheces a crônica dêle?

Continuamos veraneando no campo. Ainda não fomos à cidade. Hombre, manda noticias. Soubemos que tiveste um "festival dos brotos" nessa mansão. Manda a reportagem. Luisa, cotuca esse teu marido para que ele nos mande umas linhas ao menos.

Hoje nos chegou uma carta do Vianna Moog. Diz que anda burro mas feliz, pois faz boas caminhadas na praia e perde peso.

Bom, vou fazer ponto. Recebe com a Luiza, Marcos, Esther, Laura e Artur o nosso saudoso abraço. E inté!

Erico

P.S. Ante ontem sonhei contigo, Mauricio. Estavas triste, calado e me contaste que a Luiza andava muito doente. Está claro que não acredito em sonho. Uma noite destas sonhei que o presidente Kennedy me convidou a entrar no situation room da Casa Branca, mas não fiquei sabendo sobre que êle me queria consultar.

Carta a Maurício Rosenblatt.

Na ponte do Riacho, em Porto Alegre, 1972.

HAJIMO HIRANO

Titulos das partes

- FESTIVAL DE FUNDO DE MEMORIA- 1943-1945-----1953-1956
- SORTILEGIO ANTILHANO - Santa Lucia. Trinidad (Port of Spain) Barbados - Curaçao - Cartagena de Indias - Puerto Rico (Temos respectivamente os anos 1943,1945 e 41 (Port of Spain) 1954,1956)
- AQUARELAS DE PORTUGAL
- ESPANHA : OURO E SEPIA
- CARROSSEL ITALIANO
- ALEMANHA (OURO DO RENO)
- ESTAMPAS DA HOLANDA
- SUITE FRANCESA (Paris in many times.Toulouse.Nimes.Usés.Arles)
- SONATINA AUSTRIACA (SONATINAS AUSTRIACAS)
- A BREVE PRIMAVERA DE PRAGA (1968)
- L O N D R E S VISITA A SHERLOCK HOLMES MR. PICKWICK
- S U I C A
- ISRAEL EM ABRIL
- SOL E MEL

Não esquecer em FESTIVAL a visita a New Bedford:filhos naturais,Moby Dick,os amadores em South Pacific,o colégio,o padre gordo,a freira Dorotea,do Ceará.

Alejo Carpentier,não esquecê-lo.Federico Onís.João Ramon Jimenez e Zenóbia.Asturias.Uslar Petri.Picón Salas. Alejo,só later descobri o excelente romancista que é. Homem cordial.Exilado de Batista.Os seus érres franceses. Asturias quietarrão,simpático.(Futuro Premio Nobel.) Americo de Castro.A estirpe dos exilados.Soon it will be over. Ramón Sender.

ONCE IN A WHILE LOOK OVER OLD NOTE BOOKS INCLUDING THOSE OF 1943-1945.

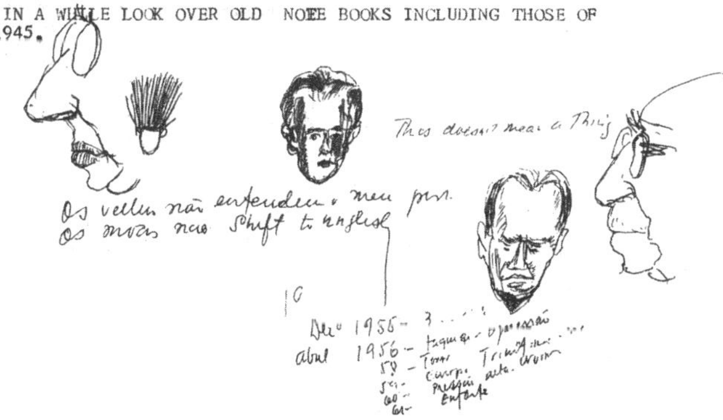

Roteiro da segunda parte do segundo volume de *Solo de clarineta*, que o autor não chegou a desenvolver.

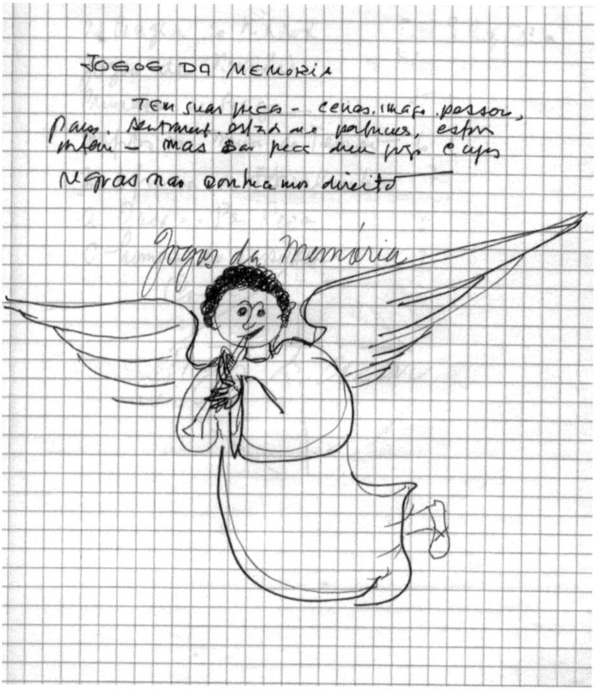

Desenho encontrado nos esboços de
Solo de clarineta, 1974.

Casa onde Erico nasceu, em Cruz Alta.

vejo-nos descendo à sombra duma alta e frondosa árvore, na frente dum restaurante campestre situado atrás duma... duma... igreja? Sim, creio que era uma igreja, pois me recordo de que havia um belo adro, com vários lances de escadas ladeados por estátuas de santos — o que me lembrou a igreja mineira de Congonhas do Campo, onde estão os Apóstolos do Aleijadinho. Da janela do restaurante (o almoço não foi dos mais saborosos) avistamos lá embaixo no vale luminoso o casario da cidade de Lamego. Às vezes me pergunto se essa "igreja" que mal se esboça em minha memória não seria o santuário de Nossa Senhora dos Remédios, cuja imagem se encontra à beira dum castanheiro de proporções avantajadas. Para levar-lhe seus ex-votos, os penitentes e suplicantes têm de subir 470 degraus de granito — mas subir de joelhos ou de rastos. O pequeno mistério até hoje continua. Eu poderia tentar esclarecer tudo, mas prefiro guardar a desbotada impressão que me ficou do lugar: o adro, as escadas, as imagens, a evocação dos Apóstolos do Aleijadinho e, lá no fundo do vale, Lamego à luz daquele meio-dia.

42

Na Beira Alta — perdoem-me pelo gauchismo paisagístico — pensei no nordeste do Rio Grande do Sul, na chamada Zona Colonial, por causa da variedade dos verdes, cuja gama vai desde o verde quase negro do cipreste até ao mais tenro e claro das videiras. A conformação do terreno ajuda a parecença — serras, planícies, vales, mesetas, rios, riachos, casas de campônios com moinhos d'água, estradas orladas de eucaliptos... Nas Beiras os lugares também têm nomes sugestivos como Mortágua, Vilar Formoso, Fornos de Algodres, Sernancelhe, Vila Nova de Foz Côa, Celorico da Beira...

Descemos a encosta da serra de Montemuro ao som dum concerto de Vivaldi que parecia ter sido composto especialmente para aquela manhã, ou vice-versa, se preferem. Cruzamos a triste e apagada vila de Castro Daire, onde se passa a ação do romance de Camilo Castelo Branco, *Amor de perdição*. E o Padre Vermelho de Veneza fez o possível para tornar Castro Daire menos infeliz ao som de suas melodias. Inútil.

Chegamos finalmente a Viseu, onde tive a ocasião de incorporar mais uma praça à minha coleção. Passei pouco mais de uma hora dando autógrafos numa livraria local. (Acentuou-se-me a sensação de ser um caixeiro-viajante de meus próprios produtos. Mas não! Esse era um pensamento masoquista. Se eu me negasse a conhecer pessoalmente meus leitores e dar-lhes autógrafos, não estaria cometendo um ato de esnobismo?)

Viseu, como tantas outras localidades de Portugal, está empapada de história. Sua catedral, construída em cima duma grande pedra, domina a cidade com suas torres romanas. Foi nesta terra que os soldados portugueses, comandados por Viriato, deram combate aos invasores romanos de Portugal, conseguindo por fim expulsá-los. Visitamos o interior da catedral e depois fomos ver o museu, do outro lado da rua. Lá se encontram magníficas telas do Grão Vasco e de outros artistas portugueses antigos. Os habitantes do lugar (viseuenses?) orgulham-se desse pintor, que aqui nasceu. Vi também os quadros de Jorge Afonso, e devo confessar que o nome desse pintor — não há limites para a ignorância! — era-me completamente desconhecido.

Depois de Viseu rumamos para Abrantes, já na província do Ribatejo. No caminho entre essas duas cidades atravessamos a importante região vinícola do Dão, passamos de largo por Santa Comba, tornamos a encontrar o Mondego, que me trouxe ao pensamento a história da infeliz Inês, de mistura com as faces de Miguel Torga e daqueles estudantes que nos pajearam em Coimbra. E no meu pensamento o escritor me perguntou: “Hem, Verissimo! Você já viu uma parte substancial deste nosso Portugal. Vale ou não a pena lutar para livrar esta terra e este povo da corja fascista?”. Vale, meu grande Torga, e como!

43

Quando rapaz tive um amigo, velho marceneiro asmático e maragato, a quem eu costumava perguntar: “E que tal, seu Pinto, como vão as coisas?”. Ele respondia invariavelmente: “Tudo como dantes no quartel de Abrantes”. Pois estamos agora entrando na cidade de Abrantes, que se aninha pitorescamente numa das muitas curvas que aqui faz o Tejo. Tomamos posse de nossos quartos no hotel e saímos a caminhar pelas ruas desta mui graciosa comunidade ribatejana, onde notamos grande quantidade de casas com sacadas enfeitadas de vasos de barro com gerânios floridos.

À noite recebemos no hotel visitas de jornalistas e escritores, com os quais ficamos conversando até tarde.

No dia seguinte embarcamos pela manhã rumo de Santarém, nossa próxima escala. O Ribatejo — vejo no mapa — tem cidades com nomes que me soam bonito ou estranho como Vila Nova da Barquinha, Chamusca, Alcanena, Cartaxo, Alpiarça, Almeirim, Coruche...

A paisagem desta província é diferente da que vimos nas Beiras e em Trás-os-Montes. São terras baixas, planícies dum verde vivo e úmido que as inundações periódicas do Tejo tornam duma fertilidade extraordinária. Aqui a presença da água se faz visível em incontáveis charcos, rias, arroios, lagoas. A paisagem desafogada lembra um pouco a do nosso pampa. As póvoas, vilas e cidades rareiam. Tenho a impressão de que no Ribatejo começa a região dos latifúndios, que se prolonga para o sul, rumo dos Alentejos e do Algarve. Esta província produz trigo, azeite, uvas, vinho, centeio, arroz, milho... Pelo caminho, a largos espaços, vamos encontrando quintas com os magníficos solares onde residem com suas famílias os proprietários das terras em derredor.

Quando se fala em Ribatejo, é natural que pensemos logo em cavalos e touros. As fazendas de criação de gado e de cavalos e principalmente os haras, em que estes últimos animais são adestrados especialmente para as touradas, são muitos e famosos. Pode-se dizer que toda uma zona que tem como centro Santarém, a capital da província, e onde se encontram localidades como Salvaterra e Vila Franca de Xira, constitui o que bem se poderia chamar de "polígono da tauromaquia". Conta-se que desde os tempos de d. Manuel, o 14º rei de Portugal, a corte e o povo costumavam divertir-se com espetáculos circenses que constavam de lutas de touros contra tigres, rinocerontes e até mesmo negros escravos nus e armados duma faca ou adaga. Se não ouvi mal nem mal me lembro, entravam também na arena, para enfrentar os touros e as feras, os *campinos* — esses peões das fazendas de criação. A tourada à maneira espanhola era também muito apreciada pelo povo português. Chegou, entretanto, o momento em que jovens fidalgos da corte começaram a descer à arena com o propósito de enfrentar os touros, dedicando suas façanhas à Virgem ou a alguma beldade de sua afeição. Um dia, porém, um valoroso mancebo de nobre família foi eventrado e morto por um touro agonizante. Foi depois dum episódio como esse que o marquês de Pombal, concluindo que Portugal era pequeno demais para dar-se o luxo de arriscar a vida de um homem pela de um touro, decretou que se terminasse a prática de matar o animal no final de cada tourada. Esse golpe no interesse dramático do espetáculo tauromáquico em breve foi compensado pela descoberta de outras maneiras de tourear. E daí por diante o que a corrida perdera em violência e sangue ganhou em elegância e sutileza. (Uso esses termos com reservas.)

Vale a pena dizer alguma coisa sobre os campinos. Seria curioso traçar um paralelo entre esses lidadores do campo ribatejano com — por exemplo — o caubói norte-americano, o vaqueiro do Nordeste brasileiro, o gaúcho platino e o do Rio Grande do Sul. Não creio necessário enumerar, por conhecidas, as peças da indumentária e as armas desses quatro grupos de trabalhadores rurais tão bem protegidos e equipados para o exercício de suas duras atividades. Olhem agora para o grupo de campinos que ali vem vindo... Diminua a velocidade do carro, Souza Pinto! Assim... obrigado. Atenção! Cinco campinos montam cavalos pequenos mas de belo porte e boa raça. A julgar por suas roupas, parece que vão para uma festa, uma feira, uma exibição folclórica. Não vejo entre eles nenhum tipo excepcionalmente robusto: são em sua maioria esbeltos, mais parecem dançarinos que campeiros. Na cabeça, um barrete verde. O colete é encarnado. O bolero verde. As calças azuis, justas às coxas, vão até pouco abaixo do joelho. Nas pernas, grosseiras meias brancas. Não vejo nesses campinos tiradores, chapéus ou gibões de couro — nada para proteger-lhes os corpos. E a única arma que levam é uma espécie de lança de pau que termina num aguilhão de ferro. Assegura-me Jorge de Sena que existe entre os campinos um forte laço de solidariedade de natureza quase tribal, um profundo espírito de classe, embora não verbalizado, e um iniludível orgulho profissional.

Não estamos ainda na estação das touradas. Mas eu teria a oportunidade de assistir em Lisboa a uma delas, seis anos mais tarde, por ocasião duma segunda visita a este país. (E dessa vez mais vigiado por agentes da PIDE.) O touro — naturalmente um produto do Ribatejo — entrou na arena. Surgiu depois um cavaleiro montado num soberbo cavalo. Provavelmente haviam feito ambos o seu curso numa daquelas "academias hípicas" ribatejanas. Trazia na cabeça um tricórnio à maneira dum gentil-homem do século XVIII (o cavaleiro, não o cavalo), uma casaca de seda com bordaduras de ouro, camisa branca de peito e mangas de renda, calças claras justas nas coxas e botas de couro preto, de cano alto. Começou a luta. O cavalo, guiado pelo exímio cavaleiro, provocou o touro: este precipitou-se contra o cavalo, procurando atingir-lhe os flancos e o baixo-ventre com as aspas — se bem vi, de pontas aparadas —, mas o destro animal esquivou-se num movimento rápido de suprema elegância, devidamente ajudado pelo cavaleiro, num hábil manejo de rédeas. Instantes houve em que os cornos do touro chegaram a roçar o pêlo do cavalo, mas este de novo se safou, provocando aplausos do público. A coisa toda parecia um bailado. O toureiro começou então a atirar bandarilhas no cachaço e no lombo do touro, e era nesses momentos que sua montaria corria o maior risco. O público continuava a aplaudir com palmas e gritos, mas não faltavam vaias quando a bandarilha não lograva cravar-se no alvo. E novos touros eram trazidos para a arena, e mais cavaleiros e cavalos, todos com um ar garboso. Para mim a parte mais patética desse espetáculo foi a *pega*, o momento em que — depois que os "fidalgos" e seus cavalos fizeram suas airosas proezas — entraram na arena os *forcados*, um grupo de homens de origem humilde, em geral camponeses, todos vestidos de verde, com uma faixa vermelha na cintura. O objetivo desse grupo era o de "agarrar o touro à unha". Formaram uma fila indiana, à frente da qual se postou aquele que estava encarregado da parte mais arriscada da *pega*. Homem e touro miraram-se por algum tempo. O forcado incitava o animal com gestos e gritos. O touro escarvava o chão com uma das patas, preparando-se para a carga. "Touro! Touro!" De repente a besta investiu e então o primeiro homem da fila, antes de ser atingido e derribado por ela, saltou-lhe entre os cornos e agarrou-se-lhe ao cachaço, enquanto um dos companheiros segurava com força o rabo do animal, e os outros forcados tratavam de segurar o "inimigo" por todos os lados. O touro sacudia a cabeça para baixo, para cima e para os lados, erguendo no ar o valente forcado, que continuava aferrado a seu pescoço. Alguns dos outros rapazes foram atirados ao chão pelo bicho enfurecido, mas tornaram a levantar-se e voltar à luta, que se prolongou até que o grupo conseguiu imobilizar por completo o touro. Era a vitória! Estrugiram aplausos em toda a praça. Durante aqueles sensacionais minutos da refrega o público gritou, assobiou, aplaudiu mas também riu, pois a coisa toda não deixava de ter os seus aspectos cômicos. Por fim o animal vencido foi retirado da arena, vivo, todo crivado de farpas coloridas, mas lá ficaram ainda por alguns momentos os forcados, mancos, estropiados, alguns sem as sapatilhas e outros com as meias quase arrancadas das pernas, as roupas sujas de poeira ou rasgadas, as caras e as mãos esfoladas. Todos, porém, me pareciam felizes, pois a honra do grupo fora resguardada! (Asseguraramme que os forcados costumavam fazer tudo aquilo por puro gosto desportivo, pois não ganhavam um centavo. Acreditei.)

44

Chegamos a Santarém. Uma comissão de senhoras e cavalheiros leva-nos até ao largo à frente da igreja do convento da Graça, onde somos recebidos pelos professores e pelas alunas do Colégio de Santa Margarida, que nos cantam canções cívicas, religiosas e folclóricas. Uma das meninas entrega a minha mulher um ramo de flores, depois de ler uma pequena mensagem de boas-vindas. A seguir somos levados ao interior da igreja para ver o túmulo de Pedro Álvares Cabral. A cerimônia que se segue é simples e não demasiadamente longa, mas como sempre há discursos e chega um momento em que todos me olham de maneira significativa e eu tenho também de dizer algumas palavras. Dentro de mim um sujeitinho olha firme para a tumba do navegador e pergunta a seus restos mortais: "Agora, aqui entre nós, seu Pedro Álvares Cabral, o senhor descobriu mesmo o Brasil por acaso? E aquelas histórias das calmarias é verdade? E o medo das epidemias da África?".

Um senhor alto e corpulento dá-nos de presente em nome do concelho um vaso no qual estão estampadas em cores as armas da cidade. Depois saímos num passeio pelas ruas da capital do Ribatejo. Pois esta, amigos, é Santarém (aprendo que esse nome é uma corruptela de Santa Irene), praça que os almóadas tinham transformado numa fortaleza considerada inexpugnável, que a duras penas as tropas de d. Afonso Henriques conquistaram, consolidando assim a expansão para o sul do reino de Portugal.

Naquele mesmo dia, ao anoitecer, chegamos a Lisboa.

45

Três dias mais tarde. Iniciamos esta manhã nossa excursão pelas terras lusitanas que ficam ao sul do Tejo. O BMW espera-nos à frente do Tivoli, com Souza Pinto ao volante e Jorge de Sena a seu lado. Os Verissimos tomam posse de seus lugares no carro, que arranca avenida da Liberdade em fora.

Fazemos a curta travessia do Tejo num *ferryboat*. Um vento ainda frio de fim de inverno encrespa as águas. Desembarcamos na margem esquerda, na vila de Almada. Em breve estamos rodando numa das mais belas estradas dentre quantas já percorremos neste país, atravessando prados, colinas verdes e extensos arrozais, bosques de pinheiros e vastos tapetes de flores silvestres, roxas e amarelas. Estamos ainda numa espécie de *post-scriptum* transtejano da província de Estremadura, um promontório em certo trecho cortado pela serra de Arrábida, onde encontramos já uma vegetação mediterrânea. Passamos pela Vila Fresca de Azeitão, onde o rei d. Manuel em idos tempos mandou construir para sua mãe a primeira residência de verão de Portugal, conhecida como "mansão da Bacalhoa" — a qual por algum tempo foi propriedade dum membro da ilustre família dos Albuquerques, o visconde da Bacalhoa. Lembro-me de que Dedé, uma velha tia minha, costumava afirmar que nós, os Verissimos, éramos, pelo lado materno, descendentes desses nobres Albuquerques de Portugal. Pergunto a Souza Pinto se não me seria oportuno tentar reivindicar o título de conde, visconde ou marquês da Bacalhoa. Responde meu editor que a idéia lhe parece boa, mas que hoje não nos sobra tempo para pensar em títulos de nobreza, pois temos compromissos a cumprir em Setúbal.

A oeste de Azeitão, à beira dum estuário formado principalmente pelas águas do rio Sado, ergue-se a bela cidade de Setúbal, onde somos recebidos por uma comissão de cavalheiros nos quais farejo a naftalina do oficialismo. São amáveis, obsequiosos e formais. Levam-nos a ver o porto, que depois do de Lisboa e do de Porto é considerado o mais importante de Portugal. Setúbal é um grande empório pesqueiro e de comércio agrícola. Navios de alto calado e barcos a vapor e a vela alinham-se ao longo do cais, onde grande é a atividade de carga e descarga. E essa floresta desgalhada de mastros, os cascos dos transatlânticos, as gaivotas que sobrevoam aos gritos as embarcações, um leve cheiro de maresia — tudo isso me causa uma súbita nostalgia de viagens. (Mas que diabo! Não *estás* agora viajando ou será que a viagem é sempre a *outra*, a próxima, a sonhada, a imaginada, a que fizemos ouvindo ou lendo histórias e estudando mapas?)

Mafalda e eu estamos num automóvel preto, que também recende a governo. A meu lado um cidadão, que deve ser uma alta autoridade local (oh! maldita memória para nomes, a minha!), leva-me a ver sua cidade. Fico sabendo que Setúbal está sujeita a freqüentes tremores de terra. E que de seu porto saem para vários caminhos do mundo navios carregados de latas de sardinhas e atum, de azeite e azeitonas, bem como caixas e tonéis de vinho... Pergunto se não foi aqui que nasceu Bocage. Meu anfitrião sorri, numa espécie de ambíguo sobressalto. "Exatamente. O maior poeta da língua (depois do incomparável Camões nat'ralmente) nasceu em Setúbal." Minutos mais tarde faz-nos descer numa praça que tem o nome do poeta e sua estátua. Boêmio, irreverente, espírito aventureiro, autor de versos "libertinos", Bocage era execrado pelo Estabelecimento de seu tempo. Quando morreu, seus conterrâneos mandaram atirar seus ossos numa vala comum.

Voltamos ao carro — agora não resta a menor dúvida: esta é uma viatura oficial — e vamos ver alguns dos edifícios mais notáveis da cidade, entre os quais está o convento de Cristo, considerado pelos entendidos um dos mais puros espécimes do gótico manuelino em todo o país. Avistamos de longe um castelo de tipo espanhol, do século XVI, e suplico mentalmente a todos os meus santos que não permitam ao nosso gentil anfitrião a idéia de convidar-nos a subir as escadas de seus torreões. Os santos me escutam. Aleluia!

Nosso programa em Setúbal constava dum almoço, após o qual eu devia estabelecer um diálogo com os convivas.

Eu não saberia dizer agora onde se realizou essa reunião, mas creio que o local também cheirava a oficialismo. Numa vasta sala, à hora do aperitivo fui sendo apresentado aos convidados à medida que iam chegando. Um garçom ergueu uma bandeja diante de meus olhos. Apanhei um cálice de moscatel, o mais famoso produto vinícola da terra. Bebo um gole, retenho o líquido na boca, minhas papilas gustativas transmitem imediatamente ao cérebro uma mensagem na forma duma imagem: a figura de minha mãe. E eu então me sinto em nossa velha casa de Cruz Alta, é um meio-dia de domingo, temos convidados para o almoço. D. Bega toma o seu cálice dominical de moscatel, seu licor preferido, e murmura: "Este bandido vai me deixar com as pernas e os braços moles...". Meu pai, o rosto corado, bebe com olho alegre seu borgonha. Faz calor, moscas zumbem no ar. Para o menino o nome *moscatel* tem algo a ver com mosca. Peço a d. Bega uma provinha do vinho, e ela me satisfaz o desejo. O moscatel é doce, cetinoso e tem a cor da pedra do broche que d. Bega está usando hoje. E aqui me acho eu, na cidade de Setúbal, cinqüenta anos mais tarde, a celebrar intimamente esta inesperada e doce Eucaristia.

Somos levados para a mesa. Sentam-me ao lado duma autoridade civil e à frente de vistosos pratos cheios de sardinhas, ostras, mexilhões e outros frutos — para mim proibidos — do mar. Calculo que umas oitenta pessoas tomam parte neste almoço, que se desenvolve com grande cordialidade e animação. Depois da sobremesa ergo-me e pronuncio algumas palavras de agradecimento. Um mestre-de-cerimônias anuncia que estou à disposição dos presentes para o colóquio. As perguntas começam a brotar de vários setores do salão: nenhuma de natureza política. Em dado momento levanta-se um senhor de meia-idade, baixo e frágil, que me interroga: "Acredita Vossa Excelência que um romance pode ter a força de mudar a vida da pessoa que o lê?". Faço uma careta de cepticismo. "Minha tendência é responder pela negativa", digo. "Pelo menos não conheço nenhum caso..." O homenzinho sorri. "Pois é com prazer que lhe conto a história de meu próprio filho, que estava estudando engenharia na Universidade de Coimbra. Um dia leu o romance de Vossa Excelência, *Olhai os lírios do campo*, identificou-se de tal modo com a personagem principal masculina, o doutor Eugênio Fontes, e passou a interessar-se de tal modo pela profissão médica, que decidiu deixar a engenharia para estudar medicina. Hoje em dia está formado, tem uma excelente clínica e sente-se perfeitamente realizado na sua profissão." Que pode dizer este autor de histórias imaginárias senão que se rende diante desse fato da vida real?

46

O colecionador de burgos, o devorador de paisagens, o pintor irrealizado, o diletante da arquitetura e, acima de tudo, o romancista interessado nos seres humanos em geral — como são física e psicologicamente, como falam, gesticulam, trajam, amam, odeiam, divertem-se, entediam-se: o que comem, como cantam e dançam, quais são suas crenças e crendices, o que pensam do mundo, da vida e da morte — esse sujeito que sou ou imagino ser estava curioso por conhecer as terras e as gentes portuguesas que se encontram ao sul do Tejo.

Tinha entretanto a certeza de que nos quatro dias de que dispúnhamos para cobrir todo aquele território pouca coisa poderia aprender...

Antigamente, o Alentejo formava uma única província, a mais vasta de Portugal. Hoje está dividido em dois: o Alto e o Baixo Alentejo. Essa região me fascinava pelo que pudesse ter de pronunciadamente mediterrâneo, e pelo seu já perceptível sabor de Arábia, que haveria de acentuar-se no Algarve. (Não foi Luís XIV de França quem afirmou que a África começa nos Pireneus?)

Dias houve naquela excursão em que a luz do sol, quase mais prata que ouro, me lembrou a da Grécia. Os dois Alentejos são considerados o celeiro de Portugal. Produzem milho, cevada, centeio e principalmente trigo. Crescem em abundância nas vastas planícies alentejanas — onde de longe em longe se encontram charnecas e tratos de terra adusta e estéril onde a água é escassa — árvores de valor comercial como o sobreiro, a alfarrobeira e a azinheira. Do primeiro se extrai a cortiça, que é dos produtos de exportação mais importantes do país. Como o maior comprador da cortiça portuguesa é um governo com o qual Portugal não mantém relações diplomáticas, e onde vigora um regime abominado pelo salazarismo — a Rússia soviética —, a transação é feita por intermédio duma firma estrangeira — inglesa, imagino —, de modo que assim se salvam as aparências sem prejuízo para a economia nacional. (E a todas essas a caveira de Karl Marx continua a rir na sua sepultura, num cemitério de Londres.)

Ao cabo dessas duas curtas e apressadas excursões, creio que fiquei pelo menos com uma *idéia* das diferenças geográficas, climáticas e humanas existentes entre os dois grupos de províncias que o Tejo divide.

A vegetação do norte é mais abundante e rica em tonalidades que a do sul do grande rio. A população rural deste país acha-se concentrada principalmente entre os rios Mondego e Minho, territórios em que predomina o regime da pequena propriedade, e cujos habitantes se entregam à policultura. Pode-se dizer que, através dos tempos, eles vêm repintando a paisagem com os variados verdes de suas hortas, pomares e lavouras, bem como com a policromia de seus pequenos jardins particulares. Nos dois Alentejos e no Algarve, onde predomina o latifúndio com características feudais, encontramos vastas plantações de cereais e uma densidade não só populacional como também "vegetal" — digamos assim — menor que nas províncias setentrionais. Entre Lisboa e o Minho, bem como nas Beiras, as aldeias, vilas e cidades às vezes distavam uma da outra apenas um par de quilômetros — e não raro menos —, ao passo que nos Alentejos e no Algarve por vezes cruzávamos savanas pobres de verdes, onde só de raro em raro se avistava, em geral no alto duma colina, o alvo casario duma comunidade.

Quanto a temperamentos, tive a impressão de que os homens e mulheres do centro e do norte são mais alegres e comunicativos que o alentejano e o algarvio. Suspeito de que no território humano das províncias ao sul do Tejo a semente duma revolução social germinaria com mais facilidade do que em qualquer outra parte deste país — o Porto à parte, naturalmente. (Neste ponto devo lembrar ao leitor que lhe declarei no devido tempo que ia escrever um livro "impressionista", intuitivo e não estatístico.)

Guardo dessa visita aos dois Alentejos e ao Algarve a melhor das recordações, tanto de pessoas como de lugares e momentos. Ficaram-me nítidos na memória uns "quadros" alentejanos. Um pastor em pleno campo, de guarda-sol aberto, em meio de seu rebanho de merinos pretos. Um outro sentado à sombra duma alfarrobeira, comendo seu almoço trazido numa caixa cilíndrica toda feita de cortiça. Um bosque de azinheiras cujos troncos tinham sido recentemente despojados de seu córtex e que lá estavam como corpos humanos esfolados: e eu tive a impressão de que gemiam baixinho...

Duma feita pedi ao meu editor que fizesse parar o automóvel para que eu pudesse fotografar um bosque de azinheiras à luz do entardecer. Não nego que até cerca dos quarenta anos fui um tanto indiferente à natureza. Como já contei no primeiro tomo destas memórias, tive na infância e adolescência uma única "árvore de estimação". Hoje em dia, porém, a presença de árvores me encanta. Fico atento não apenas à cor e ao formato de suas folhas ou frutos, como também, e principalmente, ao desenho de seus troncos e galhos. Hora houve, naquela excursão através dos Alentejos, em que nosso BMW cruzou um olival, e eu tive — ou talvez quis ter — a impressão de que uma das oliveiras me acenava como se me quisesse contar algum segredo, transmitir-me algum recado muito importante. Faltou-me ânimo — ou teria sido pura inércia? — para pedir a Souza Pinto fizesse estacar o carro a fim de que eu saltasse para a estrada e fosse ouvir a árvore. Em breve o olival ficou para trás no espaço e, irrecuperavelmente, no tempo.

Se me pedissem para sugerir um símbolo gráfico para a idéia de tempo, eu indicaria sem hesitação a imagem duma oliveira. Por quê? Talvez por causa de suas conotações bíblicas, pelo aspecto sofrido de seus troncos e galhos e por tudo quanto o óleo que o fruto dessa árvore produz tem a ver com a vida e a morte: o óleo do batismo, o óleo da extrema-unção, enfim, o óleo que mantém acesas as lâmpadas, não só a dos templos, mas todas as lâmpadas do mundo que iluminam a noite dos homens.

47

Não me lembro da data, da hora nem do local. Mas duma feita Souza Pinto fez parar seu carro à beira duma grande plantação de centeio, onde muitos camponeses, homens e mulheres, estavam em atividade. Queria que víssemos de perto o trabalhador rural alentejano. Os homens, sem nenhuma nota de cor viva nas suas roupas de trabalho, manejavam foices de cabo curto, tinham as cabeças cobertas por um chapéu de feltro de abas largas e copa redonda. Em épocas de safra muitos são os camponeses que descem das Beiras ou sobem do Algarve para trabalhar como jornaleiros nas plantações destes "montes" alentejanos.

As mulheres — em sua maioria de tez morena e rosto oval, algumas bastante bonitas —, antes de começar a lida de cada dia, metem e prendem as saias entre as pernas transformando-as numa espécie de bombacha. Usam um chapéu como o dos homens por cima do lenço estampado que lhes cobre a cabeça, protegendo-lhes o pescoço dos raios do sol.

Noto que os trabalhadores todos estão calçados de tamancos ou alpargatas. Jorge de Sena me explica que seria perigoso andar descalço neste solo áspero, riçado de pedras pontiagudas. Informa-me também que os proprietários destes "montes" pagam aos empregados um salário de fome. Contaram-lhe que um desses barões feudais, que remuneram tão mal seus homens, há pouco comprou, como presente de aniversário à sua esposa, uma jóia que custou meio milhão de escudos.

Costuma-se dizer que os Alentejos são a terra do pão, que é a base da alimentação desta gente pobre. Seu prato de "sustância" é a açorda, uma sopa feita com pão e temperada com azeite e vinagre aromatizado com coentro ou hortelã. (Como era diferente a açorda que d. Bega nos fazia nas tardinhas de chuva em Cruz Alta!) Outro prato popular alentejano são as migas, também muito apreciadas na Espanha. No domínio da culinária há ainda outra importação espanhola, o gaspacho, sopa que pode ser tomada fria ou quente, feita de pedaços de pão velho e água misturada com azeite e condimentada com cebola crua e vinagre.

Tento estabelecer um diálogo com um dos trabalhadores, mas o homem, após certa relutância, me responde em monossílabos para mim ininteligíveis. Penso em puxar conversa com a rapariga que vejo a poucos passos de mim, mas a proximidade dum camponês com uma foice na mão me desencoraja. Jorge de Sena mais tarde me diria que o alentejano é em geral um homem solitário e dum terrível orgulho pessoal. Tirei um tanto furtivamente umas quatro fotos coloridas dos trabalhadores daquela plantação. É curioso — refleti com vago amargor — como do ponto de vista plástico a miséria é sempre mais pitoresca do que a riqueza.

Relembrando agora, após dezesseis anos, os lugares por onde passamos durante aquela excursão através do Alto Alentejo, concluo que enganadores são os mapas da memória, cujos cartógrafos, por doidice ou puro espírito galhofeiro, divertem-se à nossa custa, alterando em nossa mente a posição no espaço de aldeias, vilas, cidades, montanhas, rios e até países inteiros, desmentindo os cartógrafos profissionais, autores desses mapas aceitos nos colégios como corretos... pelo menos até a próxima guerra, naturalmente. É que, examinando uma cópia do itinerário transtejano, verifico que não chegamos sequer a passar por Estremoz, e no entanto lembro-me vivamente não só de ter visto como até entrado nessa vila situada ao nordeste de Évora, segundo os mapas oficiais. Avistei-a primeiro de longe, no alto de sua colina, em meio duma savana forrada de olivais, trêmula e meio apagada como uma miragem. Minutos mais tarde, nítida, com as paredes caiadas de suas casas resplandecendo ao sol. Tenho a idéia de que entramos na parte baixa da vila, deixamos o carro numa praça (creio que chegou a hora de confessar ao leitor que tenho também um fraco pelas praças) e que foi lá que comecei a prestar atenção às famosas chaminés de Alentejo, que se erguem vistosas e altas, acima dos telhados, nas formas mais curiosas: torres, faróis, caixas dos mais variados e graciosos formatos, muitas delas com inscrições traçadas em azul contra o branco da cal — pinturas de aves, flores e outros ornamentos. A mais viva lembrança que guardo dessa misteriosa visita a Estremoz é da sua parte alta e mais antiga, atrás do velho castelo, cuja torre de menagem está ainda relativamente bem conservada: ruas estreitas, sinuosas, com muitas rampas, casinhas brancas dum asseio exemplar, as janelas com vasos floridos, inúmeras delas com molduras de mármore, e principalmente uma atmosfera de intemporalidade a envolver pessoas, bichos e coisas.

Essa real ou imaginária visita foi curta. *Navigare est necesse*, isto é, tínhamos de ganhar de novo a estrada se quiséssemos chegar à hora certa em Évora, onde éramos esperados para cumprir um largo programa. (Explicação necessária: na minha opinião o que *est necesse* mesmo é *vivere*, mesmo porque morto não navega, que eu saiba.)

Outro lugar inesquecível que visitamos foi Reguengos de Monsaraz. Rodeada de muralhas medievais, essa vila é dominada pelas torres dum castelo que o rei d. Afonso Henriques arrebatou aos mouros em 1167. Caminhando com os meus companheiros de viagem pela sua pequena praça, segredei à minha mulher: "Hoje aqui é quinta-feira, 4 de março, mas de 1167 e não de 1959. Eu não ficaria espantado se de repente nos surgisse pela frente, numa destas ruelas, um templário metido em sua armadura, viseira erguida, lança em punho, montando um ginete ajaezado". O que mais me sensibilizou em Reguengos de Monsaraz foi a sua parte mais antiga e rústica, situada no alto dum rochedo, com suas casinhas brancas e limpas, e umas suaves velhinhas que fiavam ou bordavam junto das janelas de suas residências de aspecto árabe, para dentro das quais espiei despudorada mas enternecidamente. Quando passávamos, elas erguiam para nós os olhos de pálpebras pregueadas, pupilas líquidas, mas não pareciam dar por nossa presença, pois deviam estar contemplando o tempo delas, não o nosso. Baixavam logo a cabeça para o trabalho que faziam e, a roca numa das mãos, continuavam a fiar com dedos ainda ágeis. Também não esqueci os burricos de Monsaraz, com cincerros pendentes do pescoço, canastras sobre o lombo. Um deles ficou por um momento em pânico no meio da estrada, na frente de nosso automóvel. Tive ímpetos de descer, acariciar-lhe o pêlo, pedir-lhe desculpas pelo susto e perguntar-lhe — só para puxar conversa — se por acaso tinha ouvido falar em dois poetas que amavam todos os burrinhos do mundo: o francês Francis Jammes e o brasileiro Álvaro Moreyra... Confesso que foi com um certo constrangimento que fotografei disfarçadamente as velhinhas, os burrinhos e as casas daquele bairro antiqüíssimo de Monsaraz, de onde se avistam terras da Espanha.

Outra coisa que me comoveu nesse burgo perdido no passado foi a sua indústria caseira de mantas, onde se empregam ainda teares como os do século XIII, movidos a pedal. Estou convencido de que toda aquela parte do leste alentejano tem um sortilégio capaz de fazer o tempo parar.

48

Você, leitor, já experimentou a sensação de ver uma mulher pela primeira vez e, mesmo antes de trocar com ela uma palavra sequer, sentir que a criatura vai ser — já é! — o grande amor de sua vida? Pois coisa parecida aconteceu comigo quando avistei de longe a cidade de Évora, clara e serena no alto de sua colina, em meio duma planura riscada de estradas bucólicas debruadas de oliveiras, azinheiras e alfarrobeiras. Seriam aproximadamente onze horas de nossa primeira manhã alentejana. Que sabia eu de Évora? Fundada pelos conquistadores romanos no século I a. C., com o nome de Liberalitas Julia, caiu em poder dos visigodos lá pelo ano de 585 da Era Cristã, mas menos de um século e meio mais tarde foi submetida aos muçulmanos, sob cujo governo permaneceu durante mais de oito séculos. A Ébora dos sarracenos foi libertada em 1166, transformando-se então na Évora dos portugueses. E agora, passados quase mil anos, nosso BMW transpõe suas muralhas sem encontrar a menor resistência, e aqui se manda por tortuosas e estreitas vias, rumo do centro. Durante o curto trajeto permaneço em silêncio, tomado dessa alvoroçada expectativa de menino antigo em noite de circo de cavalinhos. Mal ouço o que dizem meus companheiros de viagem, olho dum lado para outro pelas janelas do automóvel — convencido já de que nas pedras de Évora poderá a gente aprender muito da história política e arquitetônica de Portugal. (Fuzilem-me sumariamente, sem piedade, ó leitores, se eu afirmar que a capital do Alentejo é uma cidade-museu. Mas é!)

O carro estaca à frente dum grande edifício, a poucos passos dum chafariz. Espera-nos ali uma pequena comissão formada de cavalheiros bem-vestidos, nos quais sinto logo o sarro oficial. São gentilíssimos e protocolares. Bem-vindos a Évora! Muito obrigado! Fizeram boa viagem? Ótima, ótima! Minha atenção passeia pelo largo, concentra-se no chafariz, segue as arcadas que orlam a calçada, fixa-se na gente que passa...

Estou intrigado. A esta altura de minha permanência em Portugal o governo deve saber muito bem qual é minha posição perante o regime político que vigora no país. Tenho sido bastante explícito em todas as conferências que até agora fiz. De resto, mil pares de olhos, ouvidos e tentáculos possui esse polvo que é a PIDE. Por que temos tido agora recepções semi-oficiais?

Hospedamo-nos numa pensão de saborosa atmosfera rústica, praticamente a dois passos da praça do Geraldo. Duma das janelas de nosso quarto, num segundo andar, avisto uma paisagem de telhados, fundos de casas com terraços enfeitados de vasos com gerânios vermelhos, gaiolas com passarinhos, roupas a secar e gatos. "Está no papo!", exclamo, mais para mim mesmo do que para Mafalda, que está desfazendo as malas, ou para nosso filho, que veio fazer-nos uma de suas proverbiais visitas mudas, e que se encontra agora de olhos cerrados, estendido numa das camas. "Que é que está no papo?", quer saber a companheira. "Évora", respondo. "Vai para a minha burgoteca, como uma de suas peças mais valiosas. Tenho a intuição de que estamos talvez na mais bela cidade de Portugal." Mafalda mostra-me uma cópia de nosso itinerário para o Alentejo e o Algarve. "Sinto muito ter de te dar uma péssima notícia", diz. "Sabes quanto tempo vamos ficar em Évora? Pouco mais de vinte e quatro horas, sem descontar a sessão de autógrafos esta tarde, e a conferência à noite." Examino o papel, incrédulo. "Impossível! Preciso pelo menos duma semana para começar a conhecer esta cidade." Penso na praça do Geraldo, com suas casas claras de quatro andares, as arcadas ao longo das calçadas, o pavimento de paralelepípedos... sim, e a fonte perto da igreja, na forma duma grande compoteira, encimada por uma coroa de cobre: a fonte feita decerto com o mármore de Estremoz, um mármore tão impregnado de tempo e história, um mármore tão vívido que nem me produziu a funérea alergia habitual... Estendo-me também na cama e digo: "Imagina Évora sob o coturno dos centuriões romanos, Évora sob o domínio dos bárbaros do Norte, os visigodos... e finalmente a Ébora dos sarracenos, com seus pátios com fontes, seus califas, seus serralhos, seus damascos, suas mesquitas e minaretes, uma Évora das mil e uma noites... Pensa na invasão das tropas portuguesas comandadas pelos cavaleiros templários. Quanto sangue manchou o chão desse largo, que tem hoje o doméstico nome de praça do Geraldo!". (Ouço a respiração forte e regular de Luis Fernando, que pegou no sono.) Prossigo, mais resmungando do que falando, pois, mesmo quando estou entusiasmado por um tema, não consigo discorrer sobre ele com voz quente e palavras bem articuladas. "E enfim veio o cristianismo, a religião do amor. Trouxe, entre outras benesses, a Inquisição..." Mafalda me interrompe: "Fala o herege". Continuo: "Viste a igreja de Santo Antão, perto da fonte? Meio feioca, devemos reconhecer... Era do átrio desse templo do amor cristão que os arautos do Santo Ofício costumavam ler as sentenças de morte. Os hereges eram queimados no centro desse largo, hoje de aspecto tão plácido. Em certa ocasião, quando andou havendo barulho por aqui, na época em que se discutia se o Mestre de Avis devia ou não ser feito rei de Portugal, a multidão massacrou e depois arrastou pelo chão o corpo ensangüentado e seminu da senhora abadessa do Convento de São Bento. Mas os tempos melhoraram, concordo. A Inquisição foi abolida. A Europa inteira acabou aceitando (da boca para fora, pelo menos) a doutrina de Cristo. No entanto a decantada civilização cristã ocidental não pôde evitar hecatombes como a dessas duas grandes guerras de nosso século; nem os campos de concentração, o ódio racial, as torturas, os fornos de extermínação, e genocídios como os de Hiroshima, Nagasaki, Dresden...". Faço uma pausa e minha mulher observa: "Estás atacando injustamente o cristianismo só porque nosso itinerário não vai te permitir ver Évora como desejavas". "Talvez", respondo. E ela: "Bom, daqui a pouco temos um almoço. Se queres usar primeiro o quarto de banho, vai, que eu espero". Vou. Nu sob o jorro tépido, ensabôo-me com vigor. Meu pensamento voa para a adolescência. Cruz Alta! Meu irmão tinha inventado um chuveiro romântico ao ar livre. Fez muitos furos numa lata de querosene e pendurou-a num galho de árvore num canto de muro de nosso quintal, por entre glicínias. Na primavera era um prazer a gente ir à tardinha tomar uma ducha. Puxava o arame da engenhoca e a água nos caía na cabeça, nos ombros, de mistura com pétalas de glicínias, de doce perfume. A vida era boa e eu costumava cantar trechos de ópera nesses momentos de euforia. Um dia, no auge duma ária (se não me engana a memória, eu era o Rodolfo, de *La Bohème*), ao tentar atingir a nota mais aguda, puxei com tal força no arame, que a lata se desprendeu do galho e me caiu em cheio na cabeça. Minha sorte foi que no poético chuveiro havia já pouquíssima água, de modo que o impacto não foi suficientemente forte para me quebrar o pescoço. Imprevisível memória, que me traz na Évora de 1959 esse episódio da Cruz Alta de 1927. E atrás dessa lembrança vem outra da mesma época. Estou deitado num sofá de rodas, entretido na leitura duma brochura intitulada *A Bruxa de Évora*. Agora aqui estou, na própria Évora, que é uma bruxa que já me enfeitiçou. Mafalda bate à porta: "Depressa. É quase meio-dia". Respondo que estou pronto. E penso: "Será que vamos ter figurões do governo nesse almoço?".

49

Deo gratias! (Não faz nenhum mal a gente usar um pouco de latim nesta cidade tão antiga, com tantas igrejas, conventos e claustros.) O almoço nos é oferecido por escritores e artistas da oposição. Contados os membros da caravana, somos umas dezoito pessoas ao redor duma mesa, na Taverna do Gião — ambiente bem alentejano, paredes brancas, traves de madeira no teto, pratos de cobre nas paredes, louça de Estremoz... Estou sentado entre dois portugueses que admiro e estimo, e que, após alguns minutos de conversação, já posso considerar meus amigos: Maria Lamas e Vergílio Ferreira. Eu conhecia a odisséia dessa brava intelectual portuguesa perseguida pela polícia salazarista e que tem passado alguns anos de sua vida em forçados exílios. É uma senhora de meia-idade, de pele trigueira e cabelos grisalhos, belas feições serenas, manso o gesto, suave a voz... Quanto a Vergílio Ferreira, que terá pouco mais de quarenta anos, é um homem cuja face inspira simpatia e confiança. Fala pouco e sabe escutar. Nota-se-lhe nos olhos uma expressão de desalento, de desesperança. Conheço dele apenas um livro, um de seus primeiros romances, ainda do tempo em que os críticos lhe haviam pespegado o rótulo de neo-realista. É possível que Ferreira tivesse pertencido a essa escola, mas nos seus últimos romances tem-se agora revelado um escritor aberto aos problemas existenciais do homem. (Um ano mais tarde Vergílio me enviaria o seu *Aparição*, admirável história psicológica sobre a qual o crítico João Gaspar Simões viria a escrever: "Eis-nos sem dúvida perante um dos romances mais notáveis escritos em língua portuguesa depois de Eça de Queirós".) Não sei, não pergunto e creio até que não desejo saber se Vergílio Ferreira leu algum de meus livros. Estou certo de que, entre os intelectuais portugueses que me têm recebido tão cordialmente, haverá muitos — provavelmente a maioria — que nunca abriram um livro de minha autoria ou, se abriram e leram, não gostaram ou ficaram indiferentes. Nada disso, porém, me preocupa. O importante é que eles parecem ver em mim um companheiro de lutas democráticas. Isso, sim, me alegra.

Nosso almoço é dos mais cordiais. Falamos da situação portuguesa, da brasileira e da mundial. Discutimos livros e autores. Confesso minha paixão à primeira vista por Évora.

Enquanto conversamos, numa saleta contígua um grupo de camponeses alentejanos canta canções folclóricas a capela. São cantigas dolentes, com algo de nostálgico e que me fazem pensar nas planuras do Alentejo. Acho curiosas aquelas vozes, que tanto se parecem com as dos cantores japoneses. Se tivesse de escolher adjetivos para qualificá-las, eu diria que são ovais, apertadas, espremidas, quase um uivo. Mas a polifonia é admirável. Quanto de Arábia terá ficado nessas vozes? Fazemos longos silêncios para escutá-las. Num intervalo entre duas canções vou à sala dos cantores, onde encontro oito homens, o mais velho dos quais talvez não tenha ainda trinta anos. Vestem todos o *pelico*, um casaco feito de pele de borrego com o pêlo pardo voltado para fora, *grosso modo* uma espécie de casaca, mas sem mangas e com espessas e fofas ombreiras. Aperto-lhes as mãos, troco com eles algumas palavras, faço-lhes algumas perguntas. Não sei se me entendem ou se os entendo. Um dos cantores me lembra um amigo brasileiro. Quando volto à mesa, digo a minha mulher: "Olha, o Glauco Rodrigues abandonou a pintura no Brasil e veio dedicar-se à agricultura e ao canto em Portugal".

Ao fim do jantar, sem nenhum discurso solene, nossos amigos portugueses nos dão um presente precioso: um candelabro de latão do século XVIII. Sua base, a haste e parte do depósito de óleo são originais: o resto foi reconstituído. Agora, enquanto escrevo estas linhas, tenho diante dos olhos o candeeiro e, por um desses milagres da imaginação, vejo espelhadas no seu refletor as faces dos amigos com os quais almoçamos certo dia de primavera numa taverna, na cidade de Évora. E aos meus ouvidos interiores voltam, apagadas e tristes, quase gemidas, as cantigas dos pastores do Alentejo.

Depois do almoço no Gião, minha mulher, Luis Fernando e eu saímos a burlequear pelas ruas da cidade, na companhia de Vergílio Ferreira e Jorge de Sena. A cada passo éramos interrompidos por eborenses que nos queriam apertar a mão e que, em alguns casos, acabavam por juntar-se ao grupo, seguindo-nos, de maneira que em breve éramos já um bando de tamanho capaz de provocar suspeitas na polícia política local.

O primeiro monumento que vimos de perto foi o chamado Templo de Diana, construção greco-romana que data do século II ou III d. C. De suas 22 colunas originais sobre o soclo quadrado — colunas caneladas, com fustes de granito, capitéis coríntios e base de mármore — restam completas todas as da face norte. No lado leste, apenas quatro. No oeste, só vejo duas inteiras: as outras duas estão decapitadas, quero dizer, sem capitéis. Na parte que dá para o sul, não sobrou nenhuma. (Essas minúcias, amigos, não devem ser levadas a crédito de minha memória: vão por conta duma fotografia do templo que aqui tenho a meu lado, no momento em que escrevo.)

Meu editor, homem prático e previdente, teve o cuidado de nos seguir ao volante de seu automóvel, de sorte que pudemos mover-nos com mais rapidez quando necessário, apesar de muitos dos monumentos arquitetônicos de Évora encontrarem-se relativamente perto uns dos outros.

Eu levava a tiracolo minha câmara, mas estava já convencido de que era inútil tentar fotografar Évora em cores, pois a capital do Alto Alentejo é uma cidade desenhada a bico-de-pena, em preto-e-branco, parece-mo à primeira vista. Se o observador tiver um olho atento às cores, acabará descobrindo aqui e ali, no corpo da cidade, tons fugidios de sépia e azul, e, com alguma freqüência, barras verticais ou horizontais, dum amarelo desmaiado de mostarda, pintadas nas fachadas dos edifícios, nas molduras das janelas manuelinas, que as há, muitas e lindas, nessas mansões quinhentistas e medievais que a gente vai encontrando de susto em susto, à medida que caminha por estas ruas pavimentadas de pedras gris. A cor predominante em Évora é o branco, o que lhe dá um ar oriental. Nunca imaginei que se pudessem casar em tamanha harmonia nas construções duma mesma cidade elementos visigóticos, romanos, mudéjares, góticos e manuelinos. Durante mais de uma hora e meia andamos dum lado para outro — e eu sempre procurando meter-me em becos que prometem surpresas. Ah! O beco do Genaro, perto da igreja da Graça, com seus arcos, casas caiadas, sacadas de ferro batido, lampiões pendentes de arcos, escalinatas, mulheres vestidas de negro como para não destoar do esquema de cores de sua cidade. Dedicamos apenas dois minutos à elaborada janela manuelina dum solar que tinha direito pelo menos a meia hora de atenção. E assim continuamos por aquelas vias tortuosas de calçadas estreitas, olhando sotéias, mirantes, torres, sacadas...

Mal pudemos cumprimentar de passagem (a hora da sessão de autógrafos aproximava-se) a Sé, curiosa construção híbrida com duas torres desiguais — começada sob a influência do estilo românico, no século XII, e terminada já na voga do gótico. Mas vi e admirei sua porta ogival com as imagens dos doze Apóstolos em cima de capitéis ornados de folhas e sustentados por magras colunas.

Tive um de meus orgasmos urbanísticos na Porta de Moura, um largo de calçamento sugestivamente irregular, onde se encontra outro chafariz — um quadrilátero de mármore em cujo centro se vê, sustentada por uma haste no formato de pé de piano, uma esfera donde a água escorre.

50

A sessão de autógrafos começou exatamente à hora marcada. Foi no salão de uma das maiores livrarias locais. Durou mais de duas horas. Meu editor assegura-me que assinei 980 volumes. Desfilaram pela frente da pequena mesa a que eu estava sentado mulheres e homens das mais variadas idades e classes sociais, gente de boa vontade como a que eu já encontrara nas províncias ao norte do Tejo. Muitos deles me fizeram indagações comovedoras sobre o destino de várias personagens de meus romances, como se se tratasse de criaturas da vida real.

Voltamos para o hotel a pé, na quietude daquele anoitecer. Muitas pessoas nos seguiram. Algumas delas me vieram fazer perguntas que não tinham tido a oportunidade de formular durante a sessão. Em breve éramos uma pequena multidão a caminhar sob as arcadas da praça do Geraldo. As luzes da cidade estavam já acesas. Era tudo muito estranho. Em que época estávamos? Em que mundo? Quem era eu?

Entrei numa farmácia para comprar um dentifrício. O farmacêutico que me veio atender sorriu, como a um velho conhecido. Embrulhou a mercadoria que eu pedira e, quando lhe perguntei quanto custava, respondeu: "Ora e essa! Ouvi dizer que Vossa Excelência já foi farmacêutico, pois não? Somos, portanto, colegas. Não custa nada!". Estendeu-me a mão, que apertei, agradecido.

No quarto do hotel atirei-me na cama. Procurei entre papéis que guardava numa pasta uma das muitas cartas que recebera em Lisboa. Suas duas últimas linhas me haviam intrigado e ao mesmo tempo divertido. Reli-as em voz alta: "Se vier a Évora, por favor, não me procure. Casei-me, e temo que meu marido não saiba compreender... Sua amiga devotada". E lá estava a assinatura, em tinta roxa, numa letra redonda de colegial. O nome não me dizia nada. Quando no Brasil, costumava responder às cartas que me chegavam de Portugal, algumas contendo confidências de ordem sentimental. Mafalda sorriu e observou: "Então isso é carta que um avô receba?". Fiquei por um instante pensativo, depois resmunguei: "Não é impossível que essa misteriosa amiga esteja hoje à noite na conferência". "Sim, ao lado dum marido bigodudo e sério, que deve detestar literatos."

51

Falei ao mesmo tempo em dois salões da Biblioteca Pública. Ambos formavam um ângulo reto em cujo vértice estava o estrado do conferencista e o microfone. Por uma porta larga eu podia ver parte de uma das salas — digamos, um terço do público que a enchia. Olhando para a frente, eu via a outra sala inteira. Fui apresentado ao auditório por um representante do governador civil. O apresentador fez elogios a minha obra literária mas dum modo em que se notava claramente que ele nunca havia lido uma página sequer de meus livros. Lembrou os laços de amizade que uniam Portugal ao Brasil e esperou que a conferência que eu ia proferir contribuísse para estreitá-los ainda mais.

Na primeira fila de uma das salas vi cavalheiros com ares de importância, desses que a imprensa em geral designa como sendo "autoridades civis, militares e eclesiásticas". Lá estava um homem grande e forte, de batina negra e meias cor de púrpura. Um monsenhor? Um bispo?

Falei. Segui a rotina, da qual já estava enfarado. Tive a impressão de estar contando mentiras — o que não era verdade. Finalmente, para que as autoridades civis, militares e eclesiásticas não tivessem ilusões a meu respeito, falei contra os governos totalitários e dissertei sobre a necessidade que tem todo homem de liberdade. Liberdade de credo, de reunião, de locomoção, de acesso às fontes de informação. E — que diabo! — liberdade para escolher seus governantes! Depois veio o período de perguntas e respostas, que me deu a oportunidade de deixar ainda mais clara minha posição política. E a conferência me saiu mais longa do que eu esperava e desejava. E do que minha canseira permitia.

Levei ainda muito tempo para me desvencilhar dos que vieram me fazer perguntas, terminada a palestra. Por fim reuni-me aos companheiros de caravana e mais Maria Lamas e Vergílio Ferreira e saímos todos para a noite fria rumo da praça do Geraldo, àquela hora quase deserta.

No dia seguinte pela manhã deixamos Évora. Mafalda, como eu, estava embruxada pela cidade. Luis Fernando não nos disse uma única palavra sobre a capital do Alentejo. Mas anos mais tarde, já casado e financeiramente independente, ao visitar de novo a Europa com a jovem esposa, voltaria a Portugal "*expressamente para rever Évora*".

52

Quando descemos do automóvel à frente do velho castelo de Vila Viçosa, o sino de uma das muitas igrejas e conventos do lugar começava a bater as primeiras badaladas do meio-dia. Um castelo medieval! — exclamou esse às vezes inconveniente menino que insiste em ser ainda locatário de uma das alcovas secretas do meu ser. Evocou alvoroçadamente os romances de Walter Scott que lera, meteu-se na pele de Ricardo Coração de Leão e foi a um tempo vários dos Cavaleiros da Távola Redonda. O adulto, entretanto, não se sentia nos seus melhores dias, e a principal razão disso devia ser — mistérios da psique à parte — o fato de a manhã estar cinzenta, o céu nublado e a temperatura baixa. Nada disso, porém, me impedia de apreciar aquele castelo com torreões, ameias, ponte levadiça, fosso, e com suas paredes roídas pela lepra do tempo.

Examino de perto o fosso, em cujo fundo, por entre poças duma água verdoenga, pavões brancos pavoneiam-se. (Que outra coisa podem fazer?)

Vem a nosso encontro o prof. Hernani Cidade, ensaísta, historiador, mestre admirável, fiel amigo do Brasil. É um homem retaco, moreno, olhos negros e vivos, feições aliciantes, ainda empertigado e ágil nos seus 72 anos. Abraçamo-nos. Tínhamos já nos encontrado em Lisboa, na recepção que nos oferecera o embaixador do Brasil.

Atravessamos todos a ponte levadiça e entramos no castelo, cujo interior estava frio como uma tumba. (Observem mais uma vez o perigo dos alçapões que nos armam os hábitos lingüísticos acumpliciados com nossa preguiça mental. Por que há de ser um túmulo sempre necessariamente frio?) Seguimos mestre Cidade por um corredor que nos levou a uma sala onde nos esperava Sua Excelência Reverendíssima d. Manuel Trindade Salgueiro, arcebispo de Évora, que veio sorridente a nosso encontro, os braços estendidos. Apesar de católica razoavelmente praticante, Mafalda não lhe beijou o anel. Nem eu, claro, mas apertei-lhe calorosamente a mão. D. Manuel era uma figura imponente. Parecia um bispo de cinema. Idade? Difícil calcular. Tinha os cabelos quase completamente brancos mas as feições jovens e de fino desenho. Tanto poderia estar no último quilômetro que leva à estação dos sessenta como ter já passado dela havia muito. Suas negras vestes arquiepiscopais, a larga faixa roxa, a grande capa preta forrada de seda escarlate pareciam aumentar-lhe a estatura. Suas maneiras eram impecáveis, sua voz, de bom timbre, suas mãos, fidalgas. (Lembrei-me de que alguém me dissera que aquele príncipe da Igreja descendia de uma humilde família de camponeses.) Era com gestos harmoniosos, quase musicais, que de quando em quando d. Manuel ajeitava sua capa ou apalpava com a ponta dos dedos bem manicurados o crucifixo de metal que lhe pendia do pescoço. Terminadas as apresentações e os cumprimentos, fomos levados para uma sala maior, onde estava posta a mesa do almoço, estreita e longa, de tipo medieval, e debaixo da qual havia uma grande braseira acesa. O prof. Cidade aconselhou-nos que conservássemos vestidos nossos casacões. Eu examinava a sala, pensando em d. Dinis e outros reis que por ali deviam ter passado. Cruzou-me a mente, numa imagem relâmpago, meu avô Aníbal Lopes da Silva dormindo ao relento, numa noite de inverno gaúcho, debaixo de sua carreta, em pleno campo, ainda vivas as brasas do fogo em que cozinhara o seu arroz-de-carreteiro.

Sentamo-nos à mesa. Mafalda ficou à frente do arcebispo e eu à direita dele. Além de Souza Pinto, Jorge de Sena e Luis Fernando, estava àquela mesa uma convidada: a esposa dum professor e escritor brasileiro que eu admirava mas ainda não conhecia pessoalmente, o prof. Thiers Martins Moreira. Ela me olhava sorrindo e eu percebia um brilho de brasileira malícia em seus olhos quando analisava o quadro que tinha à sua frente: um prelado da Igreja Católica inclinado para um escritor cujos livros eram então proibidos pelo clero brasileiro por imorais, subversivos e hereges.

Para usar duma expressão muito empregada em minha casa de Cruz Alta, eu sentia uma fome canina, mas fome de cachorro sem dono. Dois garçons entraram na sala com travessas. Um deles aproximou-se das damas. O outro serviu d. Manuel, que gentilmente se prontificou a servir-me primeiro, o que fez pessoalmente com lentidão, parando às vezes com a colher no ar, acima de meu prato, para terminar a sentença que começara. Serviu-me com tamanha parcimônia, que me deixou frustrado. Num certo momento olhei para meu editor e este, compreendendo tudo, me sorriu um sorriso pícaro.

Quando finalmente todos estavam já servidos, começamos a comer. O prof. Cidade, sentado à minha frente, pôs-se a falar sobre Vila Viçosa, a princípio uma obscura aldeia conhecida pelo nome de Vale Viçoso. Fora o rei d. Dinis quem mandara construir o castelo onde nos encontrávamos, e cercar a aldeia de muralhas. O sr. arcebispo interrompe-o: "Mas Vila Viçosa foi por assim dizer posta no mapa de Portugal quando os duques de Bragança tomaram-se de amores por ela e um deles mandou construir aqui o Palácio Ducal". D. Manuel fez um largo gesto teatral: "O meu amigo V'rissimo deve conhecer bem a história de Portugal, pois não?". Respondi que era vergonhoso, mas não conhecia... E então Sua Excelência Reverendíssima pôs-se a falar dos tempos em que o palácio dos Bragança passara a ser um solar cortesão. Descreveu com um entusiasmo que me pareceu um tanto mundano e pagão as festas palacianas, os bailes, os banquetes, os fogos de artifício, as corridas de cavalos e touros, as liças, as intrigas políticas... "Grandes dias para Vila Viçosa! E sabem", continuou, "sabem quando começou o declínio deste lugar? Foi quando o duque de Bragança, feito rei de Portugal como d. Manuel I, teve naturalmente de passar a maior parte de seu tempo na corte, em Lisboa, preocupado com os negócios de Estado."

Veio o segundo prato. Minha fome continuava. D. Manuel tornou a servir-me. Belas eram suas mãos, mas demasiadamente lentas e econômicas. Mínima a quantidade de alimento que deixavam a meu dispor. "Quem construiu o Palácio Ducal...", prosseguiu o arcebispo. E nesse ponto o prof. Cidade interrompeu-o para me esclarecer: "É o solar onde você vai fazer esta tarde sua conferência... Perdão, dom Manuel, continue". O prelado, que comia como um passarinho, prosseguiu: "Pois, como dizia eu, o Palácio Ducal, que é uma jóia arquitetônica, foi mandado construir em 1501 por dom Jaime, o quarto duque de Bragança, homem profundamente religioso, com forte vocação monástica. Devemos a ele muitas das igrejas e conventos que se ergueram nesta vila...". O olhar de Jorge de Sena e o meu encontraram-se, e ambos sorrimos. D. Manuel omitia um capítulo crucial da vida dramática de d. Jaime de Bragança — um episódio que meu companheiro de viagem me contara no caminho entre Évora e Vila Viçosa. Casado com d. Leonor, d. Jaime, que era um psicopata atormentado por ciúmes doentios, suspeitando de que sua mulher era amante do pajem António Alcoforado, mandou matar esse jovem fidalgo. E uma noite acordou todos os criados do palácio e, diante deles, assassinou a própria esposa com uma punhalada. Atormentado de remorsos — pois ficou provado mais tarde que a pobre senhora era inocente —, d. Jaime decidiu fazer penitência. Não foi para o deserto como um eremita, não se recolheu a um mosteiro, não se flagelou, não subiu de joelhos nenhuma escada de pedras. Simplesmente, para redimir-se de seus pecados, resolveu empreender uma cruzada particular. Para tanto, pediu a seu parente, o rei d. Manuel, 18 mil homens e quatrocentas caravelas, fez-se ao mar e atacou e tomou facilmente Azamor, na África.

Veio o terceiro prato. De novo as bem esculpidas mãos do arcebispo de Évora pairavam sobre o meu prato. Examino-lhe o anel arcebispal. Estava já resignado à minha ração. Sua Excelência Reverendíssima perguntou-me se nunca sentira nenhum chamado de Cristo. Respondi que não, mas tive o cuidado de acrescentar "infelizmente". D. Manuel falou em Bernanos, Mauriac, Péguy, Blondel, Bloy e outros escritores católicos. "Nunca entrou em nenhuma crise religiosa? Nunca sentiu a necessidade da Fé?" Olhei para a sra. Moreira, que continuava a sorrir maliciosamente. "Bom...", comecei. Mas o prelado me interrompeu: "É uma questão de ser ou não tocado pela Graça", disse ele, como se me quisesse ajudar. "Nem todos têm esse privilégio." Rolei entre os dedos uma bolota de miolo de pão e observei: "Então quer Vossa Excelência Reverendíssima insinuar que, na distribuição da Graça, Deus costuma fazer discriminações?". D. Manuel brincou com o crucifixo, sorriu. "O problema não é tão simples assim. Talvez um dia, quando o meu amigo passar dos sessenta anos, venha a compreender por si mesmo o mistério." A conversa generalizou-se. Veio o prato de frutas. Depois a sobremesa. Por fim o café. O prof. Cidade ergueu-se e fez um breve discurso, oferecendo-nos aquele almoço em nome da Fundação da Casa de Bragança, que ele representava. Mal o orador terminou sua fala, ergui-me para agradecer, mas o arcebispo pôs uma das mãos em meu ombro e fez-me sentar. "Agora falo eu!" Começou sua oração dizendo que havia de parecer estranho que um sacerdote católico lesse os livros dum escritor considerado por muitos ateu e dissoluto. "Mas acontece, meu caro V'rissimo, que antes de mais nada o que vejo em seus romances é principalmente sua *ialma* de cristão." Terminou dizendo de sua esperança de que um dia eu fosse tocado pela luz do Espírito Santo. Falou com fluência, belos gestos, bem impostada voz. E, quando tornou a sentar-se, apertei-lhe a mão, levantei-me e pronunciei algumas palavras de agradecimento, aproveitando a oportunidade para dizer que eu me considerava religioso, se não em teoria, pelo menos na prática. Disse de minha aversão a toda e qualquer espécie de violência, e de minha grande reverência por todas as formas de vida. E, como as brasas sob a mesa se estavam apagando e o frio aumentava naquela sala de pedra, não consegui dar o necessário calor às minhas palavras, que me soaram um tanto frias e cinzentas.

Quando saímos do castelo — lembro-me desse momento claramente —, soprava um vento de inverno. E, quando o sr. arcebispo de Évora atravessava a ponte levadiça, o vento ergueu-lhe a capa, e o prelado então me pareceu um grande e misterioso pássaro negro e vermelho contra aquele fundo medieval. Despedimo-nos. "Estarei na sua conferência esta tarde", prometeu d. Manuel. E nos separamos.

53

Causou-nos grande impressão o Palácio Ducal. Fomos apresentados à sua porta ao mordomo, figura muito popular em Vila Viçosa. É um homem corpulento de basta cabeleira leonina, já branca, e valentes bigodões. Seu uniforme vistoso — dólmã azul com botões dourados, calças negras — dá-lhe um aspecto de general de opereta. Afirmam alguns mexeriqueiros que ele tem nas veias o sangue dos Bragança, pois se parece muito com d. Manuel, o último rei de Portugal. A coisa toda talvez não passe de invencionice, mas a verdade é que descubro nas feições do mordomo uns certos traços bragantinos. De resto é sabido que o número de bastardos da família não é pequeno.

Depois que o primeiro duque de Bragança foi feito rei, passando a residir em Lisboa, costumava ele permanecer um par de semanas por ano em seus domínios de Vila Viçosa, em cujos arredores se entregava à caça de veados, perdizes e, naturalmente, de belas raparigas alentejanas. E a velha residência bragantina quase caiu por completo no olvido.

O administrador da Fundação, homem gentil e ilustrado, conduziu-nos através das salas do Palácio Ducal, mostrando-nos primeiro sua preciosa biblioteca de 50 mil volumes, onde se encontram manuscritos e livros raros dos séculos XV e XVI.

No soalho da pomposa sala de jantar vimos um tapete persa do século XVII e numa das paredes uma tapeçaria de Bruxelas. O teto me pareceu barroco no relance cansado que lhe passei. Daí por diante me senti meio estonteado (o vinho que bebi com o arcebispo? o borralho do dia? a preocupação com a conferência?) e foi assim, numa atmosfera opaca, segurando o braço de Mafalda — que fez, sem saber, o papel de menino de cego —, que vi boa parte do suntuoso palácio e do seu jardim. Eu estava fatigado de corpo e espírito. Jorge de Sena e Souza Pinto haviam desaparecido. Minha mulher desapareceu também em companhia de algumas senhoras muito simpáticas e comunicativas. Fiquei cego em Gaza. Quando dei acordo de mim, lá estava a meu lado o imponente mordomo, que me perguntava se eu não queria visitar a parte residencial do palácio que o último rei de Portugal costumava ocupar quando visitava Vila Viçosa. Entreguei-me. E saímos ambos por intermináveis salas e corredores. Vi o quarto de dormir do último Manuel, objetos de seu uso pessoal — escovas, pentes, chinelos; sua cama, seu lavatório... Alguém veio me avisar de que já havia muitas pessoas na sala onde eu devia realizar minha conferência. Eu precisava urgentemente fazer algo muito importante, algo pessoalíssimo e já agora inadiável. O mordomo não me dava trégua. Falava sem cessar com um entusiasmo de proprietário. Mostrava retratos, abria gavetas, guarda-roupas. Mostrou-me um punhado de bugigangas, depois a cadeira onde d. Manuel costumava ler, a escrivaninha onde escrevia suas cartas (creio que a voz e os olhos do mordomo estavam tocados duma saudade monárquica). Eu mal o escutava, preocupado com a gente que me esperava na sala de conferências da Fundação. De repente segurei o braço do mordomo e perguntei: "Dom Manuel não costumava fazer pipi?". O homenzarrão me pareceu estupefato. "Que quer dizer Vossa Excelência?" E eu: "Espere, o que quero mesmo saber é onde fica o lavatório... isto é, o dos plebeus, dos visitantes, não os da ilustre casa de Bragança". O mordomo sorriu e mostrou-me o caminho.

Minutos mais tarde eu enfrentaria mais um auditório. Umas sessenta ou setenta pessoas, entre as quais um senhor cinqüentão que eu vira chegar ao palácio havia pouco, com um grupo de homens e mulheres que voltavam duma cerimônia nupcial. Era ele alto, corpulento, bem-apessoado e trajava fraque e o mais que vai com esse tipo de casaco. Tive ímpetos de dizer-lhe: "Meu caro senhor, não perca seu tempo, não vou dizer nada de novo ou interessante. O dia está cinzento e eu obtuso. Além de tudo, cansado".

Apesar de a sala não ser ampla, havia lá um microfone para o conferencista. Fui apresentado ao público pelo prof. Cidade. Divisei na primeira fila a figura do arcebispo de Évora, que me sorriu amistosamente. Procurei e encontrei entre as faces, na platéia, as de meus companheiros de viagem. Achei-as mas não creio que isso tivesse melhorado meu estado de espírito. Pensei assim: "Eles devem estar fartos de minhas palestras. Conhecem todos os meus truques e manhas, todas as minhas histórias". Comecei a falar. Fiz o que pude, mas não pude muito. A pior situação imaginável para um conferencista é quando ele se sente entediado de si mesmo. Minha palestra foi curta. Impressões de Portugal. Breve e superficial paralelo entre a *ialma* brasileira e a portuguesa. Em suma, literatura decorativa. Convidei depois o público para um colóquio. Veio a primeira pergunta, a que respondi. Atiraram a segunda. Finalmente quem falou foi d. Manuel Trindade Salgueiro. Perguntou se eu não sentia necessidade de uma Fé pela qual batalhar. Respondi que tinha uma, embora leiga e, até certo ponto, política. O arcebispo replicou que nenhuma dessas fés com efe minúsculo basta ao homem. Uma terceira voz entrou no diálogo. O senhor de fraque contestava a opinião do arcebispo. Por alguns minutos ficaram ambos mantendo uma polêmica lateral, enquanto eu, de braços cruzados diante do público, guardava absoluto silêncio, acompanhando aquele inteligente torneio, que não tardou a enveredar para o domínio da metafísica e da teologia, sem deixar de pairar de leve, por perigosos momentos, sobre o território minado da política. O cavalheiro de fraque falava com desenvoltura, e o que dizia revelava agilidade mental e erudição. Não cheguei a uma conclusão clara quanto a sua posição política ou mesmo religiosa. Mas que ele não rezava pela cartilha de d. Manuel Trindade Salgueiro, isso foi coisa que ficou bem clara desde o princípio. O duelo verbal terminou sem sangue, a uma discreta intervenção minha, que começou com um leve pigarro amplificado pelo microfone. E o colóquio entre o fatigado e aborrecido conferencista e o auditório prosseguiu até seu inglório fim.

Entardecia quando deixamos Évora na direção do Baixo Alentejo.

54

Chovia em Beja — uma dessas chuvinhas miúdas que davam a impressão de que alguém borrifava a cidade e arredores com um gigantesco pulverizador. Em certo momento surgiu-me na mente a figura de Chico Conti, meu barbeiro siciliano de Porto Alegre, com seu veterano pulverizador de latão meio amolgado, borrifando-me os cabelos que acabara de aparar; e eu lhe ouvia a respiração áspera e ansiosa de asmático: cheguei a escutar a voz de meu velho amigo que, ao dar por terminada sua tarefa, dizia a frase costumeira: "*Ecco fatto bello, carino!*". E o mais curioso é que, ao apagar-se a figura do barbeiro, apareceu-me a de soror Mariana Alcoforado, a freira que escreveu tão belas cartas de amor ao oficial francês por quem se apaixonara. Soror Mariana vivera sua paixão impossível num convento em Beja! Falei nela a Jorge de Sena, que me preveniu: "Muitos estudiosos do assunto consideram apócrifas essas cartas, que apareceram em livro pela primeira vez em francês na tradução do conde Gabriel de Lavergne, a quem muitos atribuem sua autoria". Reagi: "Não me estraguem a bela história!". Conta-se que, chamado de volta à França, o jovem tenente deixara para sempre Beja, esquecendo por completo sua apaixonada freira.

Jantamos na própria pousada onde nos hospedáramos. E à mesa, perto do lume duma chaminé (escrevendo sobre Portugal, aproveito o ensejo para usar *lume* em vez de *fogo*...) comentamos nosso almoço no castelo de Vila Viçosa, lembramos o garbo do arcebispo de Évora e seu inesperado duelo verbal com o cavalheiro de fraque, cujo nome nenhum de nós guardara. Recordei uma rua que me interessara sentimentalmente na cidade dos Bragança: pequenas casas brancas, de aspecto vagamente marroquino, com altas chaminés enfeitadas, janelas floridas e fachadas pintadas de branco, com barras dum amarelo de ocre; e, orlando as calçadas, em ambos os lados da rua, longos renques de laranjeiras carregadas de frutos. (E Vila Viçosa ficou sendo na minha memória não o castelo medieval ou o Palácio Ducal, mas aquela ruazinha das laranjas-azedas.)

Tínhamos decidido ir para cama cedo, mas, quando nos erguemos da mesa, recebemos a visita de representantes do governador civil da província, que nos enviava suas boas-vindas a Beja e nos comunicava que estaria presente com outras autoridades à minha conferência na noite do dia seguinte. A visita felizmente foi curta. Quando os cavalheiros se retiraram, fiquei pensando: "Outra recepção oficial... Que estará acontecendo?".

Minha mulher e eu nos recolhemos ao quarto, meti-me num pijama listado de presidiário e ainda tive tempo de perguntar: "Que estará acontecendo?" — antes de cerrar os olhos e ser carregado pelo sono para o enigmático país em que tempo e espaço se fundem e confundem, e as coisas acontecem quase sempre como nos quadros, nos poemas e nos contos surrealistas — por exemplo, o pe. José, que nos casou com sotaque alemão na matriz de Cruz Alta, discute com Salazar; o amigo Chico, a barbear d. Manuel, degola-o, enquanto eu subo em laranjeiras duma cidade que é ao mesmo tempo Cruz Alta, Vila Viçosa e o pomar do internato do Colégio Cruzeiro do Sul...

Um novo dia amanhece, ambivalente: céu ora azul ora carregado de nuvens cor de chumbo, com garoas ocasionais alternadas com súbitos acessos de sol.

À hora do café, examino um mapa do Baixo Alentejo, no qual leio nomes de lugares como Grândola, Odemira, Vila Nova de Milfontes, Aljustrel, Mértola, Panóias, Almodôvar, Castro Verde, Amarelejo — palavras tão saborosas como este queijo de cabra da serra de Osa, que estamos agora comendo com pão e mel.

Dedicamos a manhã a algumas visitas pela cidade. Beja teve já seus dias de grande esplendor e glória, no tempo dos romanos e dos mouros. Mafalda deseja ver o convento onde viveu soror Mariana, mas Jorge de Sena nos informa que esse edifício não existe mais. Foi destruído como tantos outros monumentos antigos da cidade. Visitamos então o museu arqueológico, onde encontramos, em meio de pedras, colunas e outros restos dessas construções históricas, a janela na qual, segundo a lenda ou a história (nem sempre é fácil separar uma da outra), soror Mariana costumava ter seus encontros amorosos com o ten. Noël Bouton, servidor de Richelieu.

Durante uma providencial estiada bastante longa, em que um sol morno e pálido ilumina Beja, caminhamos por suas vetustas ruas, passamos por baixo de velhos arcos e procuro, sem muito sucesso, descobrir vestígios da civilização islâmica.

À tarde lá estava eu sentado a uma mesa no salão duma livraria, a dar autógrafos e a me perguntar em silêncio se o que fazia era um ato de amizade, de fraternidade ou uma simples manifestação de vaidade e exibicionismo. Concluí que era um gesto de boa vontade, porque, embora a tarefa fosse cansativa, eu devia corresponder de algum modo ao interesse pela minha obra e pela minha pessoa daquela boa gente que se dava o trabalho de esperar longo tempo em compridas filas, com livros debaixo do braço. Durante essa sessão de autógrafos tive a oportunidade de conhecer muitos jovens de ambos os sexos. Uns seis ou sete rapazes e moças perguntaram-me se haveria uma possibilidade de conversarem comigo mais longamente, numa outra hora, e num lugar em que pudéssemos todos ficar em paz. Respondi que poderíamos encontrar-nos num café, após a minha conferência daquela noite. A sugestão foi aceita e o lugar exato do encontro ficou marcado.

Poucos minutos antes de iniciar minha palestra, conversando com um alto funcionário do governo do Baixo Alentejo, consegui — não por astúcia minha mas por leviandade dele — descobrir por que desde Setúbal as autoridades governamentais estavam tomando um tão "cordial" interesse na minha pessoa. Confidenciou-me o homem que havia recebido da Secretaria do Interior um ofício em que lhe era recomendado se "apoderasse" de mim antes que membros da oposição o fizessem. Enfim estava explicado o fenômeno! Arrisquei: "Posso ver esse documento?". Para minha surpresa o homem respondeu que trazia consigo uma cópia dele. Li-a às pressas. "Posso ficar com este papel?", perguntei. Depois de breve hesitação, o funcionário sacudiu afirmativamente a cabeça, tirou do bolso uma caneta, rubricou a cópia e entregou-ma. "Muito obrigado", murmurei, metendo no bolso o ofício em que o sr. secretário do Interior, entre outras considerações, dizia que elementos da oposição estavam aproveitando a visita do escritor brasileiro para, escudados por ele, desfecharem ataques ao governo, de sorte que a Secretaria achava conveniente que daquela data em diante todas as conferências de Erico Verissimo fossem "empolgadas" pelo governo civil e militar das províncias.

Assim, naquela noite falei de cima dum estrado para um público simpaticamente receptivo, tendo às minhas costas uma solene mesa, à qual estavam sentadas as "autoridades constituídas". Pendia da parede um retrato em tamanho natural (busto) do sr. presidente do Conselho. A leitura do ofício produzira em mim um efeito estimulante. Falei naquela conferência com o maior fervor contra as ditaduras civis ou militares e encareci a necessidade de lutarmos todos pelos direitos civis do homem, exigindo de todos os governos o maior respeito à pessoa humana. (Mais tarde Mafalda me contaria que a cada uma dessas declarações o sr. governador sacudia afirmativamente a cabeça, grave, como se estivesse totalmente de acordo com minhas idéias.)

A melhor lembrança que guardei de Beja foi a de meu longo diálogo com aqueles sete ou oito rapazes e moças, no canto da sala duma confeitaria. Estavam todos interessados em saber coisas sobre o Brasil e os brasileiros, principalmente nossos estudantes. Notei nesses jovens bejenses um certo ar de desânimo, não apenas ante a situação política de Portugal como também em face das escassas possibilidades que Beja lhes oferecia quanto a uma carreira. Viviam ali como que isolados do mundo. Era difícil obter livros estrangeiros, não só por motivos econômicos como também por causa da censura governista. Sentiam-se prisioneiros da mediocridade e do marasmo duma pequena cidade provinciana que vivia de lembranças dum passado que se ia apagando cada vez mais. Aquelas moças e moços deixaram-me a melhor das impressões. Minha atenção concentrou-se principalmente numa rapariga de aproximadamente vinte anos, cujos olhos amendoados me fascinaram por sua límpida beleza tocada de tênue melancolia. Houve um momento em que tive a sensação de que tanto ela como seus companheiros imaginavam estar a meu alcance resolver seus problemas, mudar suas vidas com uma frase, um conselho, uma revelação, um passe de mágica. Ah! se isso tivesse sido possível! Contei-lhes das angústias, dúvidas e frustrações de meus vinte anos em Cruz Alta — cidade menor que Beja —, de meus fracassos, tanto os comerciais como os literários. Disse-lhes da enorme importância de estar vivo e, como no caso deles, no verdor dos anos. Tinham diante de si toda uma vida. Era preciso ter esperança, viesse o que viesse.

Se palavras podem mesmo ajudar alguém, creio que ajudei um pouquinho aqueles rapazes e raparigas de Beja. "Nada nos cai do céu", lembro-me de ter-lhes dito com ênfase. "É preciso a gente lutar. E não devemos cessar de nos perguntar a nós mesmos: 'Quem sou eu? Que desejo *realmente* da vida?'."

Naquela noite dormi pensando nos olhos da moça triste de Beja. E ainda os vejo, passados mais de quinze anos, ao escrever estas memórias.

55

Tenho observado que os portugueses das regiões do norte do Tejo costumam dizer: "Vou ao Algarve" *quase* no mesmo espírito em que os brasileiros de todo o Brasil dizem: "Vou à Bahia". A cidade de Salvador goza dum prestígio mágico, sinônimo que é de belezas naturais, boa gente, comidas saborosas, mares azuis, relíquias históricas, festas alegres e cultos exóticos. A grande diferença nessa comparação está em que nós, brasileiros, temos uma grande intimidade com a Bahia, ao passo que os portugueses — se não estou fazendo literatura — pronunciam a palavra *Algarve* com uma pontinha de reverência e temor, como se estivessem falando dum território vagamente estrangeiro. Qual a razão disso? A presença, nessa pequena província meridional, do espectro da ocupação muçulmana, o quase-isolamento em que ela vive, as diferenças de sua flora, de seu relevo físico, o jeito recolhido e meio arisco de seu povo, o fato de a gente sentir nela o cálido bafo da África? Ou — levando mais longe a fantasia — será então a sombra do remorso que ficou no inconsciente coletivo português? (Esses psicanalistas o que são mesmo é uns ficcionistas, e é exatamente por isso que gosto deles!) Sim, remorso pela violência, pela crueldade com que os templários e os soldados de d. Afonso Henriques expulsaram os mouros que, havia oito séculos, ocupavam aquela parte da península Ibérica. O que mais intriga o visitante no Algarve é não encontrar em suas aldeias, vilas e cidades nenhuma grande mesquita, palácio ou minarete que pudesse contar do que foi a pompa e a glória do Império Muçulmano. O que existia no Algarve em matéria de grandes monumentos árabes foi demolido pelas hostes cristãs: seus tesouros foram saqueados, sua própria terra quase arrasada. Da curta visita que fizemos ao Algarve ficou-me realmente a impressão de estar num outro mundo, que eu imaginava um pouco parecido com a Andaluzia e outro pouco com Marrocos e, apesar disso, ainda inapelavelmente português.

Quando deixamos o Baixo Alentejo para entrar no Algarve, que sabia eu dessa minúscula província, cuja superfície é apenas um nadinha maior que a do município mineiro de Uberaba? Sabia que a palavra *Algarve* vem do árabe *Al-Garb*, ou seja, "País do Poente", antigo reino sarraceno que, entre os séculos VIII e XIII, se estendia pelo litoral de Marrocos. Sabia também que em muitos setores culturais — como a arquitetura, a astronomia, a matemática — os árabes haviam trazido elementos positivos para a civilização ibérica. De acordo com a minha semântica imagística particular a palavra *Algarve* sempre sugerira amendoeiras floridas, deliciosos figos, cidades brancas de casas cúbicas com esguias chaminés de delicado desenho, mulheres trigueiras, que me evocavam uma expressão de Gauguin, "*l'or de leurs corps*", embora eu soubesse que as algarvias tinham as feições mais regulares que as das polinésias do pintor francês. Esperava encontrar no Algarve, e nisso não me enganei, a vegetação mediterrânea, pois mal entramos em seu território começamos a ver palmeiras, aloés, agaves, castanheiros, nogueiras, vinhas... (Aviso aos navegantes: conquanto as uvas do Algarve sejam muito saborosas, dizem que o seu vinho não é bom.)

* * *

Se por um lado contávamos com pouco mais de um dia para ver o Algarve, por outro eu lá não tinha compromissos rígidos para conferências, sessões de autógrafos, nem mesmo horas certas para chegar aos lugares. Afirmam os entendidos que o melhor mês para se visitar o extremo sul de Portugal é fevereiro, quando todas as amendoeiras estão floridas. Apesar de estarmos já no fim da primeira semana de março, conseguimos ver alguns amendoais em flor. Mafalda lamenta não termos chegado na época em que os figos estão maduros, pois os do Algarve, de casca dum roxo quase negro e de polpa amarelada, são doces como mel. Por mais que busque e rebusque na memória, não consigo lembrar-me em que aldeia, vila ou cidade uma comissão nos esperava para nos prestar uma homenagem que constava dum discurso cordialíssimo e duma mesa de doces que fez Mafalda e Jorge de Sena arregalarem os olhos. Lá estavam os mais famosos produtos da doçaria do Algarve, de origem árabe: todas as variações imagináveis em torno dos temas amêndoa e ovo, tudo com muito açúcar. Ocupava lugar "nobre" entre os doces algarvios o famoso "dom-rodrigo" — amêndoa moída, ovos, açúcar, gila —, primorosamente envolto em papel de estanho. Com pasta de amêndoa as exímias doceiras do lugar tinham feito pequenas esculturas: figurinhas humanas, galos, cães, cavalos, bois... Havia uns porquinhos feitos com tamanho realismo que me chegaram a provocar uma pequena convulsão estomacal pois pareciam ratos recém-nascidos. Mafalda, Jorge e Luis Fernando provaram de quase todos os doces que se ofereciam em cima daquela mesa: "papos-de-freira", "toucinhos-do-céu", tortas de amêndoa, caramelos de Tavira... Mordisquei um "dom-rodrigo" em homenagem à personagem de um de meus romances. Serviram-nos vinhos: escolhi um moscatel. Depois veio o discurso. Poucos minutos mais tarde estávamos de novo na estrada.

Alguns nomes de localidades por onde passamos me deliciaram: Alportel, Albufeira, Aljezur. A uma consulta minha Jorge de Sena responde que ficaram incorporadas à língua portuguesa pelo menos umas setecentas palavras de procedência árabe.

56

Nossa primeira parada longa foi em Faro, a capital da província. Achei a cidade um pouco triste. (Para isso talvez tenha contribuído o fato de o dia ter-se tornado dum momento para outro cor de aço.) Ao almoço — creio que em companhia oficial — comemos os famosos atuns e sardinhas que são pescados abundantemente naquela costa. Curioso, mas a lembrança mais viva que tenho de Faro é a dum largo pavimentado de lajes, onde estavam estendidas grandes redes de pesca, e onde caminhavam mulheres vestidas de negro. Lembro-me também da torre dum castelo antigo, a um ângulo desse largo, e à beira d'água. Um dos próceres farenses contou-nos que sua cidade fora já destruída por um terremoto. Segundo um costume local, nas noites da quaresma penitentes encapuzados saem à rua carregando na extremidade duma vara uma campana de papel ou vidro, dentro da qual arde uma vela, e assim percorrem lentamente a cidade, entoando seus cantochões religiosos um tanto fúnebres. "Mas não se iluda!", exclamou o farense, "talvez sejamos um povo triste, mas trabalhamos! Ah! E como! Produzimos os melhores figos do país. Plantamos e exportamos esses figos e mais amêndoas e produtos da pesca..."

Fico sabendo que a costa meridional do Algarve divide-se em Costa do Sotavento, que é baixa, arenosa, batida de ventos e vai de Faro até à fronteira da Espanha, e Costa do Barlavento. Não está no nosso itinerário percorrer a primeira, conquanto eu sinta pruridos de conhecer Olhão, que me disseram ter belos terraços, balcões, torres e telhados, e Tavira... porque gosto do nome. Mas não dispomos de tempo para esse desvio. Seguimos então pela Costa do Barlavento, que nos levará até aos promontórios de Sagres e São Vicente.

57

Partimos de Faro cerca das duas da tarde, encontramos no caminho — agradável surpresa — um amendoal florido, vimos camponeses algarvios trabalhando em plantações, o sol reapareceu, o solo foi tomando uma coloração avermelhada e nosso BMW enveredou por uma estrada rumo do noroeste e então, como eu desejava, passamos por Silves, a antiga Xelbes dos muçulmanos, e que já foi capital do Algarve e residência de importantes famílias árabes de origem iemenita. De longe, com suas casas brancas, suas fontes, palmeiras, sotéias, chaminés, dava a impressão dum grande caravançará. Nas ruas, mulheres de negro, nunca ociosas, carregando volumes nas cabeças, e jamais olhando para os homens de frente, numa reminiscência, quem sabe?, do véu que lhes cobria o rosto no tempo em que isto aqui era uma comunidade islâmica. Fizemos uma caminhada a pé, rigorosamente cronometrada, pois tínhamos ainda muito que ver no Algarve. Espiamos para dentro dos pátios, aspiramos perfumes quentes de flores, frutas, ervas e essências. "Aqui sim eu sinto o que devia ser uma cidade árabe", observa minha mulher. Jorge de Sena nos falou dos ricos tesouros existentes em Silves ao tempo da ocupação árabe. Hoje a antiga Xelbes está reduzida a uma comunidade pobre cuja indústria principal é a fabricação de rolhas. Descemos para o sul, costeando um rio cujo nome não me disseram nem perguntei, e em breve passamos por Vila Nova de Portimão, perto de São Bartolomeu de Messines, onde nasceu o escritor João de Deus. O lugar é pequeno e sua maior atração é a praia da Rocha, que vamos agora visitar.

Deixamos o automóvel no alto dum barranco e descemos a pé, por um forte declive irregular, mescla de pedra e terra meio esbarrondada, até uma praia de areias douradas diante da qual emergem da água rochas dum castanho avermelhado, em formas sugestivas: arcos, cones irregulares, silhuetas de formas humanas ou de animais, fortalezas, torres... Souza Pinto, habitual visitante do Algarve no forte do verão lisboeta, vai apontando para essas curiosas esculturas naturais e dando-lhes os nomes pelos quais são popularmente conhecidas: Os Dois Irmãos, o Arco do Triunfo, a Sentinela, os Três Ursos... Numa falésia que cai quase a pique na praia, abrem-se bocas escuras de grutas. Como o dia está nublado, o fotógrafo em mim adormeceu — para ser mais preciso, esqueci a câmara dentro do automóvel, lá em cima. Aves marinhas voam, gritando estridulamente, sobre as pedras da praia da Rocha. Saímos a caminhar ao longo da praia. Frio é o vento que nos bate no rosto. O mar está agitado e de má catadura. É como se esta parte do Algarve estivesse parodiando uma paisagem nórdica.

O sol continua escondido quando, menos de uma hora mais tarde, desembarcamos na frente duma pousada na cidade de Lagos. Da janela de nosso quarto divisamos uma ampla baía onde — repetem com orgulho os habitantes do lugar e os historiadores parecem confirmar

— um dia a esquadra inglesa fez manobras com nada menos de 407 de seus navios. Foi desta baía que partiram as caravelas de Gil Eanes, o primeiro navegador que dobrou o cabo Bojador. Foi também daqui que d. Sebastião partiu com sua frota rumo de Marrocos, da morte e da mitologia.

Vamos abrir um parêntese. Importa ao leitor que eu tenha apanhado um resfriado na pousada de Lagos? Ou comido deliciosas sardinhas assadas numa estalagem de Portimão? O perigo das memórias está no fato de que, com raras exceções, o memorialista, como a maioria dos outros homens, tem um grande apreço, amor e admiração pelo seu próprio *eu*: acha que tudo quanto lhe acontece é digno de ser contado, oralmente ou por escrito, em prosa ou verso, e que o leitor ou ouvinte tem de estar necessariamente muito interessado na vida do narrador — isto é, do herói, em tudo quanto ele viu, fez, pensou, disse, ouviu, sentiu... Nunca é tarde demais para uma confissão. Uma das razões que por muito tempo me impediram de escrever memórias foi o temor de resvalar para essa ridícula autovalorização. Estou certo de que, ao escrever estas páginas, não me livrei de todo dos pecadilhos que mencionei. Como quem me leu até aqui já verificou, não tive uma vida aventurosa, rica de episódios folhetinescos. É óbvio que, em vez de estar descrevendo neste livro apenas meu encontro com a terra e a gente portuguesas, eu gostaria de poder também contar de como, com audácia e bravura, consegui sublevar algumas guarnições militares nacionais e a maioria do povo português contra o governo de Oliveira Salazar, derrubando-o e estabelecendo a democracia em Portugal. Fechemos o parêntese.

Em Lagos nada nos aconteceu digno de nota. Nem indigno. É pena, pois os atos e fatos indignos são quase sempre os que mais atraem e excitam o interesse do leitor.

Tomei duas aspirinas (sensacional, não?) e depois do almoço empreendemos uma excursão de Lagos ao cabo de São Vicente. Nosso objetivo principal era visitar o lugar onde um dia foi a famosa Escola de Navegação de Sagres. Passamos antes pela Vila do Bispo, onde de velas enfunadas de vento as asas de alguns moinhos — como caravelas imóveis — giravam e rangiam, pareciam gemer de raiva ou dor por não poderem desarraigar-se da terra e fazer-se ao mar. Tive vontade de gritar-lhes que não havia mais terras a descobrir neste nosso mundo velho sem porteira. Agora o Mar Tenebroso eram os espaços siderais. Depois de ultrapassar esses moinhos, nosso carro rumou para a costa de sudoeste. Comecei a notar mudanças na paisagem. O sal marítimo que o vento trazia depositara-se como cristais duma geada amarelenta sobre os arbustos e a meio crestada relva. Em breve avistamos o Atlântico.

Nosso BMW rodava agora sobre um promontório em terreno plano, de vegetação cada vez mais pobre e rasteira. Julguei avistar alguns agaves (ou estaria delirando com o México?), e figueiras mirradas que o vento sacudia. Por fim chegamos à rocha nua. Souza Pinto fez o carro estacar. Descemos. Então isto é Sagres? O vento nos salgava de leve os lábios. Víamos diante de nós, sob um céu de zinco e chumbo, o escuro mar de tragédia que cercava o promontório e batia com fúria contra suas encostas, rebentando em chicotadas gigantescas e chiados descomunais de espuma. Pela primeira vez na vida, desde os tempos de escola em que ouvira falar pela vez primeira nos descobrimentos portugueses, pude ter uma idéia do que era o Mar Tenebroso.

Mafalda refugiou-se no automóvel. Falando em tom mais alto para que eu o pudesse ouvir, Jorge de Sena me contou que Sagres fora sempre uma ponta muito cobiçada pelos navegadores da Antiguidade, de muitos países. Os genoveses chegaram a oferecer vultosa soma em dinheiro pelo direito de usar aquele lugar como posto comercial. Estranhei o fato, pois me parecia impossível para qualquer embarcação aportar em Sagres. Jorge então levou-me a ver o profundo recôncavo que o rochedo dominava e protegia dos ventos, ponto ideal para abrigo, ancoragem e reabastecimento dos navios que em passadas eras rumavam para a Inglaterra e outros países do canal, vindos do Mediterrâneo.

Afirma-se que, no lugar onde hoje existe uma pousada rústica, de aspecto um tanto monástico, erguia-se a chamada Vila do Infante, onde d. Henrique vivia cercado de mapas — a sua paixão —, de astrolábios, bússolas, matemáticos, astrônomos, cartógrafos... Sentavam-se à sua mesa frugal capitães de barcos flamengos, genoveses, venezianos. Segundo a tradição, d. Henrique recebia e ouvia até galeotas e piratas, contanto que eles lhe dessem informações sobre novas rotas marítimas e a arte de navegar.

Que formidável personagem para um romance, esse d. Henrique! Penso no retrato que dele fez Nun'Álvares, com aquele chapelão de abas largas e redondas, ornado duns panos que bem podiam simbolizar as velas de seus barcos. Lembro-me da face do infante: a expressão severa, entre azeda e zangada, os bigodes escorrendo pelos cantos da boca... Conta-se que desprezava a pompa, o conforto, os bens materiais. Tinha feito voto de celibato e castidade. Dedicou praticamente toda a sua vida ao descobrimento de terras e povos da África, que desejava apaixonadamente converter à fé cristã. Mandou construir em Sagres uma capela onde seus marujos (em geral algarvios) faziam suas promessas e orações, antes de saírem em suas incertas aventuras marítimas. À medida que o tempo passava, d. Henrique se fazia cada vez mais ascético. Segundo a tradição, além de jejuar de acordo com as exigências da Igreja, freqüentemente usava cilício por baixo das roupas. Foi um dos primeiros a compreenderem o valor estratégico de Gibraltar, de que tentou apoderar-se, mas sem sucesso. Esse malogro deixou-o profundamente abatido. Conseguiu, entretanto, tomar Ceuta, por assim dizer o pilar meridional da porta do Mediterrâneo. Sabia o infante que o domínio de Gibraltar lhe daria o ensejo de combater com mais eficácia os piratas mouros que costumavam assaltar e pilhar os navios mercantes que navegavam por aquele importante mar interior.

Voltamos todos para o automóvel e rumamos para o cabo de São Vicente, um rochedo que avança mar adentro, numa extensão de mais ou menos cem metros. Segundo alguns historiadores era ali que d. Henrique costumava passar quase todo o seu tempo. Posso imaginar o vulto solitário do infante na ponta desse rochedo, à noite, contemplando o Atlântico, na direção da África, observando o céu, buscando a estrela polar pela qual costumavam orientar-se suas caravelas, quando em mar alto.

E ali estávamos nós naquela impressionante esquina do mundo, áspera rocha nua batida rijamente pelas ondas e pelos ventos.

Bravo Portugal! Era difícil a gente aceitar a idéia de que os descendentes dos vencedores de Aljubarrota e dos navegadores que haviam descoberto mundos novos pudessem estar agora submetidos a uma ditadura tão tristemente castradora.

58

Quando voltamos a Lagos, tive a surpresa de encontrar no nosso hotel o escritor português que em Lisboa tantas vezes insistira para que eu visitasse o senhor secretário de Informação. Exclamações e abraços.

"Você por aqui!", admirei-me. O homem conduziu-me a um canto de sala e, em voz baixa, disse: "Vim especialmente para lhe transmitir um convite". A custo reprimi um suspiro de impaciência. O emissário perguntou: "Você não pertence ao Círculo Eça de Queirós, de Porto Alegre?". Respondi afirmativamente. "Pois alguns membros desse grêmio", continuou o tenaz salazarista, "querem que você e sua senhora jantem uma noite com eles em Lisboa." Balbuciei desculpas: talvez não houvesse mais tempo, pois teríamos uma permanência de apenas três ou quatro dias na capital do país, e nossa agenda... O outro me interrompeu: "Qual, homem! Dá-se um jeito. Trata-se duma ceia de caráter íntimo, apartidário". Indaguei: "Pouca gente?". O escritor português fez um muxoxo. "Não mais que oito ou dez casais. O filho do Eça de Queirós estará presente. Diga que sim, homem!" "Se você me garante que é coisa simples, sem publicidade, e se possível sem discursos... talvez se possa arranjar uma hora..." Implacável, ele me pediu que marcasse o dia: "Quando?". Ansioso por me livrar do importuno, murmurei: "Digamos... na noite da véspera de nosso embarque para a Espanha". Meu persistente confrade me bateu nas costas: "Esplêndido! Vou me comunicar imediatamente com os amigos de Lisboa". Insisti: "Quero que fique bem claro. Jantar íntimo. Pouca gente. Nada de publicidade. Combinado?". "Oh, criatura!"

No dia seguinte deixamos Lagos rumo do norte, seguindo pela parte ocidental do Algarve. Desanuviou-se o céu, brilhou o sol. A viagem de volta foi muito agradável. Passamos pelas encostas da serra de Monchique na fronteira com o Alentejo — uma espécie de extravagância geográfica, principalmente no que diz respeito à flora —, pedaço desgarrado no tempo e no espaço do Jardim do Éden, onde se encontram árvores, arbustos e flores que nos lembram o centro e o norte de Portugal, de mistura com exemplares botânicos tipicamente tropicais.

Fizemos várias mas breves paradas no caminho: Grândola, Aljezur, Odemira, Santiago de Cacém, Alcácer do Sal... Reencontramos os trigais e as azinheiras esfoladas do Alentejo. Com um aperto no coração, avistei de longe, na linha do horizonte, o nobre perfil de Évora...

Mal chegamos a nosso quarto no Tivoli, o telefone tilinta. Apanho o receptor e ouço: "Está lá?". Identifico-me. "Ah! Meu amigo! Fez boa viagem?" Reconheço a voz. "Estou chamando para confirmar a nossa ceia... O dia que você marcou está bem. Será às oito da noite, mas em breve hei de procurá-lo pessoalmente aí no hotel." Conto a Mafalda de quem e de que se trata. Com seu espírito realista ela me pergunta em tom aparentemente casual: "Já averiguaste bem esse negócio? É mesmo um jantar íntimo e apolítico?". "Naturalmente!", reajo, com a veemência de quem começa a não ter muita certeza do que diz. "Ficou tudo claro. Não posso desconfiar da palavra dum homem, posso?" Minha mulher murmura: "Pode. Infelizmente". Nosso filho, o mudo solitário, já se soltara nas suas andanças lisboetas, das quais não lhe pedíamos contas... e nem ele as daria, se pedíssemos.

59

Nossos últimos dias em Lisboa. Agradável convívio com o casal Souza Pinto, Jorge de Sena e outros amigos, entre os quais Vergílio Ferreira e Ferreira de Castro.

Uma tarde saímos com Heloísa e Álvaro Lins a caminhar pela cidade, em busca das casas e ruas, em suma, dos lugares mencionados por Eça de Queirós em seus romances, particularmente *Os Maias*. Quem iniciou Álvaro nesse curioso jogo, dando-lhe pistas preciosas, foi Vitorino Nemésio. "Naquela casa Carlos Eduardo viu Maria Eduarda pela primeira vez..." "Ali ficava o Grêmio." "Esta é a Tabacaria Havanesa." Era como se sem a marca das personagens de Eça de Queirós Lisboa não pudesse ter realidade.

Uma noite jantamos com os Souza Pinto — inclusive o "miúdo" Antônio Luís — na Tipóia, onde Adelina Ramos, a veterana fadista, cantou-nos velhos fados com sua quente voz de gemada. Uma tardinha tomo parte num colóquio com um pequeno grupo de críticos e romancistas. Discutimos, durante cerca de uma hora, a arte da ficção e esses companheiros fazem-me perguntas específicas sobre meus próprios métodos de criação literária. Naqueles tempos meus romances costumavam ser "adaptados" ao português de Portugal. Exemplo: se uma de minhas personagens exclamava: "Bobo!", essa palavra era substituída por "Toleirão!". Os meus gerúndios com função adverbial eram preteridos pelo infinitivo antecedido da preposição *a*. Um crítico estranhou que eu tivesse usado tantas vezes em minhas histórias a palavra *bidê* (de *bidet*) com o sentido de mesinha-de-cabeceira e *varanda* como sala de jantar. "Coisas do Rio Grande do Sul", respondi.

Um dos críticos observou: "Quando o meu amigo quer referir-se a um concerto de banda de música em praça pública, costuma usar a palavra *retreta*. Ora, aqui em Portugal *retrete* é *latrina*". Como única resposta soltei uma risada.

60

Certa manhã minha mulher e eu saímos cedo do hotel, meio às escondidas, com o propósito de andar livremente a pé, pois pouco conhecíamos daquela Lisboa que tanto nos encantava. Um táxi nos deixou num dos pontos mais altos da Alfama, e lá de cima pusemo-nos a descer lentamente por suas ruelas e becos labirínticos na direção do cais do Tejo, sem mapa nem bússola. Em idos tempos a Alfama chegou a ser um bairro residencial elegante e mesmo aristocrático, situado fora das muralhas de Lisboa. Era de bom-tom ter lá uma residência. Para mim a Alfama, com suas magras ruas, em sua maioria sinuosas e íngremes, é uma pitoresca "cidade do interior" incrustada num dos flancos de Lisboa — mas uma cidade, notem bem, pintada por um artista primitivo cujo pincel pouco firme tivesse dado a suas paredes e muros um prumo duvidoso —, uma comunidade, enfim, que foi crescendo sem plano certo, ao sabor dos caprichos do artista e nesse espírito do "seja-como-deus-quiser". E é justamente nisso que está o segredo da graça rústica e pitoresca desse bairro.

É muito agradável caminhar por estas ruelas e becos pavimentados de pedras irregulares. Descemos por uma escadinha aqui, subimos por outra mais adiante, cruzamos um largo (estreitíssimo), passamos sob uma arcada, paramos a fim de examinar uma fachada de azulejos ou um velho lampião de ferro batido na extremidade dum poste ou preso a uma parede ou muro — e assim vamos andando em passo de procissão, observando minúsculos pátios e terraços, onde as flores nos seus vasos de barro são vivas manchas encarnadas, azuis, amarelas, e passarinhos pulam de trapézio para trapézio dentro de suas gaiolas. O céu está completamente limpo, o sol com a cara à mostra. O jogo de luz e sombra nestes becos é em si um espetáculo digno de atenção. Nem todas as sombras, reparem bem, são pretas ou azuis, nem todo o suposto branco destas fachadas e muros é completamente branco. O tempo e a intempérie também se dedicam à pintura. O visitante deve estar preparado para surpresas como a que temos agora ao encontrar uma grande residência de aspecto solarengo, de paredes pintadas dum rosa desmaiado, um portão quase monumental, um jardim com pretensões a parque.

Roupas postas a secar pendem dos gradis das sotéias e balcões ou das hastes de madeira ou ferro que sobressaem das fachadas como paus de bandeira. Para que lado vamos agora? Para a direita? Para a esquerda? Tomamos a esquerda, para contrariar o governo. Enveredamos por um beco sem saída, que termina exatamente à altura da extremidade duma torre de igreja coroada duma cúpula coberta de ladrilhos azuis e amarelos. Penso no arcebispo de Évora. Imagino-o caminhando aqui conosco e dizendo: "Veja, meu amigo, como todos os caminhos, mesmo os da esquerda, podem levar à Igreja!". Exorcizo o bem-educado fantasma de d. Manuel Trindade Salgueiro e concentro a atenção no galo de ferro dum cata-vento enferrujado que ali está de crista erguida, vaidoso, como se daquela altura pudesse comandar os ventos de todos os quadrantes da Terra.

Ruelas vemos em que o movimento humano é mais intenso e maior o número de tavernas e pequenas casas de negócio — secos, molhados, armarinho... Passam senhoras idosas com xales escuros sobre os ombros. Uma varina com perfil de moeda antiga, peitos empinados, pés descalços, cruza pela nossa frente equilibrando na cabeça um cesto cheio de peixes prateados. Crianças brincam sentadas em beiras de calçadas e portais. Vizinhas dialogam aos gritos, cada qual à sua janela, dum e outro lado da viela. Paramos para escutar o que dizem. Temos a impressão de que falam uma língua estrangeira mas de música familiar e agradável a nossos ouvidos. Envolve-nos o cheiro apetitoso de peixe assado de mistura com esse odor doméstico, morno e confortável, de brasas vivas que a mim, não sei bem por quê, me leva a pensar em casas árabes.

Entramos numa súbita pracinha onde homens e principalmente mulheres compram verduras, ervas, raízes e frutos do mar nos tabuleiros armados naquela pequena feira.

Continuamos a descer. Uma vez que outra avistamos pelo vão entre duas paredes um trecho do Tejo, por onde passa um eventual barco a vela. Vamos ver aonde vai dar este beco? Prosseguimos na caminhada e de inopino vemos abrir-se diante de nós um largo panorama de telhados irregulares que me encantam com suas telhas-canais manchadas de limo dum verde vivo e de uma variedade de fungos nas tonalidades mais esquisitas. Pouco adiante encontramos uma árvore solitária. Vendedores apregoam suas mercancias mas com tal prosódia que, para descobrir o que vendem, temos de usar os olhos, pois o ouvido não nos ajuda muito. Gatos deslizam de mansinho pelos telhados ou tomam sol em sotéias e peitoris de janelas. Um deles, porém, de perversos olhos amarelos, está imóvel, músculos retesados, pronto para o salto, tocaiando um passarinho que pia e esvoaça por cima dum beiral, onde provavelmente tem seu ninho.

Numa outra inesperada pracinha comadres estão reunidas junto duma bica, tagarelando e enchendo d'água seus cântaros. E eis que de repente temos a quase voluptuosa impressão de que estamos perdidos. Para que lado fica o rio? Erguemos os olhos para o topo da mais alta colina de Lisboa e avistamos as ameias pardas do castelo de São Jorge, que até agora tem sido a estrela pela qual estamos navegando.

E se comêssemos uma das sardinhas que ali estão nas brasas? Excelente idéia! Basta-nos comprar uma, que partiremos ao meio, pois o que sentimos não é propriamente fome mas curiosidade gustativa. Descendo outra escada, saboreando nosso peixe, verificamos estar já quase ao nível do Tejo. Acabou-se o passeio. Infelizmente não teremos tempo de ver a contrapartida da Alfama, que é a Mouraria, o bairro em que outrora viviam os árabes e os judeus que um edito real não permitia habitassem a mesma zona dos cristãos — exceção feita naturalmente a muçulmanos e hebreus que fossem matemáticos, financistas, astrônomos, em suma, homens que pela sua cultura, inteligência ou fortuna pessoal pudessem de qualquer forma ser úteis ao Estado.

61

Na manhã seguinte decidimos visitar a Torre de Belém e o mosteiro dos Jerônimos. Alguns de nossos amigos ficaram escandalizados quando lhes contei que ainda não tinha ido ver esses dois celebrados espécimes do estilo manuelino.

Bom, tenho que fazer aqui uma confissão um tanto embaraçosa. Eu lera, havia pouco, numa monografia ilustrada sobre Lisboa, que, na opinião do pintor francês Luc-Olivier Merson, a Torre de Belém era "a mais graciosa, a mais elegante, a mais encantadora das jóias cinzeladas sob a inspiração das fantasias mouriscas". Almeida Garrett afirmara que a histórica torre era "dos monumentos de Portugal em que o gênio lusitano da Renascença mais expressivamente se revela dominador da Índia". Agora, a confissão...

Desde que, adulto, vi pela primeira vez uma reprodução fotográfica da Torre de Belém, senti nessa construção algo que me pareceu falso. Não sei se conseguirei explicar-me com clareza e decência. Era como se eu estivesse diante dum monumento inegavelmente bonito mas duma boniteza um tanto óbvia que eu não sentia "legítima". Parecia-me uma imitação de outro monumento. Para principiar, custou-me crer fosse uma obra arquitetônica do século XVI. Pareceu-me... — bom, já que cheguei até aqui, devo agora dizer tudo —, pareceu-me mais uma construção nova e provisória feita de gesso e papelão para um estúdio de cinema, a fim de aparecer no cenário dum filme histórico sobre a conquista da Índia pelos portugueses. (Neste momento tapo os ouvidos com as mãos para não ouvir os impropérios que me atiram: Ignorante! Fariseu! Pretensioso! Irreverente!) Peço trégua para acrescentar alguma coisa, embora saiba que não conseguirei melhorar a minha situação perante os que tanto admiram a famosa "torre". Estou neste momento em Lisboa, às margens do Tejo, diante da verdadeira, da legítima Torre de Belém, toda feita de pedra, sólida, respeitável, antiga. Serena é a manhã, dourado o sol, e eu me sinto perfeitamente bem de corpo e espírito. Olho o monumento de todos os ângulos possíveis. E no entanto a velha impressão do *ersatz* persiste e — curioso — começo apesar disso a desconfiar de que estou cometendo uma injustiça para com este famoso exemplar do estilo manuelino. Suponhamos que alguém me faz ouvir um disco sem me dizer o nome do autor da música que está sendo executada. Murmuro: "Deve ser Bach...". Depois, picado pela dúvida, corrijo-me: "Não. É um pasticho feito por um compositor de talento que conhece muito bem o estilo de Bach". Continuo a ouvir a peça musical atentamente e, ao cabo de alguns minutos, concluo: "Ah! Já sei. É Johann Sebastian Bach imitando Johann Sebastian Bach". Compreendeu, leitor? Não? Paciência. Demos tempo ao tempo. Talvez um dia eu sinta algo diferente quando tornar a ver a Torre de Belém.

Já para o Mosteiro dos Jerônimos minha entrega é imediata, completa, incondicional. Na sua fachada e no seu interior encontro todas as possibilidades de beleza do estilo manuelino. A fachada que dá para o sul me parece uma obra-prima do gótico flamejante e é preciso a gente ficar a observá-la por algum tempo, atentamente, para encontrar nesse portal admirável as contribuições manuelinas. Uma estátua do infante d. Henrique encima a porta geminada. Tenho aqui a meu lado Jorge de Sena, a quem não tive coragem de expressar de viva voz o que penso, ou melhor, sinto quanto à Torre de Belém — e o meu querido amigo me vai agora ensinando a ver esta fachada dos Jerônimos, em que a pedra foi esculpida com uma delicadeza e uma minúcia de renda. Os baixos-relevos mostram os passos da vida de São Jerônimo. "Repare", diz o companheiro, "como, no grande arco, a decoração é ora gótica ora manuelina."

Já o portal que olha para o poente — a entrada principal do templo — é todo manuelino. Entramos. Mafalda ajoelha-se para fazer sua oração: deve estar pedindo a Deus que faça o herege do marido ver a Luz. Fico contemplando as naves — que são três e todas da mesma altura, o que me faz pensar nas da igreja de Alcobaça, amor ao qual ainda me mantenho fiel.

Mais tarde visitamos os sarcófagos de mármore em que jazem os restos mortais de reis e rainhas, príncipes, princesas, heróis dos Descobrimentos, e entre estes Vasco da Gama, o Almirante do Mar das Índias. Estou, porém, mais interessado no túmulo de Camões, junto do qual faço uma prece muda: "Perdoa-me por todas as agressões que cometi contra a portuguesa língua durante minha vida de escrevinhador. Juro que já esqueci o susto que me deste com teu *Os lusíadas*, e minhas ansiadas aventuras em busca de tuas orações principais, que tão bem sabias esconder aos nossos olhos inexperientes de ginasianos. Espero também compreendas que minha admiração por Fernando Pessoa em nada diminui a que comecei a ter por ti desde que fiquei adulto. Porque tu, grande Luís amigo, és ainda o Pai de Todos. Mesmo os que nunca te leram sofrem a tua influência. Tu és a própria Língua. Amém". Está claro que não pronunciei nem mentalmente essas palavras, mas o que senti diante do túmulo do Bardo poderia ser resumido dessa maneira. Depois dessa visita devocional, fui com Mafalda e Jorge espairecer no claustro do convento, flor do estilo manuelino.

62

No quarto do hotel. Quase oito da noite. M. e eu estamos já prontos para o sacrifício, isto é, para o jantar com os "colegas" do Círculo Eça de Queirós. A mão dum mau pressentimento me pressiona de leve o peito. Estendido na cama, numa imobilidade de catatônico, observo minha companheira, que, diante do espelho, dá os últimos toques no penteado. Nenhum de nós — calculo — disse uma palavra sequer nestes últimos dez minutos. Temo mencionar o "assunto". Luis Fernando, homem livre, deve andar gauderiando pelas ruas de Lisboa. Desejo de todo coração que esta noite ele encontre uma portuguesinha bonita para fazer-lhe companhia.

A campainha do telefone tilinta. Ergo-me, agarro o fone, ouço a voz do recepcionista: "Doutor V'rissimo, estão aqui embaixo uns senhores...". Interrompo-o: "Já sei. Pode dizer-lhes que vamos descer imediatamente". E é o que fazemos. No elevador mantemos o nosso silêncio pressago. No saguão encontramos uns cavalheiros muito bem-vestidos, que se encaminham para nós sorridentes. Cumprimentos, cortesias. Somos levados para dentro dum Mercedes longo e negro como um carro de pompas fúnebres.

O perfumado comendador loquaz sentado a meu lado faz toda a despesa da conversa durante aquele trajeto pelas ruas de Lisboa. Não sei bem por quê, espero sejamos conduzidos a algum restaurante típico, talvez um lugar antigo da predileção do próprio Eça de Queirós... "Chegamos", diz alguém. O Mercedão estaca diante dum edifício de janelas festivamente iluminadas, na frente do qual vejo uma pequena aglomeração humana. Mal descemos do carro, jorra sobre nós a luz fortíssima dum holofote. Ouço o ronronar de câmaras de cinema e os cliques de máquinas fotográficas. Sinto alguém tomar-me do braço e levar-me escada acima. Mafalda sobe a meu lado, entre duas damas portuguesas. Fotógrafos ajoelham-se à nossa frente, focam-nos com suas câmaras e detonam... Estou de boca seca, um formigamento no corpo. Desconfio que caímos numa cilada. Os cinegrafistas continuam a filmar-nos. O cidadão a meu lado me explica: "Aquela câmara é da televisão". Merda pra televisão! — tenho ímpetos de retrucar. Mas o palavrão se transmuta num sorriso dum amarelo citrino. Percebo que nos cercam fotógrafos da imprensa e cinematográficos. A maldita luz lívida nos persegue. Entramos no edifício. Já no vestíbulo, que me pareceu bem decorado, vários senhores vêm ao nosso encontro, apertam-me a mão, alguns (fisionomias vagamente conhecidas) me abraçam, e assim nos vão arrastando para uma sala maior, onde se encontram várias damas, que logo cercam Mafalda amavelmente. Os fotógrafos e cinegrafistas continuam a nos perseguir com suas câmaras e sua luz infernal. Entrevejo cavalheiros com rosetas de comendas nas botoeiras. Identifico caras oficiais, figurões do salazarismo. Sou abraçado por muitos homens que conheço, mas de cujos nomes não me recordo em meu indignado estonteamento. (Que fazer? Que fazer?) Alguns me são completamente desconhecidos. Um garçom apresenta-me uma bandeja com bebidas, apanho um copo ao acaso, pela cor do líquido deve ser uísque. Provo. Sabe a fel. E a todas essas tome fotografia, tome filme. "Este é o senhor José Maria Eça de Queirós." Aperto a mão de uma criatura magra, pálida, de face inexpressiva, que me diz: "Já fomos apresentados na recepção da embaixada do Brasil, lembra-se?". "Ora, claro que me lembro!"

Pois, leitor, este filho de d. Bega e sua companheira caíram mesmo numa arapuca. A alegre algazarra em torno é tão grande, que não consigo ouvir nem minha própria voz. Devo estar com uma cara de idiota. E tome cinema! E tome jornal! E tome televisão! Uma voz junto a meu ouvido: "Quando é que o Erico V'rissimo vai candidatar-se à Academia Brasileira de Letras?". Alguém me puxa pelo braço e me livra de responder à pergunta acadêmica. E esse alguém me vai apresentando a várias esposas de homens importantes, desses que aparecem freqüentemente nos jornais situacionistas.

Por fim somos levados para um salão muito iluminado, onde vejo três longas mesas refulgentes de fina prata, fina louça e finos cristais. Sinto-me vagamente traidor de uma causa. Um trânsfuga. Um judas.

Calculo que deve haver naquele "pequeno jantar íntimo" mais de duas centenas de pessoas. Sentam-me ao lado da poetisa Fernanda de Castro, viúva do escritor António Ferro, amigo do Brasil e figura muito ligada a nossa Semana de Arte Moderna, bem como estrela da constelação salazarista. Fernanda é uma pessoa simpática e inteligente. Tenho à minha esquerda o filho de Eça de Queirós. Passeio o olhar pelo salão e reconheço entre os convivas vários políticos da situação, entre os quais o reitor da Universidade de Lisboa — escritores e jornalistas partidários do governo, em suma, a nata do fascismo português. (Onde estará o colega desleal que me enganou? Não consigo encontrá-lo.) Avisto, sentado a uma mesa fronteira à minha, Paulo Cunha, ex-secretário do Exterior de Portugal ao tempo em que o gen. Craveiro Lopes visitou o Brasil como presidente da República. E só então percebo que quem está sentada à minha frente é sua bela esposa, que tanto sucesso social fez por sua elegância e graça no nosso país, por ocasião daquela visita. É uma esbelta e loura balzaquiana um tanto hierática. Ainda não trocamos palavra. (Posso ser mau de boca mas sou bom de olho.) Fernanda de Castro pede notícias de amigos seus do Brasil, gente do mundo das letras. Dou as que tenho. Invento as que não tenho. Que diabo! Afinal de contas tudo isto não é apenas uma farsa?

Onde está minha mulher? Procuro-a com o olhar e finalmente a encontro. Ela me sorri um recado em código: "Caíste como um patinho, hem?". Quero fazer-lhe um gesto discreto para mostrar-lhe quem tenho diante de mim. Não consigo.

Ao longo das mesas as conversas animam-se. Serve-se o primeiro prato: creme de ervilhas. O espesso líquido custa a descer-me pela gorja. O filho de Eça de Queirós recomenda-me o vinho com que acabam de encher o meu cálice da amargura: Porca da Murça branco. Comunica-me que com os rolinhos de vitela virá um tinto Periquita. Ah! Muito bem! (Como se eu entendesse de vinhos...) E a todas essas os fotógrafos e cinegrafistas andam dum lado para outro, buscando ângulos especiais para apanhar uma vista panorâmica da sala. Agora a intensa luz cai sobre a sra. Paulo Cunha, que continua na sua postura de estátua.

Penso no proveito que vai tirar deste jantar a Secretaria de Informação nos diários de amanhã e no próximo cinejornal. *O escritor brasileiro homenageado pelo mundo oficial salazarista.* E eu não vou ter tempo de dar explicações aos meus amigos da oposição, dos quais já me despedi! Amanhã pela manhã embarcaremos para a Espanha.

Paulo Cunha volta a cabeça, faz-me um sinal amistoso e me sorri. Velhos amigos, hem? Íntimos, pois não. Imagino as mais variadas cenas para esta comédia. Ergo-me brusco, puxo minha mulher pelo braço e me retiro com ela do salão, sem dizer palavra... Se eu tivesse o temperamento — vamos dizer logo a palavra certa: a *coragem* — de meu pai ou de meu tio Nestor, eu bradaria alguns dos mais expressivos palavrões gaúchos e, derrubando cadeiras, psicologicamente a cavalo, galoparia para fora daquele recinto, levando minha mulher na garupa. No entanto aqui estou, engolindo o meu creme de ervilhas, sentindo no braço a pressão do cotovelo do anguloso rebento do grande Eça, e já com a atenção na lagosta à portuguesa que os garçons começam a servir com arroz branco. Insulto-me mentalmente. Covarde! Débil mental! Pamonha! (Pamonha era um insulto muito usado domesticamente no sobrado avoengo e em geral dirigido às criadinhas molengas ou estúpidas. "Ó sua pamonha de merda de gato!") O homem que tenho à minha esquerda comunica-me que o Círculo Eça de Queirós decidiu dar-me de presente uma coleção completa da obra do grande mestre, em volumes encadernados em couro. Em meus pensamentos Nestor Verissimo responde primeiro que eu: "Meta essa coleção no fió!". Limito-me a sacudir a cabeça em silêncio. Fernanda de Castro ameniza a situação com sua conversa brilhante. E sempre é bom a gente arriscar um olho na direção da sra. Paulo Cunha. A ementa anuncia para depois da lagosta um esparregado de espinafres. Vem depois um pudim de moca e laranjas de Setúbal. A palavra *Setúbal* me provoca uma saudade antecipada de Portugal, o Portugal das aldeias, vilas e pequenas cidades, o Portugal da boa e terna gente e não o da plutocracia e do oficialismo.

Depois do café e dos licores Paulo Cunha ergue-se para falar, o que faz com desembaraço, de maneira informal, sem arroubos oratórios. Entre outras coisas — elogios ao Brasil e aos brasileiros — diz que seu "prezado V'rissimo" deve compreender que o conceito de liberdade varia de pessoa para pessoa, de época para época. O "caro escritor" deve ter visto como o povo português vive feliz e em paz, tem o que comer, o que vestir, onde morar e no que trabalhar. Esse povo não está interessado nos conceitos acadêmicos da palavra *liberdade*... (De vez em quando se ouve um brusco "Apoiado!".) A oração não é longa e Paulo Cunha a encerra com as seguintes palavras: "Espero que, ao voltar a sua pátria, o romancista narre a seus compatriotas e leitores o que realmente viu e sentiu em Portugal". O orador senta-se ao som de entusiásticos e prolongados aplausos. Quando de novo se faz silêncio, levanto-me e limito meu "discurso" a uns três ou quatro minutos. Digo de minha afeição por Portugal, declaro que meu conceito de liberdade é exatamente o de Eça de Queirós. Quanto a contar no Brasil o que realmente vi e senti na terra do grande escritor, podem todos ficar descansados, pois é exatamente isso que pretendo fazer. Torno a sentar-me, sentindo o jantar inteiro na garganta. Creio que a brevidade da minha fala apanha os convivas de surpresa. Faz-se um hiato de alguns segundos, antes que estalem os primeiros aplausos — hesitantes, fracos, chochos.

De seu lugar Mafalda me olha, e parece divertir-se com a minha cara.

63

Estamos na plataforma da estação da estrada de ferro, ao lado do trem (aqui se diz "comboio") que nos vai levar a Sevilha. Sempre detestei estes minutos que antecedem a partida, a despedida. A gente quer dizer muita coisa e acaba não dizendo nada.

A despedida em Portugal é quase sempre um fado triste. No Brasil, talvez um samba-canção em que se pronuncia muitas vezes a palavra *saudade*. Cada um de nós à sua maneira está cantando interiormente a sua despedida. Fizemos com os Souza Pinto uma amizade que tenho boas razões para esperar seja duradoura. Quanto a Jorge de Sena, é um homem muito reservado, tem uma face que não se deixa ler facilmente. Mécia, sua esposa, foi uma pessoa que vimos poucas vezes. Temos por ambos uma afetuosa admiração. Mas a verdade é que todos — menos o pequeno Antônio Luís, que tem os olhos úmidos — afivelaram a sua máscara britânica. De resto não há mesmo motivo para grandes tristezas. Um dia havemos de voltar ou ter estes bons amigos conosco no Brasil. Quanto a fazer agradecimentos verbais... para quê? Eles sabem o quanto lhes estamos gratos.

Está na hora de embarcar. Trocamos abraços, nossas máscaras britânicas caem por um instante. E então a trinca Verissimo sobe para o vagão e ficamos à janela até a hora de o trem partir. Depois, os acenos e as figuras que vão ficando para trás, diminuindo de estatura física, mas de certo modo se gravam na nossa memória, onde o tempo lhes vai modificando um pouco as feições.

Parte II

Nota do Organizador da parte II

A obra literária de Erico Verissimo, desde a publicação de *Fantoches* em 1932 até o *Incidente em Antares* em 1971, alcançou uma notável pluralidade de perspectivas — da crítica social de *Caminhos cruzados* ao painel histórico d'*O tempo e o vento*, da sondagem psicológica de *Noite* ao realismo político d'*O senhor embaixador*, das narrativas infantis ao libelo pacifista d'*O prisioneiro*. A síntese desse itinerário deveria cumprir-se na redação das memórias, iniciada em 1973 com o primeiro volume do *Solo de clarineta*, ao qual seguir-se-iam outros dois: o relato das experiências de viagem e, finalmente, o depoimento sobre pessoas reais e personagens imaginárias que desempenharam função marcante em sua existência e na gênese dos seus romances. A morte colheu-o em pleno trabalho, impedindo a conclusão do objetivo traçado pelo escritor (e que previa, ainda, um novo livro de ficção cujo roteiro já estabelecera — *A hora do sétimo anjo*). No seu arquivo foi encontrado o seguinte plano para o segundo volume do *Solo de clarineta*, que sofreu alterações durante a redação mas, não obstante, vai aqui reproduzido:

* FESTIVAL DE FUNDO DE MEMÓRIA — 1943-1945 / 1953-1956
* SORTILÉGIO ANTILHANO — Santa Lucía. Trinidad (Port of Spain) — Barbados — Curaçau — Cartagena das Índias — Puerto Rico. (Temos respectivamente os anos de 1943, 1945 e 41 (Port of Spain), 1954, 1956)
* AQUARELAS DE PORTUGAL
* ESPANHA: OURO E SÉPIA
* CARROSSEL ITALIANO
* ALEMANHA (OURO DO RENO)
* ESTAMPAS DA HOLANDA
* SUÍTE FRANCESA (Paris in many times, Toulouse, Nîmes, Usés, Arles.)
* SONATA AUSTRÍACA
* A BREVE PRIMAVERA DE PRAGA (1968)
* LONDRES (VISITA A SHERLOCK HOLMES)
* SUÍÇA
* ISRAEL EM ABRIL
* SOL E MEL

É evidente que esse plano inicial foi profundamente modificado por ele próprio, não só quanto à ordenação da matéria mas já no que respeita à titulação dos capítulos. No entanto, oferece uma idéia bastante nítida do que o escritor pretendia abranger e, principalmente, daquilo que não teve tempo de abordar.

Incompleto o segundo volume do *Solo de clarineta*, a Editora Globo — agindo em concordância com a família de Erico Verissimo — atribuiu-me a tarefa de organizar e transcrever os originais deixados por ele, a fim de juntá-los às primeiras 212 páginas deste livro, já então definitivamente revisadas e inclusive impressas. Na execução do trabalho procurei ser fiel ao plano de Erico Verissimo, amparando-me — sempre que possível — nas indicações verbais ou escritas que pude comprovar.

A parte relativa a Portugal já estava praticamente pronta, exceção feita ao subcapítulo 63, que foi localizado entre os papéis do escritor com esta anotação à margem da folha datilografada: "Última página da parte dedicada a Portugal".

A narrativa da viagem à Espanha (que inicialmente deveria dar seguimento ao último capítulo da parte I — "Mundo velho sem porteira!"), como se verá, permaneceu inconclusa, salvo dois textos: "Caminho de Sevilha" e "Granada: em busca do menino Federico". Quanto a este, há duas versões. Uma foi publicada, ainda em vida do autor, na revista *Ele Ela*; a segunda — em originais manuscritos ou datilografados — modifica em alguns pontos a primeira e inclui as reflexões sobre a busca do túmulo paterno, deflagradas por associação com a lembrança de Federico García Lorca. É claro que, na organização do texto, optei por esta última versão. Em seqüência, deveriam vir as passagens referentes à visita ao Alhambra e à cidade de Córdoba, que não incorporei ao volume por se acharem ainda em esboço elementar.

Por outro lado, a parte concernente à Holanda parece ter sido redigida em data bastante anterior às demais. O autor reservara-a para incluí-la bem mais adiante, depois dos capítulos sobre a França e a Tchecoslováquia, que não chegaram a ser produzidos. Entretanto, deixou expressamente indicado que a redação é a definitiva, tal como está.

"O escritor e o espelho" fora ideado para constituir o fecho das memórias. De certa maneira, é a tomada de posição humanista do narrador, a tradução de sua atitude como indivíduo e criador diante do mundo observado e da sua própria obra vista em retrospecto. A origem desse documento vai explicada, mais adiante, numa anotação específica.

Fiz constar em notas ao pé de página alguns textos manuscritos à margem das folhas originais que, claramente, o autor pretendia acrescentar à versão final. Bem assim, as observações que indicam o caráter ainda provisório de certas passagens e sua provável revisão (especialmente as de "Caminho de Sevilha" e as variantes da última parte).

Na transcrição dos originais contei com a eficiente assessoria de Maria da Glória Bordini. E, ao longo de todo o trabalho, recebi a valiosa colaboração daqueles que mais próximos estiveram da generosa personalidade de Erico Verissimo e melhor conheceram o processo de elaboração da sua obra: Mafalda, sua mulher, Luis Fernando Verissimo e Maurício Rosenblatt. A eles, principalmente, deve-se a publicação desta segunda parte do *Solo de clarineta*.

Flavio Loureiro Chaves
Doutor em Letras pela Universidade de São Paulo, professor titular de literatura na Universidade de Caxias do Sul.
Autor de Erico Verissimo: O escritor e seu tempo

Espanha

Terminada a nossa visita a Portugal, entramos na Espanha e precipitamo-nos Europa adentro, numa excursão que por minha culpa exclusiva teve o ritmo e o caráter dum galope insensato. Com seu bom senso habitual, minha mulher achava que devíamos viajar mais lentamente, limitando nossa visita a dois ou três países, o que nos permitiria passar mais tempo em duas das cidades de sua predileção: Paris e Roma. Em suma, o que propunha era uma viagem adulta, vertical e, além de tudo, livre dessa trabalheira de, a cada passo, ter de fazer e desfazer malas, entrar e sair de trens, ônibus, hotéis.

O marido de d. Mafalda, porém, à mercê de seus diabinhos interiores, que lhe sopravam roteiros às vezes irreconciliáveis, estava tomado duma espécie de delírio ambulatório, esporeado por uma curiosidade e uma gula geográfica quase indecorosas. O resultado desse estado de espírito foi uma excursão horizontal de mais de três meses através de oito países e cerca de setenta localidades, entre aldeias, vilas e cidades.

Devo lembrar ao leitor que isso aconteceu em 1959. Tornamos à Europa mais quatro vezes para visitas mais curtas: em 1962, 1966, 1968 e 1972. Pretendo dar nas restantes páginas deste volume algumas de minhas impressões dessas andanças. Como seria enfadonho e demasiado longo seguir uma ordem cronológica, decidi fazer com o elemento tempo uma espécie de mingau. (E não será exatamente isso que nossa memória faz com o seu desconcertante calendário?) Nunca mantive diário de viagem. Limitava-me a tomar notas ocasionais no verso de envelopes, de contas de hotel e outros papéis avulsos. Fazia isso apressadamente, dentro de trens e ônibus em movimento, na rua em cima da perna, em mesas de café, usando duma linguagem telegráfica e duma espécie de taquigrafia da minha própria invenção e que às vezes nem eu conseguia decifrar. Assim, minhas impressões de pessoas, lugares e fatos ficaram como que "desidratadas" nesses papeluchos. Muito do que se vai ler nas páginas seguintes são essas anotações, devidamente "hidratadas" com as águas da memória e da fantasia.

Nosso filho nos acompanhou apenas na primeira viagem. Decidi a certa altura do relato abandoná-lo no caminho, coisa que ele não notou e espero que o leitor não estranhe.

Caminho de Sevilha

I

Descemos do trem na estação de Elvas, para passar pela aduana e pelo serviço de imigração de Portugal. Operação simples e rápida. Vejo, porém, a meu lado uma jovem viajante solitária em apuros, pois tem de pagar uma pequena taxa de saída em dinheiro português e não possui mais escudos. Pesco do fundo de meus bolsos algumas moedas lusitanas ali esquecidas e com elas resolvo o probleminha da desconhecida, que me sorri, entre perplexa e grata. É americana, tem olhos cor de lavanda e cabelos de palha. Nem bonita nem feia: hígida.

Voltamos para o trem. A moça nos segue, perguntando como e quando me poderá reembolsar o "empréstimo" que acabo de fazer-lhe. Respondo-lhe que nunca. A quantia é irrisória e afinal de contas paguei barato pela minha primeira boa ação de escoteiro neste suave fim de manhã primaveril.

Ficamos sabendo que a rapariga se chama Sally Sherman, é natural da Filadélfia, ganha a vida desenhando pranchas anatômicas para ilustrar livros de medicina, e que seu destino é Roma, onde tem um contrato de trabalho com uma casa editora. Quer saber quem sou. Ora, faz muito tempo que ando em busca de respostas às Grandes Perguntas. Quem sou? De onde vim? Para onde vou? Mas, como estou certo de que miss Sherman não espera respostas metafísicas, digo-lhe que somos brasileiros em viagem de recreio.

O trem põe-se em movimento mas torna a parar poucos quilômetros adiante, em Badajoz, já em terras de Espanha. Tornamos a saltar para a plataforma de uma estação pequena, triste e encarvoada. Nenhum problema com as autoridades alfandegárias espanholas. E é neste ponto que minhas lembranças empalidecem, provavelmente de fome. Badajoz é uma cidade de certa importância, ao sul da Extremadura espanhola. Por mais que escarafunche na memória, não consigo explicar-me agora por que estávamos naquela estaçãozinha tão sem conforto, onde não existia sequer um restaurante. Entramos — disto me lembro claramente — numa espécie de cantina esbodegada, quase nua de móveis, onde uma espanhola loura e carnuda lia uma revista debruçada num balcão seboso, enquanto um garçom sonolento, sentado a um canto, espantava com as mãos as moscas que lhe esvoaçavam ao redor da cabeça. No ar, um cheiro acre de vinho ordinário de mistura com fantasmas de frituras imemoriais. Havia naquela pequena sala apenas três mesas toscas sem toalhas. Estávamos famintos. Acerquei-me da peituda *muchacha*: "*Tenemos hambre, señorita. Que puede darnos usted para comer?*". Percebi imediatamente que havia formulado a pergunta de maneira um tanto ambígua. Minha mulher e meu filho sorriram maliciosamente. A moça ergueu a cabeça. "*Solamente 'sangüiches', señor.*" Penso em probabilidades: o pão dormido, a manteiga rançosa, as rodelas de salame recendentes a alho, o presunto lívido de gordura e, pior que tudo, a mortadela rosada feita da carne só Deus sabia de que bicho. Consultei mulher e filho com o olhar e a resposta que obtive foi inequivocamente negativa. A espanhola sugeriu uma alternativa: "*Una tortilla, quién sabe?*". Que venha a *tortilla*! Ficamos a caminhar de um lado para outro na plataforma. Uns quinze minutos mais tarde, da porta da cantina o garçom faz-nos um sinal. Voltamos e sentamo-nos a uma das mesas, coberta agora com um quadrado de papel de embrulho pardo. Pois, senhoras e senhores, a *tortilla* estava de tal modo saborosa que ainda me lembro dela com ternura passados dezesseis anos.

2

Faz pouco mais de uma hora que o trem corre e sacoleja. Deixamos para trás nosso querido Portugal, com sua alvura de casas e sua doçura de gentes. Mais tarde avisto a silhueta da sierra Morena. (Infância circo pantomima os bandidos o Cap. Severo tio Mingote.) A serra é mesmo trigueira, com sombras dum azul arroxeado e às vezes cambiantes de opala.

Entramos finalmente na Andaluzia propriamente dita. Começo a fazer mentalmente paralelos impressionísticos e brasileiramente palpiteiros entre Portugal e Espanha. Passamos por *pueblos*, vilas, pequenas cidades, granjas, pomares... Observo as faces das pessoas que se encontram no nosso vagão e as das que se movem nas plataformas das estações pelas quais nosso trem passa lentamente ou onde faz breves paradas. Mudou alguma coisa na paisagem, nas fachadas das casas, na cor do sol, no ar que respiramos? Concluo que a Espanha é um Portugal tostado e que as faces humanas do lado de cá são mais marcadas e sofridas que as do lado de lá. As vozes espanholas me soam mais ásperas que as portuguesas, lembrando-me as dos palhaços e cômicos de zarzuelas da minha infância, que falavam como se tivessem cascalho na garganta.

Pela janela do carro avisto ao longe ruínas dum templo romano. Cegonhas armaram seus ninhos sobre os capitéis derrocados das poucas colunas que ficaram de pé: e lá estão, imóveis e filosóficas, como a cegonha do famoso soneto brasileiro, "*debruçada sobre a angústia infinita de si mesma*". (A gente não pensa o que quer, mas sim o que vem à cabeça em palavras ou imagens. Acho que o "detonador" do pensamento no mais das vezes está fora de nós.)

Sevilla es una torre
llena de arqueros finos.

Don Federico García Lorca viajava a meu lado.

Una ciudad que acecha
largos ritmos,
como laberintos.
Como tallos de parra
encendidos.

3

Chegamos a Sevilha ao anoitecer, deixamos a bagagem e a canseira no hotel e saímos a caminhar pelas ruas desta cidade "*loca de horizonte*". Entramos numa via estreita, a calle de Sierpes, fechada ao trânsito de veículos mas pululante de pedestres. Esta é a hora do *copetín*, do aperitivo, da conversa entre amigos nos cafés, bares, tavernas, nas esquinas, em suma a hora dos encontros. Na Espanha não se costuma jantar antes das dez da noite. Creio que nenhum outro povo do mundo aprecia e cultiva mais e melhor que o espanhol a vida em lugares públicos. Ele transforma suas ruas em salas de visitas. É alegre a algazarra nos cafés muito iluminados, cujos soalhos se vão aos poucos cobrindo dos quadrinhos brancos dos papéis que envolvem os pequenos cubos de açúcar. A *calle* também está regurgitante de vozes. As pessoas falam alto, riem, gesticulam, contam-se casos, anedotas, trocam mexericos, discutem, abraçam-se, convivem intensamente.

Entramos numa casa de chá para comer algo. O menino em mim enfrenta com extraordinária bravura o garçom calvo, de barba cerrada, que nos vem servir. Gosto da maneira como este andaluz gordalhufo nos trata: sem agressividade mas também sem servilismo, de igual para igual. Bravo!

Momentos mais tarde, explorando a cidade ao acaso, vemos a fachada de um teatro onde se anuncia para esta noite um espetáculo de variedades intitulado *Perfis de bronze* — cantos e danças *flamencos*. Os nomes dos cantores, dos guitarristas e das dançarinas aparecem nos *carteles* acompanhados de adjetivos bombásticos. Compramos bilhetes e entramos. Dirigida com bravura por um *maestro* que ostenta uma cabeleira à Ben Gurion, a orquestra toca uma abertura: variações em torno do *pasodoble* popular. A cortina corre, mostrando um cenário que representa um pátio sevilhano. O desfile começa, raparigas vestidas à moda andaluza dançam e batem castanholas. O público participa vivamente do espetáculo. Partem exclamações e frases da platéia. Olé! Olé! Homens atiram *piropos* para a *muchacha* que acontece estar fazendo um solo. "*Que guapa!*" ou "*Bendita sea la madre que te puso en el mundo!*". A todas essas não consigo livrar-me da impressão de que, apesar de estarmos em Sevilha, tudo isso não passa duma *imitação* do ambiente, da música, da dança e das mulheres da Andaluzia com seus trajes típicos — tudo armado especialmente para agradar os turistas estrangeiros, principalmente os americanos.

Um mestre-de-cerimônias que fala *con la zeta* (o z ceceado) anuncia o próximo número: um "*genial poeta en su genial interpretación de sus geniales poemas*". Estralam palmas no teatro inteiro quando surge no palco um sujeitinho baixo e *flaco*, de cabeleira basta e costeletas à Escamillo e ali fica a recitar com sua voz de taquara rachada (mas taquara *con mucha alma*!) poemas que falam em *gitanos*, *morochas*, amor, ciúmes, *sangre y muerte*. Depois do poeta chega a vez dos sapateadores com seus chapéus cordoveses, jalecos e calças pretas, estas mui justas na cintura, nas nádegas, nas coxas, e põem-se a dançar suas danças esculturais taconeando com suas botinas de salto alto. Justiça se lhes faça: dançam como machos, sem rebolar os quadris, não deixando a menor suspeita de que são *maricones*. O público aplaude-os com delírio. Cerra-se a cortina: fim do primeiro ato. Aproveito o intervalo para ir esticar as pernas no saguão do teatro e entreouvir as conversas em torno, mais por amor à música da língua do que por curiosidade quanto ao que estes desconhecidos se dizem uns aos outros. O ar está cheio da fumaça de cigarros que têm um aroma adocicado (fumo turco?) que não me é totalmente desagradável.*

A segunda parte do espetáculo é toda dedicada à música *flamenca*, aos solos de guitarra e aos *cantes*. O guitarrista é de primeira ordem e leva o público ao êxtase. O ouvinte habituado à música lírica ou romântica fica geralmente um pouco — ou muito — desnorteado quando ouve a *flamenca*. Procura logo a linha melódica, a harmonia e, não as encontrando, acaba por sentir-se frustrado. É como um leitor de Guy de Maupassant ou Somerset Maugham a quem dessem a ler, digamos, *A paixão segundo G. H.*, de nossa admirável Clarice Lispector. O homem procurará encontrar desde a primeira página o que este livro não lhe poderá dar, isto é, uma prosa e uma história lineares de acordo com seu gosto e hábitos de leitor. Sei que a comparação não é boa, pois os escritos de *la* Lispector nada têm a ver com a música *flamenca*. Se eu tivesse de buscar um equivalente musical para eles, talvez sugerisse as composições de Olivier Messiaen, principalmente o *Quarteto para o fim do tempo*. É curioso que a escritora brasileira me tenha aparecido de repente neste teatro sevilhano. Convido-a a retirar-se para que eu possa continuar falando sobre música *gitana*, para a qual os primeiros adjetivos que me ocorrem são *apaixonada*, *frenética*, *obsessiva*, sim, e *imprevista*, dando sempre a impressão de que está sendo improvisada...**

Depois que o guitarrista tocou cerca de uma dúzia de peças, surgiu em cena talvez a figura mais famosa da noite, o *cantaor* — homem de estatura mediana, cara de hindu, tez de cobre, cabeleira crespa bem lubrificada, canino de ouro. Está vestido à burguesa, num traje gris. Vejo-lhe no dedo mínimo (estamos na quinta fila) um anel com uma pedra graúda dum fosco azul-celeste. Aproxima-se do proscênio, sob aplausos entusiásticos, volta-se para os guitarristas que vão acompanhá-lo e faz-lhes um sinal de cabeça. E durante mais de meia hora o *cantaor* flamenco interpreta *cantes hondos*, seguidilhas, fandangos, fanduilhos, malaguenhas...

Imagino que sou um velho gato barroco acostumado a seguir com delícia o vôo disciplinado, quase matemático, dos anjos de Bach e os

* Daqui até a página 227 a redação dos originais acha-se em seu primeiro rascunho, incluindo várias anotações marginais indicadoras de que o autor pretendia modificá-la, como se vê pelas notas subseqüentes.

** Nota à margem da folha original: *Reescrever*.

graciosos minuetos dos querubins mozartianos e que de repente vê surgir ante os olhos o colorido pássaro do *cante flamenco* a fazer as mais estranhas e inesperadas evoluções. O gato fica tenso, atento e ao mesmo tempo intrigado, desejando já abocanhar a exótica ave mais por curiosidade que por gula. A princípio a caça parece-lhe fácil. A alada criatura está a poucos centímetros de seus dentes. Suas evoluções impossíveis, porém, deixam o bichano estonteado... Onde ou quando a melodia? E o contraponto? E a harmonia? O pássaro rompe num vôo frechado rumo do teto do teatro e depois desce ao nível do focinho do gato e ali fica a pairar num desafio. Logo em seguida sai a voejar em grotescas reviravoltas como um avião de caça, sobe de novo a grande altura e de lá, como que ferido de morte, precipita-se ao chão e fica ofegante em agonia... O gato salta sobre ele, mas o pássaro esquiva-se, redivivo, rompe numa dança quase alegre, ondulante, e fica a fazer voltas ao redor da cabeça do gato, que o segue primeiro com os olhos, depois com todo o corpo até começar a sentir tonturas. É nesse momento que a estranha ave pousa no próprio focinho do bichano, que nada pode fazer porque está desnorteado, talvez enfeitiçado. E de novo lá está no ar, seguindo agora um vôo que para o velho apreciador do barroco parece ter um desenho coerente, harmonioso, repousante... Mas qual! O pássaro agora parece que enlouqueceu, está a rodopiar num pé só e, por fim, tomba. O gato estende a pata, mas o pássaro outra vez lhe escapa e uma alegria desesperada parece tomar conta dele, pois o bichinho se põe a voar por todo o teatro, em trajetos sinuosos — e as guitarras que tocam todo o tempo, e as batidas de palmas em ritmo *staccato* em nada melhoram a situação, ao contrário, excitam mais a ave. Por fim, tonto e ofegante, o gato barroco se estende, mete a cabeça entre as patas dianteiras, fecha os olhos e desiste da caça.*

Reconheço que a metáfora me saiu mais longa e rebuscada do que eu esperava e desejava. É que a voz do *cantaor* comportou-se perante meus ouvidos como o pássaro doido. Momentos houve em que imaginei possível descobrir naqueles *cantes* uma linha melódica, mas o *gitano* parecia estar sempre improvisando e mais importante que a música era a letra dos *cantes*, da qual eu entendia poucas palavras. Usava de apojaturas, crescendos, modulações de garganta, ligaduras, repetições

* Notas à margem do original: *Refazer. Reescrever modificando! Encurtar, principalmente a metáfora do gato e do pássaro.*

obsessivas de duas ou três notas, *smorzandi* que lhe terminavam na garganta num farelo de voz. Seus gritos desgarrados me faziam pensar ora no muezim à hora do poente, no alto do minarete, convocando os fiéis muçulmanos à prece, ora na lamúria dum *kol nidre* hebreu. Sim, sentia-se muito de Oriente naquelas canções — momentos em que o *cantaor* traçava caprichosos arabescos sonoros no ar. Noutros, entrava em queixumes que de repente se transformavam em gritos de desespero. E sempre no fundo (perdão, don Federico!) aquele "horizonte de guitarras" como a incitá-lo. O público urrava de entusiasmo, batia palmas, pedia bis!

Findo o espetáculo, minha mulher e eu deixamos o teatro com sentimentos ambivalentes quanto ao *cante flamenco*. Já nosso filho, aficionado do *jazz* puro, aceitou-o com facilidade, embora não com muito quente entusiasmo. Saímos a andar a pé pelas ruas, convidados pela temperatura tépida da noite e pelo brilho das estrelas contra um céu escuro e veludoso. Como no poema de Lorca, agora

Las calles están desiertas
y en los fondos se adivinan
corazones andaluces
buscando viejas espinas.

4

No hotel, ao entregar-nos as chaves, o porteiro da noite lembra-nos de que temos de deixar nossos aposentos dentro de dois dias, conforme ficou combinado. É que já começaram a chegar os turistas que vêm a Sevilha especialmente para assistir às celebrações da Semana Santa e que fizeram suas reservas com grande antecedência. "*Lo siento, señor*", diz o velhote, e conta-nos que não pôde conseguir-nos acomodações em outro hotel, pensão ou casa particular, pois estão todos lotados.

Subimos para o quarto. Pergunto a M.: "A ti te importa muito não ficar para a Semana Santa?". Minha mulher encolhe os ombros: "Não. E a ti?". Dou volta à chave na fechadura, abro a porta. "*A mi tampoco, señora.*"

5

Saímos cedo no dia seguinte sem rumo certo. Encontramos a uma esquina miss Sherman, que se incorpora ao nosso grupo, e vamos todos ver a famosa catedral, em cuja frente um guia magro e trilíngüe pastoreia um rebanho de turistas, aos quais neste momento está dizendo: "Eis uma das maiores e mais ricas igrejas góticas do mundo! Cem metros de ponta a ponta. A baleia engoliu Jonas com grande dificuldade, mas a catedral de Sevilha poderia engolir facilmente a de Notre-Dame de Paris e ainda ficar com espaço para digerir sem problemas outras igrejinhas menores". Risos em três línguas.

Recuamos para observar melhor a fachada da catedral. Quando d. Fernando, o Rei Santo, tomou Sevilha aos mouros, existia aqui neste lugar uma grande mesquita, que os espanhóis mandaram demolir. Aconteceu, porém, que o templo muçulmano possuía uma tão bela e elegante torre que Sua Majestade, achando que seria uma pena destruí-la, resolveu transformá-la na parte superior dum campanário, encimado por uma grande e pesada estátua de bronze simbolizando a Fé e arranjada com tal engenho e arte que a menor brisa consegue movê-la. É a famosa Giralda — ou cata-vento —, uma das muitas maravilhas desta capital de província. Miss Sherman fotografa metódica e repetidamente a torre híbrida. Depois entramos os quatro no templo, na cauda do rebanho turístico, como ovelhas clandestinas. A jovem americana solta os seus "*Gosh!*" e os seus "*Gee!*" de admiração ante as belezas artísticas deste interior — o piso de mármore, os vitrais, os candelabros, os altares, as capelas... De vez em quando murmura: "Cem metros de comprimento... *My goodness!*".

Vemos o mausoléu de Cristóvão Colombo. A má qualidade da luz nos impede de apreciar melhor os originais das pinturas de Murillo e Zurbarán que aqui se acham.

Miss Sherman quer ver o tesouro da catedral. Compro bilhetes e sigo o grupo sem grande entusiasmo. Passo pouco interessado por entre as vitrinas e redomas em que se exibem cruzes, ostensórios, cálices, turíbulos, castiçais, rosários, ícones, vestes litúrgicas, numa orgia de ouro, prata, platina, rubis, esmeraldas, brilhantes, alabastro, pórfiro... sei lá mais quantas preciosidades. A cada passo a americana exclama: "*My God!*". (É presbiteriana, disse-me há pouco.) Pergunta-me quanto valerá todo este tesouro em dólares. Não tenho a mínima idéia. Saio psicologicamente da sala do tesouro como sairia estomacalmente dum banquete onde tivesse sido obrigado a comer um bolo inteiro com camadas de nata batida, chocolate, marmelada, doce de ovos, e todo incrustado de nozes, passas sortidas, amêndoas, confeitos... Essa sensação de enjôo é o que geralmente me produz a vista de pedras preciosas e excessos de ouro e prata. Miss Sherman, porém, me parece siderada, como se acabasse de sair da caverna de Ali Babá. Reencontramos o rebanho turístico diante do altar-mor, no exato momento em que seu pastor revela que nas oitenta capelas existentes neste monumental templo rezam-se diariamente quinhentas missas.

Afasto-me do grupo e vou sentar-me num jardim fechado, atrás do grande templo, onde ficam também os claustros. É o chamado Patio de los Naranjos. O ar está embalsamado do perfume das flores das laranjeiras, que aqui vejo em longos renques. Uma grande paz adormenta o ambiente cujo silêncio é de quando em quando picotado pelo piar de passarinhos. Dentro de poucos minutos sinto o "estômago do espírito" curado da náusea que o tesouro da catedral lhe provocou. Volto para o grupo, que já está visitando o Alcázar, o mais ilustre vizinho da catedral, antiga residência palacial dos potentados muçulmanos e mais tarde dos príncipes e reis espanhóis. Admiro os arabescos em alto-relevo de suas paredes e me pergunto de que massa terão sido feitos para durarem tantos séculos em tão bom estado de conservação, principalmente se levarmos em conta a finura e a delicadeza de seus desenhos. Interrogo um dos guardas do palácio e o homem, mediante módica gorjeta, me informa que nessa argamassa além de gesso entravam também claras de ovo e outros ingredientes misteriosos dos muçulmanos. E, em voz baixa e ar conspiratório, acrescenta: "Cá para nós, tudo quanto de mau gosto existe neste palácio é obra das 'reformas' de grosseiros e apressados artistas cristãos... *Sí, señor*". Examino as grandes tapeçarias que cobrem muitas das paredes do Alcázar. Saímos para o Patio de las Doncellas, cercado de altos muros. Miss Sherman me parece perturbada quando lhe conto que nos tempos da conquista islâmica era aqui que califas, possivelmente gordos e lúbricos, costumavam colher as primícias das mais belas virgens da cidade. "*You don't say!*", exclama ela. E fica a olhar para as buganvílias cor de sangue que cobrem as paredes do jardim.

6

Só na tarde daquele dia é que, saindo sozinhos a caminhar pelas ruas, começamos a sentir o *embrujo* de Sevilha. Aos poucos vamos descobrindo vestígios cada vez mais nítidos da presença da Arábia nesta cidade. Penso também na escola de pintura que aqui surgiu e cujos maiores representantes foram Velázquez e Murillo, ambos sevilhanos de nascimento. Para onde quer que voltemos os olhos, avistamos flores — glicínias, as primeiras rosas do ano, acácias e sempre as buganvílias das mais variadas cores. Num dos muitos parques da cidade, ao vermos as primeiras tangerinas — *bergamotas* para os gaúchos —, temos a impressão de encontrar compatriotas. E como é bom caminhar sem rumo certo! "Vamos ver aonde vai dar este beco?" Minha mulher está sempre disposta a estas pequenas aventuras topográficas. Nosso filho segue-nos em silêncio, decerto viajando sozinho através do seu mundo particular. E agora estamos praticamente caçando pátios e casas residenciais. Espiamos para dentro deles, por entre grades e portões. Ah, os pátios sevilhanos, íntimos, frescos com suas flores e fontes. Gosto de ficar ouvindo o rumor da água corrente. O poeta me sopra ao ouvido:

El agua
toca su tambor
de plata.

No parque María Luisa vemos lindas crianças, muito bem-vestidas, um bebê que dorme seu róseo e plácido sono dentro dum carrinho empurrado por uma *niñera* de braços dados com o seu namorado *carabinero*. Um bando de pombas executa no ar — quero crer que em nossa homenagem — balés muito bem ensaiados. A música? O bater de suas próprias asas.

Bajo el arco del cielo
sobre su llano limpio
dispara la constante
saeta de su río.

É o Guadalquivir, em cujas águas se reflete permanentemente a torre de ouro. E agora, por breves instantes, três faces brasileiras.

7*

À noite vamos jantar num restaurante onde a duras penas conseguimos uma mesa vaga. Enquanto comemos, ficamos atentos às conversas em redor. Sentados a uma mesa perto da nossa, quatro espanhóis bebem e conversam animadamente. Touros e toureiros? Futebol? Não. O assunto é a festa religiosa que começará no próximo Domingo de Ramos e terminará na Sexta-Feira da Paixão. Cada uma das muitas confrarias que existem na cidade apresentará os seus quadros vivos, montados em plataformas de uns seis metros de comprimento — contaram-me — por quatro ou três de largura, e nas quais as imagens de Cristo e dos centuriões, bem como a da Virgem, aparecem em tamanho natural, todas com grande realismo e com roupagens deslumbrantes. Existe entre as mais ricas confrarias de Sevilha uma grande rivalidade que me faz pensar (perdoe-me pela irreverência, senhora dona Mafalda) nas competições de carros alegóricos dos Carnavais antigos do Rio de Janeiro entre os Fenianos, os Democráticos e os Tenentes do Diabo.

Ouço um de nossos vizinhos de mesa dizer ao outro: "*Este año, chico, verás que nuestra cofradía presentará la cena de la crucifixión de manera más bella que la de ustedes. Es que ganamos de un caballero rico, que recibió una gracia de Dios, un soldado romano que es una verdadera belleza. Imagínate que su casco y su armadura son de plata pura, su cinturón de oro, su espada de marfil*". O outro solta uma risada: "*Ah! de que vale un centurión a más si el Cristo de ustedes es un Cristo de mierda?*". M. me olha surpreendida e murmura: "Será que ouvi direito?". Inclino-me para ela e sussurro: "Ouviste. *Cristo de mierda* foi o que ele disse. Deves compreender que estes homens são religiosos à apaixonada maneira espanhola. O chocante adjetivo nesse caso não qualifica nem sequer de leve a figura admirável e pura do Filho do Homem, mas sim a sua imagem material do andor da confraria rival".

A discussão anima-se na mesa vizinha, onde os quatro amigos continuam a discutir e a beber sangria. As celebrações começarão no Domingo de Ramos e só terminarão na Sexta-Feira da Paixão. Cada confraria apresentará como de costume dois desses grandes andores. No

* Daqui até a página 234 os originais apresentam, novamente, sinais e anotações sugerindo que o autor pretendia modificá-los para a versão definitiva.

primeiro deles Cristo aparece crucificado, morrendo na cruz, o suor a escorrer-lhe pela testa, o sangue a manar de suas feridas (se a confraria é rica, o sangue será representado por legítimos rubis). Uns levam o realismo de dar aos pés e às mãos do Salvador uma coloração meio arroxeada. Quatro soldados romanos montam guarda ao pé da Cruz. Na outra plataforma a Virgem Maria aparecerá em todo o seu esplendor, bela, jovem, gloriosa, ricamente vestida de seda, crivada de custosas jóias. (Vimos ontem na igreja de San Gil a imagem da Virgen de la Macarena e ficamos surpreendidos com sua beleza, digamos assim, mundana. Parece ter sido feita por um escultor profano, que tivesse por modelo uma estrela de cinema com grande *glamour*: seus cabelos são cabelos humanos, bem como suas sobrancelhas e cílios. É, em suma, uma Virgem *sexy*. Eu não me admiraria se a encontrasse numa igreja católica dos Estados Unidos, mas aqui nesta dramática Sevilha o que eu esperava encontrar era uma Mater Dolorosa envelhecida e com o rosto marcado pela dor.)

Durante o ano inteiro os figurões importantes de cada confraria tratam de ir coletando fundos para as celebrações da Semana Santa. Ao amanhecer do Domingo de Ramos, todos os sinos de todos os campanários sevilhanos começam a dobrar. Nas igrejas, todas as imagens de santos estarão envoltas em panos roxos. Pelas ruas encontramos homens e mulheres vestidos de trajes escuros. Vai repetir-se a Paixão de Cristo, passo por passo. Todos parecem querer sofrer com o Redentor, participar de sua agonia e morte.

Começam as procissões, que saem de suas igrejas, rumo do centro, passam pelo edifício da prefeitura e, ao anoitecer, chegam ao seu destino final: a catedral. A multidão nas ruas por onde o cortejo passará é enorme. Gente às janelas, nas arquibancadas. O que mais impressiona nesses desfiles são os penitentes, que, como nos tempos da Inquisição, estão metidos em longas túnicas, tendo as cabeças cobertas por capuzes com aberturas para os olhos e em cores fúnebres como preto e roxo, de acordo com a sua confraria. Cada um deles carrega, apoiada no quadril, uma vela acesa de quase dois metros de comprimento. De acordo com a tradição, o andor com o Cristo crucificado estará do lado esquerdo e o da Virgem do lado direito, ambos guardados por centuriões romanos (esses vivos, homens da terra vestidos a caráter). Bem à frente da procissão, uma banda de música, que toca uma marcha fúnebre. Os estrados são também guardados por soldados do Exército ou membros da Guarda Civil, todos em uniforme de gala e com armas embaladas. Em certo ponto da procissão juntam-se a ela, em geral vestindo fraque e com chapéus altos na mão, os próceres da comunidade. E as grã-finas locais, muito bem-vestidas também, ocupam os seus lugares. Há que contar ainda as representações dos *gitanos* e dos *toreros*.

Mas o mais impressionante de todo o espetáculo é o povo — o fervor com que acompanha a Virgem de sua devoção. Porque a grande figura do desfile não é o Jesus que morre na Cruz mas a Virgem. Entre as muitas imagens da Mãe de Deus, duas têm uma importância toda especial e aparecem todos os anos como rivais aos olhos dos fiéis: a Virgem da Esperança, que vem de Triana, o bairro dos ciganos, e que era a preferida do toureiro Belmonte, e *la* Macarena, a predileta do matador Joselito. Ao redor dos andores de ambas o povo urra, canta, grita. Os que fizeram promessas durante o ano aproveitam a oportunidade para pagá-las. Homens carregam nas costas pesadas cruzes, acompanhando o andor de Cristo. Mulheres fazem todo o percurso, durante horas e horas, arrastando os joelhos nas pedras ou asfalto das ruas. Como é natural, a coisa toda tem aspectos grotescos. De vez em quando um fiel sai do cortejo, entra numa bodega para tomar um copo de vinho. Outros mastigam tortilhas. Mulheres dão o peito aos filhos que trazem nos braços. É tudo uma mistura de pompa, solenidade, vulgaridade, fervor religioso, entusiasmo pagão. De vez em quando ouve-se uma voz elevar-se acima da procissão. É uma mulher do povo que canta uma *saeta* — um canto feito de exclamações de dor pelo Crucificado, e em geral improvisado, o que não impede seja às vezes duma beleza extraordinária. Ao redor do estrado onde se eleva a Virgem de sua devoção, homens atiram-lhe *piropos*. Começam líricos: "*Que linda madrecita! Nadie es más dulce que tú, virgencita*" — "*Soy tu perro*". Mas aos poucos se vão entusiasmando ao ponto da exasperação. Creio que *la* Macarena é a que desperta, pela sua beleza, as manifestações mais apaixonadas. Os homens começam a elogiar-lhe o físico: "*Que guapa! Que senos! Que boca! Que cuerpo!*". Como entre o místico e o erótico a distância não deve ser tão grande como em geral se imagina, em breve se ouvem gritos partidos da multidão: "*Que cosa! Ay que me muero de amor por ti!*" e então os adeptos da Virgem de Joselito caem em transe. Sentem necessidade de ofender as rivais de *la* Macarena, e, olhando a bela imagem vestida de seda, refulgente de jóias custosas, que se ergue acima da turba, se põem a insultar as outras virgens. Contaram-me que certa vez um sevilhano no auge do entusiasmo por *la* Macarena chegou a exclamar: "*Comparadas contigo, las otras vírgenes no pasan de putas!*". E a todas essas Jesus lá se morre, meio esquecido na sua cruz. A noite cai sobre Sevilha. Soam os sinos da catedral. O vulto da Giralda ainda é visível, recortado em negro sob o céu crepuscular. E lá vão, ao pé dos andores, os sinistros homens encapuzados com suas velas já quase consumidas, enquanto os penitentes pagam os seus pecados, sangrando como as imagens de Cristo.

Os homens da mesa contígua agora trocam insultos de amigos, entre trocistas e sérios, e comparam suas virgens. M., que escutou minha narrativa imperfeita e desordenada das celebrações da Semana Santa, murmura: "Sabes duma coisa? Agora estou achando que é pena que a gente não possa ficar para ver tudo isso...".

Granada: em busca do menino Federico

1

Partimos para Granada em um ônibus que deixa Sevilha de manhã cedinho. Miss Sherman está conosco, sentada num banco, ao lado do estranho viajante que se nos apresentou à hora do embarque, na estação rodoviária, quando nos ouviu falar em inglês. Homem de seus trinta anos, é magro, alto, pernilongo e pisa macio como um gato, no que é ajudado pelos seus *sneackers* — sapatos de tênis encardidos e surrados. Veste uma dessas roupas do tipo lava-enxuga-veste, clara com finos riscos azuis. Sua camisa, aberta ao peito, é duma viva cor de morango. O que porém mais me chama a atenção em sua indumentária é o chapéu que só posso descrever apelando para a memória visual do leitor: um quepe de copa armada, mas sem aba, como o que costumavam usar os soldados do czar da Rússia. A cara? É a dum dolicocéfalo louro ou, mais precisamente, ruivo: olhos claros, nariz carnudo, boca larga, pele rósea e sardenta. Sei que é inútil descrever tipos humanos: cada leitor verá uma pessoa diferente mas, pensando bem, talvez esteja nisso uma das maiores riquezas da narrativa escrita e falada. Pois o homem simplesmente aproximou-se do nosso grupo estendendo a mão — "*How do you do, sir?* Meu nome é Joseph Barton. Joe para os amigos". E quase sem pausa respiratória acrescentou: "Nasci em Illinois, mas me considero cidadão do mundo. Na verdade tenho sangue de *gitano*, vivo viajando, apesar de não ter dinheiro. Nunca falta no mundo uma boa alma que me dê carona. Esta é a minha primeira visita à Europa. Objetivo principal: infiltrar-me no palácio do principado de Mônaco para ver Grace Kelly de perto". Depois de apertar todas as mãos, percebeu que tinha em miss Sherman uma compatriota e exultou. Limitei-me a dizer com festiva e aérea cordialidade turística: "Seja bem-vindo à caravana!". Foi nesse exato instante que entramos no ônibus prestes a partir.

2

Deixamos Sevilha para trás. Estamos no campo e avistamos ainda, acima do casario da cidade, o vulto da Giralda. Passamos por campos cultivados, vastas plantações de beterrabas. De vez em quando avistamos bosques de azinheiras, sobreiros e oliveiras, como no Alentejo. Não havia de ser por causa dum risco convencional nos mapas que o solo e a flora desta parte da península Ibérica haviam de mudar dum momento para outro. Entretenho-me a examinar as variadas tonalidades da terra, não com o interesse científico dum geólogo, mas com a alegria lúdica dum pintor que morreu na casca mas que continua a sentir prazer nas cores.

Dentro do ônibus ouve-se principalmente a voz de Joe. Miss Sherman me parece contrariada. De repente exclama: "Não seja ridículo!". O veículo faz uma curta parada numa pequena cidade cujas casas me lembram as do Norte da África pelo que têm de alvas e árabes. Joe desaparece por um instante. A jovem americana aproxima-se de nós: "Esse rapaz é um grande chato. Acho até que não é bom do juízo". Queremos saber por que diz isso. Baixando a voz, a moça nos conta que seu compatriota lhe propôs registrarem-se ambos num hotel barato de Granada, como marido e mulher. O pernilongo, que se havia aproximado de nós inaudivelmente, percebe logo que estamos falando nele e antecipa-se: "Mister e mistress Vermício, o que propus a essa senhorita não tem a menor conotação sexual. Trata-se simplesmente dum estratagema econômico. Os quartos para casais são sempre mais baratos. Racharemos as despesas ao meio. Pediremos um quarto com duas camas. Se não houver nenhum nessas condições, dormiremos os dois numa cama de casal, cada qual para seu lado... Em suma, de costas um para o outro. Dou-lhes minha palavra de honra que não tocarei nessa donzela a noite inteira, nem em pensamento". Ao terminar o seu discurso, Joe trança as pernas numa súbita e breve figura de *charleston*. Miss Sherman fecha a cara e a questão: "Minha resposta é ainda negativa. E não fale mais comigo, *please*!". Joe Barton encolhe os ombros... "Paciência", murmura. "Só espero que a princesa de Mônaco tenha mais espírito esportivo que você." Miss Sherman volta-se para nós: "A senhora, mistress Veríssio, e o senhor, seriam capazes de aceitar uma proposta dessa natureza?". Apresso-me a responder: "Com ele não!".

3

El río Guadalquivir
va entre naranjos y olivos.
Los ríos de Granada
bajan de la nieve al trigo.

Agora compreendo melhor esses versos de Lorca. Branqueja a neve nos picos da sierra Nevada, em contraste com as amendoeiras floridas e os frescos verdes da Vega, terras baixas, planas e bem irrigadas onde se engasta a cidade de Granada.

Perdemos de vista os dois americanos, que foram cada qual para seu lado, e instalamo-nos no Hotel Nevada, no centro da cidade. Às quatro da tarde estamos já caminhando sem destino certo por suas ruas principais: a calle de los Reyes Católicos, a avenida José Antonio, a Gran Vía de Colón. Mas... donde me vem este sentimento de tristeza e mau presságio que me embacia o espírito? De quem essa mão que me toca e quase aperta o peito?

Voces de muerte sonaron
Cerca del Guadalquivir.

Descubro o motivo da estranha sensação que me abruma. *Foi em Granada que fuzilaram Federico García Lorca.* Sei que daqui por diante tudo nesta cidade será para mim a presença e ao mesmo tempo a ausência do poeta.

Continuamos a caminhar à toa. Imaginei Granada uma cidade buliçosa, despreocupada, *gitana*: encontro-a austera, opaca, triste. Custa-me crer que há menos de cinco séculos esta cidade foi a capital dum fabuloso reino muçulmano, rico em comércio, artes, ciência... (Será que a estou olhando com óculos manchados pelo sangue do poeta assassinado?)

Paramos a uma esquina para ler os dizeres pintados numa faixa de pano, que, a uns dez metros do chão, atravessa a rua de lado a lado: "ORACIÓN DE UNA MADRE CATÓLICA: DIOS, DAME UN HIJO SACERDOTE".

Poucos minutos depois vemos na rua um capítulo de sociologia e ciência política reduzido a uma imagem animada. Um soldado do Exército, metido num uniforme flamante, passa montado numa motocicleta de fabricação norte-americana, levando na garupa um padre de batina nova e aspecto saudável que agarra com firmeza a cintura do militar. Digo a minha companheira: "Olha só... Ali vão duas pernas do tripé que, com a ajuda do Plano Marshall, sustentam no poder o Generalíssimo Franco. A terceira perna, a alta burguesia espanhola, essa não anda de moto, mas de Rolls-Royce, Mercedes-Benz, Cadillac... cada qual com o seu chofer". (É bom esclarecer que essa cena se passou em 1959.)

Continuamos o passeio. Uma idéia me persegue: Onde estará sepultado o corpo de García Lorca? O assunto é muito controvertido.

Entramos na catedral de Granada, em estilo gótico-plateresco (século XVI), e, encolhidos de frio, fazemos uma rápida visita de cerimônia aos reis Fernando e Isabel, cujas tumbas se encontram numa capela. (Mas onde teriam enterrado os restos do poeta?)

Ao passarmos por uma barbearia, ocorre-me que preciso mandar aparar os cabelos. Mafalda costuma dizer (e com razão) que existem no mundo dois tipos de estabelecimentos pelos quais não posso passar sem entrar: barbearias e farmácias. E agora, enquanto ela fica a olhar as vitrinas das lojas próximas, entrego-me a um barbeiro simpático e falastrão, usando no diálogo o meu melhor espanhol. Ao cabo de alguns minutos ele me pergunta se sou da América Central. "Não. Por quê?" O homem sorri: "*Por la manera como usted habla el español...*". Digo que sou brasileiro, o que leva o barbeiro a enveredar para o terreno do futebol. Discutimos depois as diferentes línguas e os dialetos que são usados na Espanha. E comunico ao fígaro, que é valenciano, as minhas observações quanto ao dialeto que se fala na Andaluzia. O andaluz não diz *seguidilla* mas *siguiriya*; *uêino* em vez de *bueno*; *cantaor* em vez de *cantador*; *soleá* em vez de *soledad*; *cuiao* em vez de *cuidado*. O barbeiro me fala do dialeto dos ciganos, mas meu pensamento foge para longe. Imagino que um dia García Lorca sentou-se nesta cadeira onde estou, e aqui lhe ocorreu a idéia para um poema, talvez "La casada infiel". Pergunto em voz alta: "Conheceu o poeta García Lorca?". Por alguns instantes o homem permanece calado, como se não tivesse ouvido minha pergunta. Não há ninguém mais na sala da barbearia além do outro barbeiro, que está sentado a um canto, lendo um jornal. Em voz muito baixa, falando quase dentro de minha orelha, o homem que me apara os cabelos sussurra: "*No, señor, no lo conocí. Y debo decirle que no es bueno pronunciar ese nombre en Granada...*". E cala-se, muda de expressão facial. É outro homem. Pago-lhe pelo trabalho e me retiro.

Entramos num café ao anoitecer para fazer uma refeição leve. Um sujeito retaco, com uma face redonda e amarelada de lua cheia em tempo de seca, aproxima-se de nossa mesa e pergunta a minha mulher, com a maior naturalidade: "*Señora, dónde queda el urinario?*". Mafalda encolhe os ombros. Volto-me para o sutil desconhecido e digo-lhe: "*Siga adelante, amigo. No hay como equivocarse*".

À noite vemos um mau filme num mau cinema. Ao chegarmos ao hotel, *nos damos cuenta* de que lá se realiza uma festa à qual, pelo que tudo indica, comparece a flor da burguesia granadina. Um *boy* nos informa que se trata duma quermesse em benefício da campanha em prol das vocações sacerdotais. Sentamo-nos num sofá do saguão para ver as pessoas que entram — mulheres bem-vestidas, algumas bastante bonitas, quase todas crivadas de jóias. (Não encontrei ainda a andaluza morena de meus sonhos.) Cavalheiros de aspecto próspero e corretamente trajados, alguns deles exibindo uma dessas inigualáveis calvas tipicamente ibéricas em que o topo da cabeça, completamente pelado, reluz como uma bola de bilhar ao passo que os cabelos dos lados do crânio estão impecavelmente escovados para trás, reluzentes de brilhantina. A atmosfera do saguão é um coquetel de bons perfumes. Vêm do grande salão de festas os sons duma orquestra, que toca *pasodobles* conhecidos nossos. "Como tudo se parece no mundo latino!", digo a minha mulher, que mal me escuta, pois está entretida naquele desfile de modas. A pouca distância de onde estamos, dois homens abraçam-se numa cordialidade derramada. Um deles traz na lapela a roseta duma comenda. Uma dama entra nesse momento no saguão, alta, espigada, a tez clara, toda vestida de verde. (*Verde que te quiero verde.*)

Subimos para o quarto cerca de meia-noite. Deito-me mas não consigo dormir. Penso em tudo quanto tenho lido a respeito da localização da sepultura de Federico García Lorca, fuzilado nos primeiros dias da Guerra Civil, numa madrugada em que pelo menos 4 mil pessoas — entre as quais médicos, professores, escritores, advogados — foram passados pelas armas sumariamente. Gerald Brennan, um escritor inglês que viveu muitos anos na Espanha e que era amigo pessoal de Federico, fez exaustivas investigações com o propósito de localizar a sepultura do poeta e acabou concluindo — e esta é a opinião de outros escritores, como Arturo Barea — que Federico foi fuzilado na madrugada de 19 de agosto de 1936 num lugar conhecido como El Barranco, na vila de Víznar, a pequena distância de Granada. Conta-se que o poeta foi obrigado a cavar sua própria sepultura, a pequena distância do barranco... Dói-me imaginar a cena. Federico tinha um grande horror à morte, principalmente à idéia do apodrecimento do corpo. A simples idéia de que por trás da carne estava o esqueleto lhe causava mal-estar. Escreveu:

No hay nadie que al dar un beso
no sienta la sonrisa de la gente sin rostro
ni nadie que al toçar un recién nacido
olvide las inmóviles calaveras de caballo

Porque las rosas buscan en la frente
un duro paisaje de hueso
y las manos del hombre no tienen más sentido
que imitar a las raíces bajo tierra

Como me pierdo en el corazón de algunos niños
me he perdido muchas veces por el mar.
Ignorante del agua voy buscando
una muerte de luz que me consuma.

Pobre Federico. Não teve a morte que desejava. Foi levado à noite por bandidos e fuzilado contra o barranco antes do nascer do sol.

Segundo Brennan, Lorca chegara a Granada um ou dois dias depois de deflagrado o levante militar e buscou refúgio na casa dum outro poeta seu amigo, Luis Rosales, que era um dos chefes da falange local... Um par de dias mais tarde, numa hora em que seu hospedeiro se encontrava ausente, um carro parou à porta, homens armados entraram na residência dos Rosales e levaram consigo Federico, que ninguém mais tornou a ver.

De olhos fechados recordo agora esse livro de Brennan. Até nós chega abafada a música que vem do salão de festas do hotel.

Cuando yo me muera
enterrame con mi guitarra
bajo la arena.

Recordo outras leituras. Havia na Ação Católica um fanático religioso, um tal de Ruiz Alonso, que invejava o prestígio de Luis Rosales entre os membros da Ação Católica e, ao saber que Federico estava exilado na casa desse seu desafeto, tratou logo de denunciar o fato e conseguir a prisão e execução de Lorca. Não suportava esse Ruiz Alonso que Federico tivesse tanta popularidade a ponto de tornar Granada popular com a divulgação de sua poesia. Achava também que a ligação do poeta com grupos liberais tornava-o suspeito.

Não era García Lorca amigo íntimo de Fernando de los Ríos, socialista confesso? Não atacara ele tantas vezes em seus poemas a Guardia Civil, estando sempre do lado dos *gitanos*, dos pobres, dos desamparados? Quando perguntaram a Alonso, depois do fuzilamento do homem que ele odiava, que crime tinha ele cometido para merecer a pena de morte, respondeu: "Causou mais estragos com sua pena do que outros com suas armas". O terror franquista em Granada, só no primeiro mês da Guerra Civil, causou cerca de 30 mil vítimas. Entre esses condenados ao fuzilamento havia uma grande quantidade de médicos, advogados, professores de universidade, intelectuais em suma. Eram amontoados como animais em caminhões sórdidos e levados para os diversos matadouros que a Acción Popular mantinha em Granada e arredores.

Penso no desprezo mesclado de medo que as ditaduras, tanto as da direita como as da esquerda, têm aos escritores e artistas contestadores e inconformados. A URSS interna em hospitais de alienados todos os homens de pensamento que discordam da política oficial, e chega a condenar a trabalhos forçados na Sibéria os intelectuais pelo crime de não fazerem literatura ou arte segundo os cânones estéticos do regime. Nós conhecemos muito bem o comportamento de muitos regimes do mundo ocidental para com os membros da chamada *intelligentzia* quando ela se recusa a colaborar com o governo. Como podem aqueles cavalheiros e aquelas damas que agora dançam, comem e bebem lá embaixo no salão de festas compreender a posição do homem que foi Federico García Lorca?*

4

Confusos e agitados foram meus sonhos naquela noite. Deles me ficaram na memória imagens vagas e fugidias. Eu andava por veredas som-

* Anotação manuscrita à margem do original: *Aqui a* Prole de Pilatos — *depois de devidamente aparada e corrigida esta página.* Anotações na margem e no verso da folha seguinte: *A*) Prole de Pilatos. *As reflexões sobre a burguesia que, incapaz de decretar a morte dum subversivo, fica aliviada quando sabe que eles* [sic] *foram presos ou assassinados, pois lava as mãos e trata de esquecer o fato e viver como se... E como é fácil esquecer atrocidades, assassínios, quando a Censura oficial não permite jornais, oposição* [...] *B*) *Todos os regimes totalitários temem a verdade. Tanto os da E. como os da D. Torturas, prisões arbitrárias. Os do Centro lavam as mãos, respiram aliviados quando o governo faz isso. Nenhum jornal dá a notícia. Não sabem de nada, são eternos inocentes. Podem ir à igreja incapazes de matar uma formiga. Aborrecem e até odeiam os "intelectuais" que querem obrigá-los a olhar de frente a sórdida realidade. C*) *Aqui talvez a história do inocente útil e a do inconsciente útil.* (Prole de Pilatos: *os que vivem lavando as mãos de tudo. Não matam, não torturam, não oprimem — outros fazem isso por eles. Lavam as mãos.*)

brias em busca de algo que me atraía e ao mesmo tempo me apavorava. Que tinha na mão? Era uma colorida pena de pássaro? Ou era uma espada? Ou uma pá? Andava pelas ruas estreitas e desertas duma cidade desconhecida à procura da sepultura dum amigo. E houve um momento em que meu pai surgiu a meu lado, ajudou-me na busca no mais fechado silêncio e depois desapareceu... Eu lhe falava mas ele não ouvia...

Ao despertar na manhã seguinte, enquanto me barbeava, eu tratava de caçar as imagens esquivas do sonho e de interpretar-lhes o sentido, num jogo que sempre me seduziu. Estava claro que tudo tinha muito a ver com meu desejo de descobrir onde estava sepultado Federico García Lorca. Mas... e a imagem de meu pai? Como se explicava seu aparecimento no sonho?

Estava eu debaixo do chuveiro quando me vem, como uma agulhada, a revelação. Meu pai morrera em São Paulo em 1935 num tempo em que minha situação financeira era das mais precárias. Comprei-lhe uma sepultura provisória e deixei um amigo encarregado de me avisar a hora de pagar a sepultura definitiva. Esse amigo morreu, os papéis se extraviaram e, quando um dia fui a São Paulo, não consegui encontrar em nenhum dos cemitérios o túmulo do velho Sebastião. Por muito tempo a idéia de que seus restos pudessem ter sido atirados num ossário me doeu. Cheguei a pensar que inconscientemente eu me vingara dele negando-lhe uma sepultura. Fui tratando de racionalizar o fato: sua sepultura estava de certo modo dentro de mim, na minha carne, nos meus nervos, no meu sangue. O resto era convenção. Se no Brasil fosse permitida a cremação de cadáveres, eu teria mandado incinerar o corpo de meu pai. E assim de certo modo consegui exorcizar o remorso. Eis que em Granada o desejo que ainda sinto de descobrir onde estão os seus restos mortais se me revela num sonho.

Converso a respeito de todas essas coisas com minha mulher, que me diz: "Acho muito mórbida essa tua preocupação com a sepultura de García Lorca. Se a encontrares com a maior das certezas, que é que vais fazer? Rezar? Se é isso, eu posso fazer na igreja ou aqui mesmo no quarto".

Foi então que decidi sair em busca do menino Federico, na sua cidade natal.

5

No dia seguinte alugamos um táxi para nos levar a Fuente Vaqueros. Plácida é a tarde. Em certos trechos do caminho a paisagem é toda em tons de sépia, sob o azul fra-angelical do céu. Vemos bosques de pinheiros de troncos tão altos, finos e descarnados, isto é, desgalhados e desfolhados, que mais parecem lanças. Eis o que se pode chamar de "paisagem magra". Passamos por um pastor vestido em várias tonalidades de pardo. Tem nas mãos um cajado bíblico e guarda um rebanho de carneiros, morenos também como ele e a terra.

Fuente Vaqueros é uma vila triste e morta, com muitas fachadas brancas evocativas das cidades do Norte da África. Suas ruas são de terra batida.

Encontramos facilmente a casa onde o poeta nasceu. Batemos na porta, que se abre devagarinho. Uma mulher de meia-idade, vestida de preto, nos sorri como se estivesse à nossa espera. Tem a seu lado outra mulher, um pouco mais moça. Convida-nos imediatamente a entrar. Dizem saber por que viemos. "Estamos acostumadas a estas visitas." O ambiente é pobre, mas duma pobreza limpa e digna. "Sentem-se, por favor." Digo-lhes de onde somos e do quanto admiramos e amamos o poeta. Pergunto-lhes se são parentas de Federico. Respondem que não. Simplesmente alugam a casa. Vivem sozinhas e são modistas. Olho em torno: a máquina de costura Singer, o manequim de vime, a tesoura grande, o giz, o ferro de engomar, o cheiro de pano e linha — tudo isso se combina em minha mente para formar, um pouco à maneira de Salvador Dalí, um retrato surrealista de minha própria mãe.

Como são serenas e hospitaleiras estas duas criaturas! Pergunto-lhes se não existe na vila alguém da família García Lorca com quem possamos trocar algumas palavras. A senhora de negro manda a curiosa e arisca menina que nos espia pela fresta duma porta ir a uma das casas vizinhas chamar *la niñera de don Federico*. Poucos minutos depois a rapariga volta acompanhada duma senhora magra, também vestida de preto, com um xale escuro sobre os ombros. Tem um rosto fino, os olhos castanhos e vivos, o cabelo grisalho puxado para trás num coque. Eu a esperava muito mais velha, considerando a idade que teria hoje García Lorca. A babá me explica que, quando entrou para o serviço da casa dos Lorcas, ela era apenas seis anos mais velha que o menino que lhe cabia pajear. Conta histórias *del niño Federico*. Fico então sabendo que ele começou a falar aos três anos e a caminhar apenas depois que completou quatro. Lembra-se de que, mesmo depois de homem-feito, don Federico não caminhava normalmente. Paralisia infantil? — indago. As outras mulheres apressam-se a dizer que não. Uma prima de Federico que nos aparece minutos mais tarde informa que ela se lembra que *ese defecto que primo Federico tenía en sus piernas casi no se notaba.* E acrescentou que talvez por isso nunca chegara a ficar um homem grande e não praticara nenhum esporte, dedicando-se à música, à pintura e à literatura.

A *niñera* tem uma cara melancólica, mas anima-se e sorri quando nos conta o que chama "*el caso de la procesión*". Federico teria seis anos de idade. Num dia de grande procissão o sacristão, como era de hábito, saía com a sua sacola na ponta dum pau para recolher donativos das pessoas que se achavam paradas à beira das calçadas. Federico, com o seu coelhinho de pelúcia debaixo de um dos braços, com a mão direita segurando o seu chapéu de palha de abas largas, corria dum lado para outro, entre os fiéis, e pedia "*una limosnita p'a mi conejito, por el amor de Dios*". "*Se ganó muchas monedas y compró dulces y nuevos muñecos para su teatrito.*" Sim, Federico tinha um teatro de títeres para o qual inventava peças e ele mesmo não só movia os bonecos como também fazia as vozes de cada um. Tinha um grande talento de ator. Costumava imitar o padre da vila em seus sermões sobre o pecado e o inferno, e fazia-o de maneira tão perfeita, com tanta paixão, que chegava às vezes a chorar, enquanto a criadagem da casa e alguns vizinhos o escutavam boquiabertos e impressionados.

6

Deixamos a casa onde o poeta nasceu e vou conversar a uma esquina com o ferreiro da vila. Sua cara tostada — para usar duma expressão gaúcha — era tão marcada como porta de ferraria. Tem na cabeça uma boina negra. É um homem afável. Conta-me que é casado com uma prima distante de don Federico.

Mostra-me um retrato emoldurado em que ele próprio aparece, já taludo nos seus doze anos, entre os alunos do grupo escolar da vila. Aponta com o dedo calejado para a fotografia: "Ali está don Federico". Vejo um menino de cinco ou seis anos sentado no chão à maneira oriental, braços e pernas cruzadas, todo vestido de branco, com um cabeção à marinheira e tendo na cabeça um chapéu de abas largas e viradas para cima. "Nesse tempo", explica o ferreiro, "don Federico não estava ainda no grupo escolar, pois não tinha idade para isso. Mas na hora do retrato infiltrou-se..." Ficou pensativo por um instante, olhando para a fotografia amarelada. "Era muito vivo e todos lhe queriam muito bem. Mesmo depois de homem-feito era ainda uma criança. E sempre gostou de *los niños*. Escreveu muitos versos para *los pequeñitos*."

"Por que o mataram?", arrisco. O ferreiro ficou em silêncio por longo tempo. Depois murmurou: "*Porque era bueno, amigo de los pobres... Y porque escribía versos contra los malos hombres de la Guardia Civil. Y porque era famoso en todo el mundo, como me cuentan. Los poderosos tienen miedo a los que hablan la verdad*". Pergunto: "Sabe onde enterraram seu corpo?". O ferreiro sacode negativamente a cabeça. "*No. Los pocos que saben no lo dicen, quizás de vergüenza. Don Federico era simpaticón. No es verdad que haya sido un político...*"

Apertamo-nos as mãos. Voltamos para Granada ao entardecer. Imagino que o menino Federico e seu *conejito* vão conosco no automóvel.

El día se va despacio,
*la tarde colgada a un hombro.**

* O capítulo ficou inacabado, como se depreende da observação manuscrita no original: *Devo terminar Granada + Córdoba-Toledo*. O original contém, ainda, um esboço incompleto da visita à cidadela do Alhambra.

Holanda

1*

Estamos dentro dum trem, já em território holandês. Não vejo na paisagem nem tulipas nem moinhos de vento: apenas uma verde planície, casas brancas com telhados vermelhos, pomares, vacas, postes, fios, lagoas, estradas — tudo isso sob um limpo céu de porcelana azul. Um pouco decepcionado, concluo que esta parte da Holanda se parece muito, mas muito mesmo, com a várzea de Gravataí, nas vizinhanças de Porto Alegre. De resto encontramos incontáveis paisagens como esta em vários países da Europa, fato que poderia levar um observador apressado e pessimista a concluir que no fim de contas o mundo inteiro se parece com a várzea de Gravataí.

Mas não! Agora avisto a uns quinze metros do trem o mastro e parte do costado de uma embarcação em movimento. De onde estou não consigo ver a água do canal, de sorte que o barco me dá a impressão de estar navegando em seco, em pleno campo, como num pesadelo... (Bem como o *Nimrod* do menino.)

2

O chofer que nos leva em seu táxi da estação para o hotel é um homem afável, arranha o inglês e sabe milagrosamente onde fica o Brasil. O hotel é pequeno, tem um jeito simpático de pensão familiar e no seu pequeno pátio interno, sobre o verde vivo dos canteiros, tulipas vermelhas e amarelas banham-se no sol deste meio-dia de maio.

Saímos no princípio da tarde e entramos num bonde alto e estreito, que me dá a impressão duma pessoa de cara comprida e fina. O bondinho felizmente anda sem pressa. Vão aqui dentro umas velhotas simpáticas que devem ser boas queijeiras e rendeiras, e uns três ou quatro senhores sólidos que, a julgar pela indumentária, devem ser do comércio desta praça.

Espio a rua. Há uma certa uniformidade de estilo nessas casas avermelhadas de tijolo descoberto, quase todas do mesmo tamanho. Avis-

* No original datilografado, há a seguinte anotação manuscrita, situando o capítulo em relação ao plano geral do volume: *Colocar no fim da viagem, só antes de Londres!*

to também canais com sua água glauca e suas pontes. Ah! Ali vão os ciclistas, pedalando suas bicicletas. Nesta rua são dezenas, centenas. Na cidade serão milhares. Parecem comparsas duma colorida e disciplinada fantasia coreográfica. Devem ser estudantes, moços de recados, vendedores, empregados do comércio, corretores, sim, e também respeitáveis esteios da classe média, como aquele que ali roda, gordo e engravatado, com a pasta de couro presa à parte traseira de seu individualíssimo veículo. Minha mulher me chama a atenção para a senhora de meia-idade que, pedalando com alegre energia, acompanha a marcha de nosso bonde. Está elegantemente trajada para um *garden-party*: vestido estampado, chapéu de abas largas, sapatos de salto alto. É bem possível que aqui os homens vão à Ópera de bicicleta, encartolados e solenes, as abas da casaca a esvoaçarem, as calças arregaçadas.

Quando o instinto me cochicha que devemos estar no centro da cidade, resolvemos descer.

Ajudo uma senhora idosa e gorda a apear do bonde. Ela me agradece: "*Dank U*". Escapa-me um: "Não há por quê, madame". E saio com a vaga impressão de que acabo de falar a língua da terra.

Descobrimos que hoje é feriado. Os holandeses comemoram a libertação da sua pátria da ocupação nazista. Bandeiras nacionais pendem das fachadas. Há um extraordinário formigamento humano nestas ruas. Caminhamos ao longo da Kalverstraat, estreita como a nossa rua do Ouvidor. Uma acordeola — espécie de realejo gigante montado numa plataforma — enche o ar com sua música de órgão profano e ambulante. Enquanto um homem move a manivela do instrumento, outro anda dum lado para outro, com um pires na mão, pedindo dinheiro aos passantes. A música do realejo dá um tempero esquisitamente antigo e provinciano a esta via comercial de Amsterdam.

Olho os transeuntes. A primeira impressão que tenho ao ver estes homens e mulheres tão altos, louros e meio oblongos é a de que foram todos pintados por El Greco. São madonas e profetas em roupas deste século e esvaziados de qualquer conteúdo místico; numa palavra, pasteurizados. É considerável o número de indonésios que andam por estas calçadas. Já vi uma ruiva de braço dado com um malaio. E ali vai uma asiática agarradinha a seu alvo companheiro com cara de piloto da KLM. Esse é um dos preços que a Holanda está pagando pela sua desventura colonial. É a gotinha de café na tigela de leite nacional, que na minha opinião tem muito a ganhar com a mistura, pelo menos fisicamente.

No meio-fio da calçada um menino de seus doze anos, de cabelos revoltos e pernas finas, maneja seu teatrinho de fantoches, enquanto os níqueis pingam no pires, a seus pés. Num vão entre duas vitrinas internas duma casa de comércio, um homem em mangas de camisa faz prodígios de equilíbrio com uma bola de futebol.

A Kalverstraat nos leva ao Dam, o ponto central desta parte velha da cidade. Quando vamos atravessar a rua, o guarda do trânsito, que neste caso é uma mulher de proporções amazônicas, ergue a mão enluvada e faz-nos estacar. Tem uma face redonda e rosada, e é tão alta que, embora esteja de sapatos de tacos baixos, domina a rua e o tráfego como os moinhos de vento dominam os campos rasos de sua terra.

Estamos a poucos metros do Palácio Real, estrutura de pedra dum pardo acinzentado. Quando no período gótico outros povos se entregavam a delírios arquitetônicos, construindo grandes e elaboradas catedrais, os holandeses contentavam-se com igrejas de proporções modestas. O barroco nunca teve popularidade nos Países Baixos. Quanto ao Renascimento, aí temos nesse palácio o máximo de fantasia e exuberância a que esta nação sóbria se entregou. Que elemento teria influído nesse repúdio ao monumental, ao pesado? Algum traço inato do caráter holandês ou uma simples razão de ordem prática, a saber, a falta de confiança na firmeza de seu solo? Este Palácio Real repousa sobre mais de 13 500 estacas. Apesar de seu título, não serve de residência à rainha, que prefere viver em Soestdijk, perto de Utrecht.

Atravessamos a rua. Cortamos o centro da praça por entre tendas em que se vendem roscas fritas, pastéis, doces, chocolate e peixe. Sim. Esta é a terra do peixe. Ali estão em boiões de vidro, nadando num líquido esbranquiçado, postas de arenque. Na Holanda come-se arenque o ano inteiro. Contemplo com fria inveja o cidadão que ergue no ar — como se ele fosse ao mesmo tempo a foca e o seu treinador — um pedaço de arenque cru, que aos poucos vai deixando deslizar para dentro da boca... Um cheiro ativo de cebola nos envolve. Volto a cabeça para o outro lado da praça e avisto um monumento claro em que a boa intenção desgraçadamente não se casa com o bom gosto.

Entramos rapidamente na Nieuwe Kerk ou igreja Nova. Quem viu as igrejas da Espanha e da Itália não pode honestamente mostrar muito interesse pelas da Holanda. Porque, com o devido respeito, uma igreja holandesa, arquitetonicamente falando, está para uma italiana assim como um pedaço de arenque cru está para um prato de boa lasanha.

Vamos aos poucos nos familiarizando com Amsterdam, que não se parece com nenhuma das outras cidades e vilas européias que temos visitado até agora. Tendo tido sua origem numa aldeia de pescadores surgida há cerca de mil anos, nos bancos de areia do rio Amstel, a fisionomia de sua parte antiga é ainda hoje puro século VII. Enveredamos por saborosas ruas de subúrbio, onde alguns edifícios perderam o prumo e, empenados, parecem mulheres grávidas. Paramos curiosos diante duma fachada que se destacou do resto da casa e se inclina para a frente como um gigante que nos quisesse segredar alguma coisa.

Um barco turístico com coberta de vidro leva-nos a passear por estes incontáveis canais concêntricos e radiais, flanqueados por estreitas ruas orladas de árvores e atravessados por cerca de quatrocentas pontes. Estas casas em sua maioria são magras como os verdes bondinhos que gingam pelas ruas. É estranho ouvir a nossa bela e jovem guia dizer, apontando para alguma fachada: “Ali viveu Rembrandt” ou “Ali nasceu Spinoza”. Muitos destes prédios, testemunhas da moderação do Renascimento holandês, com suas fachadas severas de frontão escalonado, guardam entre si uma parecença de irmãos gêmeos. No Grande Século pertenciam a famílias patrícias da cidade, mas hoje são estabelecimentos comerciais, escritórios, hotéis...

Os judeus que aqui se refugiaram vindos de Portugal e da Espanha, e mais os comerciantes flamengos que para cá se mudaram quando as cidades de Antuérpia e Gand começaram a declinar economicamente, deram um grande impulso ao progresso desta metrópole. E, como entre os foragidos da Inquisição houvesse hábeis lapidadores, Amsterdam transformou-se em breve no maior mercado de pedras preciosas do mundo.

3

E as tulipas? É praticamente impossível fugir aos lugares-comuns do turismo. Vamos pois a elas! Tomamos um *guided tour*. Passamos pela cidade de Haarlem, a quinze minutos de viagem de Amsterdam, pedimos a Frans Hals que nos perdoe por não nos determos para ver seu famoso museu, avistamos o Paço Municipal — curioso espécime arquitetônico, em cuja fachada medieval se nota claramente um enxerto clássico — e, cruzando vilas e aldeias que de tão limpas e bem-arranjadinhas mais parecem maquetas, entramos nos campos de tulipas, como vastos tapetes nas cores mais ricas. Dum lado estendem-se até às dunas, perto do mar; do outro, fogem para o raso horizonte contra o qual se esfumam vultos de moinhos de vento. Vejo à beira dum canal uma canoa cheia do mais belo lixo que tenho encontrado em toda a minha vida: montes de pétalas de tulipas das mais variadas cores. O guia explica-nos que, como a parte mais importante das plantas são os bulbos e seus talos e não as flores, os plantadores cortam estas e jogam-nas fora. A cada parada do ônibus crianças aproximam-se para vender aos turistas grinaldas feitas com o colorido cisco. Estas regiões contam também com hábeis artistas que fazem no chão verdadeiros quadros com pétalas de tulipa, segundo a técnica do mosaico.

Como todos os anos, pela primavera, a afluência de turistas a estas plantações chega à casa do milhão — e não falta nunca um fotógrafo alucinado que, para conseguir um bom ângulo, não trepida em invadir os canteiros, quebrar caules e esmagar corolas —, os plantadores de tulipa se cotizaram para criar os Jardins de Keukenhof, onde se mantém uma exposição permanente de flores.

Nosso objetivo principal nesta excursão é esse mágico jardim de verdes árvores e verdes sombras, com seu lago onde cisnes parnasianos nadam, e seus canteiros e estufas onde cerca de 5 milhões de tulipas todos os anos por esta época se perfilam à espera dos visitantes.

Desembarcamos, livramo-nos do guia — um sujeito lento, que ceceia — e, atacados duma espécie de *amok* fotográfico, saímos a caminhar ao longo de canteiros em que tulipas com corolas que parecem taças ostentam um viço, uma graça e um esplendor que devem ser indecentes aos olhos destes calvinistas. Canteiros há que parecem incendiados. (E tome fotografia!) Outros são pedaços candentes de sol. Ali estão espécimes da famosa tulipa negra que inspirou um romance a Alexandre Dumas. Vemo-las também amarelas como gema de ovo, roxas, cor de vinho, brancas...

Perto de um lago, rodeada dum público endomingado, uma banda de música da Marinha enche o ar de melodias alegres. À beira dum canal, um grande moinho move as asas numa provocação inútil, porque o holandês é por temperamento o tipo do anti-Quixote. Vejo nele um campeão do risco calculado. Hígido de corpo e espírito, comunica sua limpeza aos animais, às coisas e à paisagem que o cercam. Não me parece um ser dotado de imaginação ou fantasia coloridas, e não estarei pronunciando nenhuma heresia se afirmar que o encontro menos humano e pitoresco que o italiano e incomparavelmente menos dramático que o espanhol.

4

O que me trouxe mesmo a Amsterdam, mais que qualquer outra coisa, foi o desejo de ver a rica coleção de quadros de pintores flamengos e holandeses do Rijksmuseum.

São dez da manhã e aqui estou a percorrer as salas deste museu fundado por Luís Napoleão.

Queira desculpar-me, sr. Ruysdael, mas suas paisagens não me comovem. Vou passar ali para meu amigo Frans Hals que, por assim dizer, foi o retratista do café-soçaite de sua época. Superficial? Apenas um competente artesão? Já li e ouvi essas restrições. Mas que querem? As caras dos retratados nada revelam porque nada tinham mesmo a revelar. Eram comerciantes prósperos, não creio que tivessem uma intensa vida interior. Agora, me digam quem melhor que Frans Hals pinta retratos de grupos? Talvez só Rembrandt...

A carta de amor de Vermeer me envolve no seu sortilégio. Diante desta pequena tela de 44 × 36,3 centímetros, penso por contraste nos enormes quadros de Ticiano, Rubens e Tintoretto, com suas figuras gigantescas e exuberantes. Vermeer é um pintor intimista preocupado com a transcrição exata da luz e dos valores. Sua busca do termo pictórico exato — já sugeriu alguém — faz-nos pensar em Flaubert. Sinto em seus quadros uma nota rica que raramente se encontra na pintura holandesa.

Nesta altura da viagem, depois de ter passado pelo museu do Prado, em Madri, e pelas galerias de Florença, devorando ávido e apressado toda uma formidável safra artística de séculos, começo a sentir tonturas e uma espécie de náusea. E todos esses quadros vistos — alguns mais nítidos que outros na memória — começam a girar ao redor de minha perplexidade como peças dum quebra-cabeça talvez impossível de armar. É provável que um observador colocado num ângulo fora do tempo pudesse ver as peças todas no seu devido lugar, formando um desenho e possivelmente uma mensagem. Deus deve estar nessa posição. Mas assim não vale! Sigamos adiante. Cumprimento esta rapariga de Nicolas Maes, pensativa à sua janela. Lanço um olhar para dentro da *Adega* de Pieter de Hooch, pintada com tanto realismo que, ao passar por ela, tenho a impressão de sentir um bafio de porão, vinho e suor humano.

Desde que aqui entrei, estou a preparar-me para o grande momento. E ei-lo que chega. No fundo dum grande salão — o maior de todos — vejo a peça mais popular do museu, o quadro de Rembrandt a que erradamente se convencionou chamar *Ronda noturna*. A grande tela envolve-me na sua luz mágica, como que me ergue no ar, deixando-me assim numa atmosfera crepuscular de sonho, dessas que nos capacitam a ver e ouvir coisas ordinariamente invisíveis e inauditas. (Essas coisas, amigos, apenas acontecem a ficcionistas em viagem.)

Só agora percebo que venho sendo seguido por um vulto, desde que entrei no museu. Reconheço nele o espectro de Rembrandt, que me toca no braço e faz com a cabeça um sinal na direção do grande quadro:

— Idiotas... — murmura. — Quando levaram essa tela para a Sala do Conselho de Guerra, no Palácio Real, viram que era grande demais para o espaço que lhe reservavam. Sabe o que fizeram? Cortaram quase sessenta centímetros na largura e uns vinte e quatro na altura. A única medida do burguês é o metro. Seu único valor, o dinheiro.

— Se não me engano — digo —, esse quadro devia ser um retrato coletivo da milícia do capitão Banning Cocq...

— Exato. A cem *guilders* por cabeça. Foi pintado num dos anos mais negros da minha vida. Saskia, minha mulher, morrera não fazia muito, e antes dela a morte tinha levado três de nossos filhos... Não sei que anjo ou demônio me guiou a mão no momento em que pintei essa tela. Em vez de reproduzir nela a imagem dos modelos, como esses imbecis esperavam e como era praxe no tempo, em vez de apresentar a guarda numa postura marcial que sugerisse disciplina e heroísmo, dei à cena uma atmosfera de Carnaval, como um comentário sarcástico aos absurdos da vida, à sua inapelável falta de sentido...

— E os dezesseis clientes devolveram-lhe o quadro e recusaram-se a pagar por não se reconhecerem nas figuras, não é verdade?

— O que mais irritou esses pavões foi eu ter iluminado no grupo figuras que na opinião deles eram de menor importância, deixando a maioria dos milicianos na penumbra... Mas veja como são as coisas. Apesar de tudo os idiotas foram imortalizados. Se não fosse esse quadro, quem se lembraria hoje do capitão Cocq e de seus capangas?

(Não estou certo de que o fantasma tenha usado a palavra *capanga*.)

Penso no drama de Rembrandt. A *Ronda noturna* precipitou sua desgraça civil e econômica. Os clientes não ousaram mais encomendar-lhe trabalhos. Depois do que fizera com os retratos dos milicianos, era evidente que o homem estava louco. Os amigos voltaram-lhe as costas. Sua igreja e a sociedade de Amsterdam não lhe perdoavam por ter transformado sua criada Hendrikje em amante e modelo de seus nus. Acossado pelos credores, o pintor vendeu seus tesouros de arte e finalmente a própria casa. Era a bancarrota. Escarnecido, desprezado, costumava naqueles tempos vaguear pelas ruas do gueto de Amsterdam, fascinado por alguma coisa que começava a descobrir na fisionomia dos que sofrem. E foi ali decerto que teve a visão de seu destino de pintor. O que importava — descobria ele — não era pintar o exterior, mas o interior das criaturas. Vivera até havia bem pouco tempo atraído por jóias, roupas, armaduras, cristais... Tinha a paixão do detalhe, queria ser mais real que a realidade. Agora compreendia que o importante não era contar histórias em seus quadros nem fazer deles espelhos da vida, mas mostrar, isso sim, o espírito humano em sua agonia, em seu mistério e em sua luta contra o destino. Sua arte entrou então numa fase impressionista em que a fatura é mais larga, o empastamento mais grosso, o colorido mais sóbrio e o claro-escuro deixa de ser um virtuosismo, um mero efeito visual, para constituir uma espécie de nova dimensão humana.

— Eu só queria saber — balbucio timidamente — como se explica essa tão grande diferença entre a pintura holandesa e a italiana?

O espectro fica um instante em silêncio e depois diz:

— Talvez seja a diferença que existe entre o protestantismo e o catolicismo. Veja como a pintura holandesa é relativamente pobre em cenas bíblicas. É que nossos artistas não trabalhavam para igrejas ou conventos. Somos um povo praticamente sem santos. O Século de Ouro da nossa pintura coincidiu com o esplendor da nossa burguesia enriquecida no comércio de diamantes e especiarias. E esses mercadores protestantes, que não podiam nem queriam ter imagens de santos em suas casas, pagaram aos artistas da época para pintar não só retratos seus e de pessoas de sua família, como também suas casas, suas baixelas, suas jóias, a fartura de suas mesas. É por isso que você vê tantos *portraits*, naturezas-mortas e interiores nestes museus. Olhe aquela tela... Veja com que precisão reproduz a realidade. Não lhe falta nada, a não ser uma alma. O destino dos povos que prosperam muito, materialmente, é acabarem vivendo numa civilização de coisas.

Olho em torno e murmuro:

— Devo confessar que a pintura holandesa me encanta.

— Não admira — retruca a sombra. — Vocês, os da ficção chamada realista, são uns fascinados pelo aspecto exterior dos objetos e das pessoas. Confundem romance com inventário. Ficção com fotografia. Ora, vá embora!

É o que faço. Vou-me embora do museu. Vamo-nos embora da Holanda. São nove da manhã e estamos de novo num trem. Imagino a definição que Fandango, um velho gaúcho de minhas relações, poderia dar da Holanda, dentro de seus termos de referência campeiros: "É uma moça gorda, corada, ruiva e buenacha, que tem uma chacrinha, faz queijo pra fora e também vende mudas de flor".

O escritor e o espelho*

* O texto que segue pertence, em sua primeira versão, à autobiografia que Erico Verissimo escreveu para a edição da *Ficção completa* — "O escritor diante do espelho" — (Rio de Janeiro, José Aguilar, 1966, vol. III). Conforme declarações verbais e indicações que deixou, o romancista pretendia reescrever este capítulo, atualizando algumas passagens, eliminando certos trechos, ampliando outros. Sob o título "O escritor e o espelho", constituiria, assim, a última parte do *Solo de clarineta*, funcionando como um elemento integrador dos fatos e vivências narrados nas memórias. Embora Erico Verissimo tenha apenas podido iniciar este trabalho, como se deduz das anotações e cortes que fez no original, há portanto razões de sobra para incluir aqui este texto, em obediência à sua vontade explícita.

I

Que penso de mim mesmo como escritor? Ora, depende da ocasião. Nos momentos escuros, minha tendência é considerar tudo quanto produzi até hoje medíocre ou mesmo mau. Nas horas claras, porém, olho com mais indulgência para a minha própria obra e concluo que, dentre os vinte e poucos livros que até esta data escrevi, uns três ou quatro possuem alguma importância, e pelo menos um deles — creio que *O Continente* — talvez me sobreviva por algum tempo.

Sei que não sou, nunca fui, um *writer's writer*, um escritor para escritores. Não sou um inovador, não trouxe nenhuma contribuição original para a arte do romance. Tenho dito, escrito repetidamente, que me considero, antes de mais nada, um contador de histórias. Ora, nos tempos que correm, contar histórias parece ser aos olhos de certos críticos o grande pecado mortal literário. A chamada "boa crítica" considera a história ou estória, como queiram, uma forma inferior de arte. Na minha opinião isso é por um lado uma atitude esnobe, e por outro um equívoco semântico, segundo o qual história passa a ser um sinônimo de anedota, enredo, intriga à maneira de Dumas, pai, ou de Xavier de Montépin. Para defender a validade do episódico, invoco um axioma ontológico — O ser se revela na existência — e, parafraseando-o, afirmo que uma personagem de conto, novela ou romance se revela na ação, isto é, na história.

Desde o minuto em que nasce, a criatura humana não só entra na história, da qual não poderá jamais livrar-se, como também começa a sua história. Não conheço biografia que, por mais erudita, seca e sem imaginação que seja, consiga fugir de contar uma história.

Nota-se também hoje em dia uma grande preocupação com a busca de novos meios de expressão verbal. Nunca a linguagem literária foi tão importante como em nosso tempo. Fazem-se com as palavras e suas combinações sintáticas as mais abstrusas e estranhas experiências. Estou certo também de que nesse setor minha contribuição tem sido pobre ou nula. Não ignoro, porém, que, para tentar descrever o indescritível, exprimir o inexprimível, transmitir ao leitor certos estados de espírito particulares — angústias, alucinações, sonhos, delírios e mesmo certos pensamentos e sentimentos sutis do cotidiano —, o escritor é compelido a esquecer a sintaxe gramatical oficial e recorrer à sintaxe psicológica. (No Brasil ninguém faz isso melhor que Clarice Lispector e Guimarães Rosa, na minha opinião duas figuras de estatura internacional.)

Mas aí temos um terreno perigoso que só os realmente grandes podem trilhar, pois nunca estamos livres do perigo de ver as palavras usadas não como um meio de comunicação entre o autor e o leitor, mas sim como peças dum jogo esotérico, hermético e, portanto, como um fim em si mesmas. Creio que o enigma da vida é já tão complicado, que o escritor não deve criar em torno dele outro enigma, nem mesmo de natureza verbal. A poesia, essa sim, é o reino das palavras, o campo próprio para experiências imagísticas, metafóricas, em suma, para toda essa metafísica ou alquimia da linguagem. E estados de alma existem que nem a poesia consegue descrever ou sugerir, e é nesse ponto que a música pode vir em seu socorro.

Confesso que sinto uma sadia, cordial inveja dos escritores que têm uma real, autêntica intimidade com a terra, as árvores, os ventos, os bichos e principalmente com as criaturas humanas que também estão perto das raízes profundas da vida. Às vezes chego a pensar — por mais ridícula que a imagem possa parecer — que sou uma planta do asfalto, mas planta de papel...

Em geral, quando termino um livro, encontro-me numa confusão de sentimentos, num misto de alegria, alívio e essa vaga tristeza que vem após o ato do amor físico, satisfeita a carne. Relendo a obra mais tarde, quase sempre penso assim: "Não era bem isto que eu queria fazer".

Chegamos assim a um assunto que eu gostaria de discutir com mais vagar. Sou habitualmente apontado como um escritor erótico ou mesmo pornográfico.

Por que — perguntam-me às vezes — tenho tanta preocupação com o sexo? Ora, respondo, decerto é porque no fundo sou um puritano. Mora dentro de mim um pastor protestante a pregar interminavelmente um sermão apocalíptico contra o pecado da carne, e eu não posso consentir que esse homenzinho emascule as minhas personagens ou a mim mesmo.

Por outro lado quero contribuir para que o problema do sexo seja examinado com mais coragem, honestidade, espírito adulto e... saúde. Muitas vezes fico alarmado ao pensar que, relativamente falando, um leitor sente menos indignação ao tomar conhecimento do assassínio de 6 milhões de judeus nas câmaras de gás asfixiante dos campos de concentração nazistas, ou do lançamento da bomba atômica em Hiroshima que redundou na morte de mais de 100 mil pessoas, ou ainda ao saber que mais de dois terços da população do Brasil vive numa miséria abjeta — do que quando lê num romance uma cena erótica descrita com clara franqueza. O que quero dizer é que noto uma desproporção absurda, direi mesmo monstruosa, entre a natureza e a intensidade desses dois tipos de indignação.

Falando com a maior sinceridade, para mim pornografia mesmo é a crueldade do homem para com seu semelhante, a exploração do homem pelo homem; obscenidade é a guerra e o genocídio. Os mocambos do Recife, as favelas do Rio e de centenas de outras cidades da nossa terra constituem as mais indecentes e repulsivas páginas e cenas da vida brasileira.

Acho que os verdadeiros pornógrafos da história — já que uma pessoa realmente adulta só poderá sorrir das grotescas fantasias eróticas do Marquês de Sade — foram homens como Tamerlão, Nero, Calígula, Mussolini, Hitler — para mencionar apenas os primeiros nomes que me brotam na mente.

Quanto à questão dos "nomes feios", creio que não existe nada mais ridículo que esse supersticioso temor a certos vocábulos que, afinal de contas, não passam de sinais ou símbolos convencionais. Tomemos por exemplo a famosa palavra de quatro letras que designa a mais antiga das profissões. Conta-se que Rui Barbosa descobriu dezenas de sinônimos, entre os perfeitos e os imperfeitos, para o termo *prostituta*, de maneira que não temos nenhuma desculpa quando usamos a palavrinha tabu. No entanto em toda essa história o que importa mesmo, o realmente deplorável e melancólico, é a existência da prostituição, o que não parece preocupar muito as pessoas mais sensíveis às palavras do que às coisas que elas representam.

Isso nos dá uma idéia da terrível importância da linguagem. Vivemos tolas e terríveis ilusões semânticas. Por causa de palavras ou frases matamos ou morremos, sentimo-nos desgraçados ou infernizamos a vida de nossos semelhantes. Qualquer ato ou fato, por mais reprovável que seja, de acordo com paradigmas morais rígidos, perde a sua força, a sua natureza pecaminosa, e tende a ser ignorado ou esquecido quando não verbalizado, principalmente em romances. Fazer, pois, não é tão importante, tão grave, quanto dizer ou escrever. Quantas vezes transferimos a culpa duma situação vergonhosa — que na realidade cabe a um regime político-econômico ou a uma conjuntura social — para cima dos ombros do jornalista ou do ficcionista que ousou reproduzi-la numa reportagem ou num romance?

E é exatamente por causa da exagerada importância que damos às palavras que nós muitas vezes resolvemos nossos problemas apenas no papel, isto é, de maneira verbal, e vamos dormir tranqüilos. Porque, se ninguém jamais pronunciar ou escrever a palavra *puta* (desculpem, que se me escapou o "nome feio"!), a prostituição deixará de ter existência real.

2

Tenho encontrado certa dificuldade em explicar a amigos e leitores a minha posição em face de Deus. Repetirei que sou um agnóstico, isto é, um homem que não se encontra na posse de provas convincentes que lhe permitam negar ou afirmar a existência dum Criador.

Posso, no entanto, afirmar que não sou destituído de sentimento religioso, pois tenho uma genuína, cordial reverência por todas as formas de vida, e um horror invencível à violência.

Sinto grande afeição e admiração pela figura histórica de Cristo e acredito sinceramente em que, se a ética cristã fosse realmente posta em prática, as criaturas humanas poderiam resolver os seus problemas de convivência num mundo que cada dia se complica mais e mais, pois leva à solidão e à agressividade. Infelizmente o que vemos em certos círculos religiosos é um grande farisaísmo, um cristianismo puramente de fachada. Citando, com a devida licença do autor, uma personagem de ficção (o dr. Leonardo Gris d'*O senhor embaixador*), direi que certos homens de negócio que se dizem piedosos conseguiram erguer uma parede de concreto entre suas igrejas e seus escritórios comerciais, de maneira que assim podem não só obedecer ao preceito bíblico segundo o qual a nossa mão direita nunca deve procurar saber o que a esquerda faz, como também lhes torna possível acariciar ao mesmo tempo com uma das mãos o Cordeiro de Deus e com a outra o Bezerro de Ouro. E, quando algum escritor denuncia essa prática hipócrita, a primeira idéia que ocorre a esses donos do poder é denunciar o "escriba subversivo" à polícia. ("Para isso pagamos impostos!")

Não aceito as fábulas bíblicas da Criação nem idéias como a do Paraíso, o pecado original, a Santíssima Trindade e outras que tais. Acima de tudo não acredito no Inferno e na danação eterna. Creio que os cristãos que admitem essa monstruosidade estão insultando o seu Deus, que deveria ser logicamente a encarnação da suprema bondade e da mais alta justiça, isso para não falar na sua capacidade de perdoar. Por outro lado parece-me que aceitar o mito de que os que se comportam bem na vida terrena ganharão o Céu, onde permanecerão por toda a Eternidade fantasiados de anjos, entre nuvens cor-de-rosa, tocando lira e cantando — seria fazer pouco, muito pouco da imaginação do Ente Superior que teve capacidade e imaginação para criar o Universo com tudo quanto nele há — o que, convenhamos, é realmente um feito prodigioso.

Não, meus amigos, na minha opinião um problema da tremenda magnitude desse que envolve o mistério do Universo, de nossa vida e de nossa morte, merece, ou, melhor, exige uma explicação menos simplória e pueril do que essa que as Escrituras nos oferecem como chave do grande Enigma.

O curioso, entretanto, é que não raro me comovo ante a serena grave beleza de certos templos — principalmente das velhas igrejas e mosteiros românicos. (Este claustrófobo ama os claustros!) Quando visitei a basílica de São Francisco, em Assisi, senti a presença do Poverello. Em Gênova, numa meia-noite de Sábado de Aleluia, assisti a um serviço religioso numa antiga igreja gótica, que me deslumbrou pela sua colorida pompa litúrgica. Numa memorável manhã de domingo, em Paris, na catedral de Notre-Dame, no momento em que o grande órgão acompanhado de fanfarras rompeu numa tocata de Bach, senti um arrepio em todo o corpo e tive a impressão de levitar no ar numa experiência quase mística, que quero crer tenha sido mais de natureza estética do que propriamente religiosa.

3

Qual deve ser a posição do escritor diante dos problemas sociais, políticos e econômicos de sua época? Essa é a pergunta que continua no ar, sempre atual, e jamais respondida de modo a satisfazer a todos.

Para principiar, direi que só quem pode e deve decidir sobre o comportamento político do escritor é ele próprio. Se quiser permanecer alheio a todos esses problemas e inquietações na sua Torre de Marfim e puder viver sem remorsos nessa ausência do mundo, que o faça e tenha bom proveito. Rechaço a idéia de que o escritor *deve* estar necessariamente a serviço dum partido político, mas aceito a de que ele possa fazer isso, se assim entender. Fala-se muito em literatura engajada. Repito mais uma vez que, a meu ver, o engajamento dum escritor deve ser com o homem e a vida, no sentido mais amplo e profundo dessas duas palavras.

É muito comum ouvir-se ou ler-se que eu jamais me comprometo ou defino politicamente. Ridículo! Creio que durante estes quarenta últimos anos me tenho manifestado claramente sobre problemas e acontecimentos políticos e sociais de maneira que me parece coerente e inequívoca, sempre a favor da liberdade e dos direitos do homem e contra todas as formas de opressão — coisa que nem sempre poderia fazer se fosse obrigado a seguir obedientemente a linha sinuosa e muitas vezes autocontraditória dum partido político.

Não tenho gosto nem talento para a política ativa. Restrinjo-me a princípios de ordem geral. Claro, sei que se eu me aproximar do leito em que um doente agoniza e romper a berrar que amo a saúde e a vida e detesto a doença e a morte — esses protestos ruidosos em nada poderão ajudar o moribundo, que necessita, isso sim, dum medicamento ou duma intervenção cirúrgica de urgência para salvar-lhe a vida. Parece-me, entretanto, que também é importante não cessar de proclamar a necessidade de curar o organismo enfermo sem mutilações inúteis.

Afinal, em que posição política me encontro? Considero-me dentro do campo do humanismo socialista, mas — note-se — voluntariamente e não como um prisioneiro.

Por que socialista? — hão de perguntar. Porque o extremismo da esquerda e o da direita não passam de faces da mesma moeda totalitária; e porque o centro é quase sempre o conformismo, a indiferença, o imobilismo.

Poderá também o leitor perguntar como pode um homem que tanto preza a liberdade inclinar-se para o socialismo... Ora, é um erro imaginar que *socialismo* e *liberdade* são termos ou idéias que se contradizem. Basta ler o que se escreve hoje na Polônia, na Tchecoslováquia e na Iugoslávia, em suma, é suficiente inteirar-se a gente do pensamento dos neomarxistas para compreender que Stálin e em certos casos até mesmo Lênin deturparam as teorias de Karl Marx. Como resultado dessa deturpação, na Rússia soviética stalinista criou-se uma nova classe de privilegiados, uma burocracia desumana e inumana, e um novo tipo de alienação das massas, tudo isso em nome da ditadura do proletariado e do futuro do socialismo no mundo.

A dialética marxista é inseparável de seu humanismo. Segundo Marx, uma sociedade não pode ser livre se todos os indivíduos que a compõem não forem também livres. Quando o autor d'*O capital* falava em "prática socialista", referia-se especificamente à liberdade. E essa noção de liberdade não foi apenas o ponto de partida de suas idéias, mas também o seu objetivo mais alto.

Karl Marx escreveu também que a teoria não deve separar-se da prática, nem o conhecimento divorciar-se da ação, e que o sistema social não pode ficar alienado de objetivos espirituais. Segundo ele, só podem existir homens independentes dentro dum sistema social e econômico cujas abundância e racionalidade tenham conseguido liquidar a "pré-história" e inaugurar a era da "história humana" que há de redundar no pleno desenvolvimento da sociedade.

Não sou sociólogo nem historiador e muito menos economista, mas, com um pouco de intuição e uma certa dose de senso comum, cheguei cedo à conclusão de que seria absurdo aceitar qualquer sistema político-econômico que exige o sacrifício do homem de hoje em benefício dos chamados "interesses mais altos de amanhã".

Segundo o socialismo marxista, o homem como homem não deve ser imolado em benefício da humanidade do futuro. (Tenho escrito repetidamente que o homem é um ser real, a humanidade uma entidade abstrata, e a "humanidade do futuro" — acrescento — é uma dupla abstração.)

Marx, em seus escritos de que o stalinismo preferiu não tomar conhecimento, pois isso não convinha ao seu "realismo político" disse que o homem será sempre o objetivo derradeiro da tendência para uma sociedade verdadeiramente humana, *tanto na teoria como na prática*. E é por isso que os pensadores a que me referi se rebelam contra o pragmatismo burocrático e tecnológico e contra todas as formas de desumanização e alienação do povo.

Outra afirmação curiosa desses escritores neomarxistas é a de que o socialismo não é o objetivo final de Marx, mas uma *aproximação*. O seu alvo supremo, repita-se, é uma sociedade em que a desumanização cesse e o trabalho do homem se emancipe por completo, fornecendo-lhe todas as condições necessárias à sua auto-afirmação.

O sociólogo e filósofo iugoslavo Mihailo Markovic define o humanismo como "uma filosofia que procura resolver todos os problemas na perspectiva do homem, e que abrange não apenas questões antropológicas, como a da natureza humana, a alienação, a liberdade, mas também ontológicas, epistemológicas e axiológicas".

Em conversas com amigos muitas vezes lhes disse que, a meu ver, o que faltava à análise marxista da sociedade era uma psicologia. Li com grande satisfação um ensaio em que Erich Fromm levanta essa idéia com sua autoridade e habitual lucidez. Escreveu ele textualmente: "A teoria de Marx necessita duma teoria psicológica do homem".

Acrescenta que os marxistas se convenceram finalmente do fato de que o socialismo tem de também satisfazer à necessidade que a criatura humana tem dum sistema de orientação e devoção, e que portanto o socialismo tem de tentar responder a perguntas como "Quem é o homem? Qual o sentido e objetivo de sua vida?". Acentua Fromm a importância das normas éticas e de desenvolvimento espiritual que ultrapassem frases vazias como "É bom tudo quanto possa servir à revolução, ao Estado proletário, à evolução histórica, etc... etc... etc...".

Afirmou Marx que a raiz do homem é o próprio homem. Erich Fromm insiste em que uma teoria cujo centro seja o homem não pode continuar como teoria sem uma psicologia, sob pena de perder contato com a realidade humana.

No mesmo ensaio Fromm refere-se também a um problema que muito me preocupa, principalmente quando me encontro nos Estados Unidos: o do caráter do *Homo consumens* criado pelas sociedades altamente industrializadas. O objetivo do consumidor não é o de possuir coisas, mas o de consumir cada vez mais e mais, a fim de com isso compensar seu vácuo interior, sua passividade, sua solidão, seu tédio e sua ansiedade. E aí estão as empresas de publicidade, que dispõem de meios cada vez mais insidiosos e engenhosos para criar nas massas necessidades artificiais que acabam por escravizá-las.

Ora, no Brasil o fenômeno apenas começa a esboçar-se. O que me preocupa por ora não é o ainda reduzido número de nossos consumidores, mas sim os muitos milhões de consumidos que nos cumpre libertar da miséria, da fome, da doença e do analfabetismo.

Este não me parece o lugar apropriado, nem eu sou o homem indicado, para propor e desenvolver um programa político-econômico para resolver os problemas cruciais do Brasil, nem eu tenho a pretensão de ser portador da fórmula mágica para a nossa salvação.

Achei, isso sim, que devia fazer aqui mais uma vez uma declaração de princípios, e repetir que, se por um lado acredito na necessidade de todos os escritores e artistas terem uma consciência política e social que os torne responsáveis, por outro estou cada vez mais convencido de que não cabe ao romancista apresentar soluções para as crises econômicas, políticas e sociais em que nos debatemos.

E, para encerrar este capítulo, quero transcrever as palavras do professor H. Marcuse, com as quais me encontro de perfeito acordo: "A realidade humana é um sistema 'aberto'. Nenhuma teoria, seja marxista ou outra qualquer, pode 'impor-lhe' uma solução".

4

Que espécie de homem sou eu? Creio que deixei nestas memórias — que alguns talvez possam classificar como autobiografia — elementos que podem ajudar o leitor a encontrar resposta a essa pergunta. Claro, faltam muitas peças neste jogo de armar. Algumas delas omiti voluntariamente por diversas razões; quanto às outras omissões, nada posso dizer porque, se pudesse, elas não teriam sido "involuntárias".

Empreguei em muitas destas páginas o estratagema um tanto batido e convencional de dividir minha personalidade em duas ou muitas partes. Está claro que, a rigor, a coisa não é bem assim. Não temos dentro de nós dois eus, mas uma legião deles. E ninguém como o escritor de ficção — talvez apenas o ator — exerce com mais freqüência essa faculdade de multiplicar-se.

Sempre senti em mim todas as possibilidades, tanto para o bem como para o mal. Cometi todos os pecados da imaginação, bem como muitos outros que não foram apenas da fantasia. Depois que publiquei *O arquipélago*, muitos leitores quiseram saber se a personagem Floriano Cambará é autobiográfica. Ora, parece-me ter deixado claro que, no que diz respeito a fatos, nossas vidas diferem muito uma da outra. Nem todas as coisas que aconteceram a Floriano aconteceram a este contador de histórias. Poder-se-ia dizer, isso sim, que psicologicamente Floriano e eu somos irmãos gêmeos ou sósias.

Espero que tenha ficado também claro nestas memórias que, embora eu não seja por inclinação natural um homem de ação, sou capaz de ação quando necessário.

Se me perguntarem que constantes de meu temperamento sinto com mais freqüência, eu diria que é uma curiosa combinação de preguiça — física e mental — e timidez. Tenho passado a vida a combater ambas, muitas vezes com o mais positivo sucesso.

Sou de raro em raro assaltado pelo tédio, mas reajo com a maior energia, repelindo-o, pois me parece que entregar-se a gente a esse inimigo cinzento é uma prova de falta de imaginação e senso comum — pois como pode aborrecer-se um homem que pensa num universo tão cheio de desafios ao seu espírito, à sua coragem, à sua capacidade de imaginação e de iniciativa, aos seus desejos de aventura, um mundo onde há tanta coisa a aprender, descobrir, compreender, desfrutar e conquistar?

A despeito de todas as minhas pluralidades psicológicas, digamos assim, e das minhas contradições, que não são poucas, creio que a história da minha vida seguiu uma trajetória clara e até certo ponto coerente, e que se tem mantido ininterrupta desde meus dezoito anos até hoje. É como o *leitmotiv* duma sinfonia.

Depois daquela terrível noite de 1922, quando meus pais se separaram, eu saí em busca do Lar Perdido.

E tudo quanto até hoje tenho feito ou deixado de fazer, todas as minhas audácias ou temores, meus avanços ou recuos, a minha fidelidade a certos princípios — têm sido determinados por essa busca no tempo e no espaço. Eu poderia gritar triunfalmente que por fim encontrei o que procurava. Mas, como gritar não está na minha natureza, sussurro aqui essas serenas palavras de vitória, que têm mais a ver com a minha vida de homem que com a de escritor.

Nem toda a casa — já se tem dito muitas vezes — é um lar. Nunca, porém, fui indiferente à expressão material do lar, o que se explica pela minha tendência de ter do mundo uma visão plástica. A noção de lar está em mim associada à de casa — o conteúdo inseparável do continente. Ambas como que se interpenetram: há nelas uma espécie de interação.

Nossa casa está sempre de portas abertas. Nunca se sabe quem por elas vai entrar nem quando. Mafalda e eu podemos estar à noite completamente a sós, lendo ou escutando música, e minutos depois termos conosco dez, quinze, vinte pessoas — amigos e às vezes até desconhecidos, que aparecem para uma prosa, sem nenhum motivo relacionado com o calendário ou qualquer convite especial.

Alegra-nos saber que as pessoas geralmente sentem-se bem em nossa casa. Uma jovem que andava atormentada por incertezas e temores confessou-nos um dia que, sob aquele teto, sentia-se abrigada, protegida e reconciliada com a vida. Outros amigos nos têm dito que nossa presença combinada com a atmosfera da casa — que é mais que a forma, a cor e a disposição dos móveis, quadros, tapetes, lâmpadas — proporciona-lhes uma sensação de repouso e paz.

Gente das mais variadas profissões e procedências me procura constantemente para me pedir conselho ou auxílio. Muitos me trazem originais de romances, de livros de poesia ou contos, na ilusão de que basta uma palavra minha favorável sobre seus trabalhos para que as portas de todas as editoras se lhes abram imediatamente. Parecem não dar-me muito crédito quando, com a intenção de estimulá-los e ao mesmo tempo evitar que se entreguem a perigosas ilusões, conto-lhes das dificuldades e reveses de minha carreira de escritor, dos sete anos durante os quais meus livros contavam com um público diminuto e eu era um "mau negócio" para meus editores. Creio que esses jovens imaginam que dei um salto mágico das ruínas da minha botica cruz-altense para o lugar em que me encontro hoje.

Talvez o leitor tenha a curiosidade de saber qual é a minha reação à notoriedade. É evidente que a idéia de ser conhecido, lido e de fazer amigos através de meus livros me é muito agradável. Poucas coisas haverá na vida mais tristes que a solidão e o anonimato. Por outro lado, porém, é muito desagradável, além de absurdo, quando um escritor passa a ser tratado mais como um assunto, uma notícia, do que como um ser humano. Reajo com a maior veemência, procurando manter o meu *copyright* individual e evitando cair em domínio público. Horroriza-me a idéia de ser transformado em medalhão. Não quero ser estátua, seja de busto ou de corpo inteiro. Não quero ser nome de praça ou rua. Não quero e não hei de me candidatar à Academia Brasileira de Letras. Não tenho o menor apreço por títulos e condecorações.

Estou de novo diante do espelho. O meu reflexo sorri.

— Afinal acabaste fazendo o que dizias que jamais haverias de fazer.

— Uma autobiografia? Bom... O homem é um feixe de contradições. Não te esqueças da teoria das erratas do inefável Brás Cubas... Andam por aí tantas informações biográficas erradas a meu respeito, mesmo quando bem-intencionadas, que me senti na obrigação e com o direito de contar eu mesmo a minha história.

— Um testamento?

— Não. Seria pretensioso.

— Discurso de despedida?

— Mórbido. Vou fazer o possível para continuar vivo e ativo por muito tempo.

Contemplamo-nos com certo afeto. O outro pergunta:

— Olhando o passado... alguma queixa?

— Nenhuma.

— Mágoas? Remorsos?

— As mágoas a borracha do tempo apagou. Com alguns dos remorsos habituei-me a viver.

— E como descreverias o ato de redigir estas memórias?

— Foi gostoso, às vezes. Doloroso, outras. Aqui e ali, aborrecido. Em suma, acho mais fácil e agradável fazer ficção.

— Notaste que em nenhum dos teus livros usaste tantas metáforas, símbolos e imagens como neste ensaio?

— Notei. São folhas de parreira. Pedaços de tecido coloridos que cosidos uns aos outros formaram o grande tapete, debaixo do qual procurei esconder muito cisco do tempo e da memória... E isso também é uma metáfora.

— Afinal de contas, quem é você? Quem sou eu?

— Palavra de honra, não sei e acho que tenho medo de saber...

Começo a barbear-me. O outro me imita, perguntando ao cabo de alguns segundos:

— Algum sentimento de frustração, companheiro?

— Nenhum, que me lembre. Encontrei finalmente a minha Casa. Fiz as pazes com o meu pai.

— E como te sentes à porta da velhice?

— Envelhecer, meu caro, é o preço que todos temos de pagar se quisermos continuar vivos. Não há por onde escapar.

— Em suma o que te falta agora é fazer as pazes com a idéia da tua própria morte.

— Pazes? Vou lutar contra ela com todas as forças do corpo e do espírito, mesmo sabendo que fatalmente terei de um dia render-me incondicionalmente.

— Vai ser uma batalha dura, em que tuas armas serão apenas palavras, palavras e palavras...

— Sim, e talvez também um vidro de xarope contra a tosse...
Sacudimos ambos as cabeças num mudo, grave acordo.*

* O capítulo conclui no diálogo do escritor com o seu próprio reflexo no espelho. Este texto apresenta duas variantes. A primeira é a que se lê acima e corresponde — salvo ligeiras modificações — à redação da autobiografia ("O escritor diante do espelho"). A segunda variante, sem dúvida alguma posterior a essa, foi encontrada, ainda em rascunho, entre os papéis de Erico Verissimo:

— Saiu-te uma biografia pífia. Negas?

— Não é sensacional como a vida de Marilyn Monroe. Nem aventurosa como a do Papillon. Que é que queres?

— Podias botar mais paixão. Ir mais fundo. Mais sangue.

— Já sei. Querias um striptease *completo.*

— Isso.

— Sinto muito. Entraste no teatro errado.

— Estou dentro do homem errado. Grito e ninguém me ouve. Sou um prisioneiro. Quantas vezes me castraste. Para quê?

— A porta está aberta. Podes sair quando quiseres.

— Tu dizes isso porque sabes que tal coisa é impossível.

— Querias um concerto de jazz *ou uma grande peça sinfônica. Eu te dei um solo de clarineta.*

O relógio e o calendário às vezes me parecem desregulados. Olhando para trás, eu me pergunto como foi que enchi uma década, um certo ano e não encontro resposta. Lembro-me de que um dia descobri que tinha quarenta anos. Dali aos cinqüenta foi quase um pulo. Que se passou no intervalo? Só posso marcar as minhas épocas pelos livros que escrevi, pelos netos que nasceram.

O importante é que um dia despertei para a mais doce das realidades: a de que tinha encontrado o lar perdido. Concluí que a linha melódica de minha vida tinha sido, fino modo, *uma busca da casa e do pai perdidos. Ali estava a casa. Os quadros, os móveis, o aspecto geral, a gente que a visita, os amigos, os visitantes inesperados. E o pai. Também isso, esse problema estava resolvido. N'*O arquipélago *eu tinha feito as pazes no diálogo entre Floriano e Rodrigo Cambará. E agora eu descobria que me havia tornado o pai de mim mesmo. Não se trata apenas dum jogo de linguagem. Então dei a busca por terminada. Isso significa que não preciso depender de ninguém para meu sustento, seja material ou espiritual. Gostaria de saber o que o meu filho pensa de mim. Tento agir de modo a não* [transmitir] *a necessidade de buscar um pai.*

— Não confessaste que o tédio ainda te ataca. Que às vezes concordas com Sartre em que "o inferno são os outros".

— Se você [sic] *não entendeu o que está escrito nas entrelinhas, a culpa não é minha.*

Cronologias cruzadas

Erico Verissimo foi um criador de mundos literários. Nas décadas de 30 e 40 o escritor criou uma capital gaúcha no plano literário dos romances do "ciclo de Porto Alegre": *Clarissa*, *Música ao longe*, *Caminhos cruzados*, *Um lugar ao sol*, *Olhai os lírios do campo*, *Saga* e *O resto é silêncio*. Logo depois do fim da Segunda Guerra Mundial, começou a escrever a saga *O tempo e o vento*, originalmente publicada em três romances e hoje dividida em sete volumes. Nessa obra monumental, Erico concebeu a cidade fictícia de Santa Fé, onde "vivem" até hoje os imortais Pedro Missioneiro, Ana Terra, Bibiana, capitão Rodrigo, Luzia Silva, dr. Winter, além dos demais expoentes da família Cambará e outros personagens inesquecíveis. Erico criou ainda dois outros "mundos": a ilha/país de Sacramento, em *O senhor embaixador*; e a fantástica cidade de Antares.

Estas "Cronologias cruzadas" reúnem duas linhas cronológicas: primeiro, a vida de Erico e da família Verissimo, desde a sua constituição, no século XIX, até a morte do escritor, em 1975. Segundo, a "vida" dos protagonistas do "ciclo de Porto Alegre", de seus antepassados e coadjuvantes, e também dos personagens de *O tempo e o vento*.

Há ainda algumas informações colaterais. Em *A volta do gato preto*, segundo livro de viagens, Erico Verissimo escreve cartas a alguns de seus personagens do "ciclo de Porto Alegre". Em *Incidente em Antares*, um dos protagonistas é o prof. Martim Francisco Terra, da linhagem dos Terras, de *O tempo e o vento*, que foram morar em Rio Pardo. Em seu diário, lá pelas tantas o professor diz que visitou Santa Fé e o mítico Sobrado. Localizamos e incluímos a data dessa visita, além de outras referências sobre o personagem.

Na obra de Erico não há muitas descrições inteiramente objetivas, naturalistas. O narrador "vê" quase tudo através do olhar, do ponto de vista ou das palavras de seus personagens. Portanto o estabelecimento de datas exige que se cruzem pequenas informações às vezes esparsas por vários romances e que assim mesmo navegam pelas memórias incertas dos personagens.

Por exemplo, em *Incidente em Antares* o prof. Terra diz que visitou o Sobrado numas férias de verão, quando tinha "treze anos". Conta que lá conheceu Maria Valéria e "uma mulher bonita e triste", casada com algum parente do qual não se recorda mais. E anota em seu diário: "(Sílvia?)".

Ora, em 1961, quando o prof. Terra e sua equipe se preparam para fazer a pesquisa sobre Antares, ele tem 45 anos. Nascera, portanto, em 1916; e a visita ocorrera no verão de 1929 para 1930. Em *O tempo e o vento*, Sílvia — afilhada do dr. Rodrigo que se casara com seu filho Jango mas é apaixonada pelo escritor e cunhado Floriano — nascera em 1918. Teria, portanto, onze anos entre 1929 e 1930. E ela só vai morar no Sobrado em 1938, quando se casa com Jango. Logo, a "mulher bonita e triste" que Martim Francisco viu no Sobrado só pode ser Flora, a mulher do próprio dr. Rodrigo, àquela altura já desiludida pelas infidelidades do marido.

Engano ou matreirice de Erico? Nesse caso, provavelmente matreirice, pois o escritor fazia verdadeiras charadas com as datas das "vidas" de seus personagens, mas em geral era muito exato quando lhe convinha, e as inexatidões e memórias deslocadas que registrava faziam parte de seu sentido de verossimilhança.

Tomemos o exemplo dos personagens Vasco Bruno e Clarissa, nos livros do ciclo de Porto Alegre. Nosso ponto de partida é a ação do primeiro romance, *Clarissa*, que se passa em 1932. No fim do ano, a protagonista completa catorze anos (cap. 22). Nascera, portanto, nos últimos meses de 1918, informação confirmada em *Música ao longe* (cap. 3). Nesse romance, cuja ação ocorre em 1935, Clarissa registra no diário, em 1º de abril, que seu primo Vasco tem 21 anos. Por que 1935? Porque nessa mesma data a adolescente anota que tem dezesseis anos, completados no fim do ano anterior... Entretanto, em *Um lugar ao sol*, em fevereiro de 1935 Vasco já está com 22 anos (cap. 8). Completara esses 22 anos provavelmente ao longo de 1935. Nascera então em 1913. Ao prefaciar esse romance no volume *Obra completa*, publicado em 1966, o próprio Erico declara que a ação se passa em 1936. Assim mesmo, fica a dúvida: por que em *Saga*, ao chegar à Espanha na primavera européia de 1938 (não há dúvida sobre o ano da ação do romance) para lutar com os republicanos, Vasco declara ter 26 anos? Cochilo do autor? Jactância de jovem guerreiro? Quem pode saber...

Mais complicada, porém de final mais preciso, é a charada de *Olhai os lírios do campo*. Sabemos que Olívia tem 25 anos na noite de 3 para 4 de outubro de 1930 (cap. 6). E que em agosto de 1914 Eugênio Fontes tinha nove ou dez anos (cap. 2). Conforme uma observação que Vasco Bruno faz em *Saga*, sabemos que Olívia é "um pouco mais moça" que Eugênio. Ao morrer, Olívia tinha trinta anos e Eugênio 31, completados em dezembro do ano anterior (caps. 13 e 11, respectivamente). Uma observação de Eugênio (cap. 20) nos faz supor que Olívia se entregara a seu primeiro namorado em 1923, com dezoito anos. O fio da meada vem de uma observação de Filipe Lobo, depois da morte de Olívia e da separação de Eugênio: um elogio à ocupação da Abissínia pelos fascistas italianos, que se deu entre 3 de outubro de 1935 e o início de 1936. (Erico Verissimo assinou um manifesto contra essa ocupação.) A charada se resolve se considerarmos que:

- Eugênio completou 31 anos em dezembro de 1935.
- Nasceu, portanto, em dezembro de 1904.
- Em agosto de 1914, tinha de nove para dez anos.
- Olívia nasceu em 1905 e morreu no começo de 1936. Se sobrevivesse à doença, completaria 31 anos naquele mesmo ano.

Ainda assim, folheando as páginas de *Olhai os lírios do campo*, encontraremos outras referências imprecisas. Mas essas incongruências fazem parte também do estilo de Erico, espelhando os lapsos e a precariedade da memória humana e dos vestígios da vida de uma pessoa. É estilo, não erro.

Considerações como essas devem alertar os leitores para o fato de que estas "Cronologias cruzadas" devem ser lidas com espírito lúdico, como um exercício, e que decerto outras versões são possíveis. E essas datas não devem tirar o encanto desse cruzamento impreciso de olhares, que é parte inerente do "modo Erico" de escrever.

Para notação, identificaremos os personagens por siglas gerais, conforme o mundo em que aparecem:

TV *O tempo e o vento*
CP *Ciclo de Porto Alegre*
IA *Incidente em Antares*

Quando for necessária uma referência mais específica, identificaremos os romances do "ciclo de Porto Alegre" pelas siglas:

CL *Clarissa*
ML *Música ao longe*
CC *Caminhos cruzados*
LS *Um lugar ao sol*
OC *Olhai os lírios do campo*
SG *Saga*
RS *O resto é silêncio*

Lembramos que os personagens de *O resto é silêncio* fazem um mundo inteiramente à parte.

1810

Manoel Verissimo da Fonseca emigra de Portugal para o Brasil. Depois se casa com Quitéria da Conceição, em Ouro Preto. O casal desloca-se para o Sul e tem quatro filhos. O caçula, Domingos Verissimo da Fonseca, que se casa com Mariana Lucas Annes, é o pai de Franklin Verissimo da Fonseca, marido de Adriana Verissimo e avô paterno de Erico.

c. 1810

Nasce Fandango, futuro capataz do Angico, estância dos Terra Cambarás (*TV*).

1821

Fundação do povoado de Cruz Alta, terra natal de Erico.

1829

O cap. Rodrigo Cambará se casa com Bibiana Terra (*TV*).

1830

Nasce Bolívar Cambará, filho do cap. Rodrigo e Bibiana (*TV*).

1833

Nasce Luzia Silva, neta de Aguinaldo Silva e futura esposa de Bolívar Cambará (*TV*).

1834

Elevação de Cruz Alta à condição de vila.

1834

Nasce Leonor, filha do cap. Rodrigo e Bibiana. Ela irá morar em Rio Pardo (*TV*).

1840

O bisavô materno de Erico, Antonio de Melo Albuquerque, apelidado de Melo Manso, toma parte no combate de Marombas, no planalto de Santa Catarina. Nele se enfrentam os imperiais e os republicanos rio-grandenses ou farroupilhas. Melo Manso comanda as tropas imperiais, que derrotam os revoltosos aprisionando Anita Garibaldi.

1881 (1880?)

Nascimento de Sebastião Verissimo da Fonseca, pai de Erico.

1845

Aguinaldo Silva chega a Santa Fé e começa a enriquecer. (*TV*)

1850

A família Santiago, de Sacramento, constrói um casarão que fica conhecido como "A Torre". É lá que o escritor Tônio Santiago passará a infância (*RS*).

1853

O *Almanaque de Santa Fé* anuncia a construção do Sobrado, por Aguinaldo Silva. Bolívar Cambará se casa com Luzia Silva. Bibiana passa a morar no Sobrado (*TV*).

1855

Nasce Licurgo, filho de Bolívar e Luzia (*TV*).

1860

Nasce Maria Valéria, filha de Florêncio e Ondina Terra (*TV*).

1865-1870

Guerra do Paraguai. Participam das batalhas o gen. Albuquerque, bisavô de Clarissa (*CP*, *ML*), Chiru Caré, peão do Angico (*TV*), e Florêncio Terra, sobrinho de Bibiana e pai de Maria Valéria (*TV*).

1876

Nasce o doutor Seixas (*CP*).

1884

Leonor, a filha de Bibiana que mora em Santa Fé, visita a mãe e os parentes no Sobrado (*TV*).

1885

Nascimento de Abegahy Lopes, mãe de Erico.

1885-1886

Nascem Rodrigo e Toríbio Terra Cambará, filhos de Licurgo e Alice.

1886

Nasce o prof. Clarimundo (*CP*, *CC*).

1890

Nasce Aristides, futuro político de prestígio, filho de Quim Barreiro (*RS*).
Nasce Flora Quadros, futura esposa de Rodrigo Terra Cambará (*TV*).
Nasce João de Deus, pai de Clarissa (*CP*).

1893-1895

Durante a Revolução Federalista, o avô de Vasco Bruno, cel. Pádua Cardoso, morre degolado (*CP*).
Quim Barreiro luta ao lado dos republicanos (*RS*).
Em Santa Fé, ao fim da Revolução Federalista, Licurgo Cambará resiste vitoriosamente ao cerco dos maragatos ao Sobrado (*TV*).

1895

Nascem Amaro Terra (*CP*) e o conde Oskar von Sonnenburg (*CP*, *LS*).

1897

Nasce Arão Stein, que se torna amigo e protegido dos Cambarás (*TV*).

1899 ou 1900

Nasce o escritor Tônio Santiago em Sacramento (*RS*).

1904

Em dezembro, nasce Eugênio Fontes (*CP*, *OC*).

1905

Sebastião se casa com Abegahy Lopes. Em dezembro, nasce Erico Lopes Verissimo, em Cruz Alta.

1908

Nascimento de Ênio, irmão de Erico.

1909

Erico fica gravemente doente, mas o tratamento do dr. Olinto de Oliveira o salva.

1910

O menino Erico vê, da janela de sua casa, a passagem do cometa Halley, que luzia no céu "anunciando o fim do mundo".

1912

Erico freqüenta o Colégio Elementar Venâncio Aires, onde tem aulas com a professora Margarida Pardelhas, em Cruz Alta.

1905

Nasce Olívia (*CP, OC*).

1909

Formado em medicina em Porto Alegre, o dr. Rodrigo Terra Cambará retorna a Santa Fé (*TV*).

1910

Morre Fandango, centenário capataz do Angico (*TV*).
Noivado do dr. Rodrigo com Flora Quadros (*TV*).

1910 ou 1911

Nasce Fernanda (*CP*).

1911

Nasce Floriano Cambará, filho do dr. Rodrigo e Flora (*TV*).

1912

Nasce Noel (*CP*).
Critóvão Albuquerque (*CP, ML*), tio-avô de Clarissa, suicida-se em Jacarecanga, por causa de dívidas.

1913

Nasce Vasco Bruno (*CP*).

1915

Morre Olivério Albuquerque (*CP, ML*), avô de Clarissa.
Álvaro, pai de Vasco Bruno, abandona a família. Zulmira, a mãe,

prima de João de Deus, se suicida (*CP*, *LS*).
O dr. Rodrigo tem um caso com a música austríaca Toni Weber, que engravida e se suicida (*TV*).

1916

Nasce Jango, filho do dr. Rodrigo e Flora (*TV*).

1917

Erico vai para o Internato Cruzeiro do Sul, em Porto Alegre.

1917

Nasce Pedrinho, irmão de Fernanda (*CP*, *CC*, *SG*).

1918

Nascem Clarissa (*CP*), Sílvia, que casará com Jango (*TV*), e Eduardo, filho do dr. Rodrigo e Flora (*TV*).

1920

Nasce Bibi, caçula dos Cambarás (*TV*).

1922

Com a separação dos pais, Erico volta para Cruz Alta, onde começa a trabalhar.

1922

Licurgo Cambará e o dr. Rodrigo se afastam do governo do Rio Grande do Sul. O dr. Rodrigo renuncia ao mandato de deputado pelo partido governista (*TV*).

1923

Alguns tios e ao menos um primo de Erico se engajam do lado dos maragatos na Revolução Federalista, no Rio Grande do Sul. Um dos tios, Nestor Verissimo, participa de outros movimentos.

1923

Aristides Barreiro luta ao lado dos republicanos na Revolução Federalista deste ano (*RS*).
Licurgo Cambará e os filhos Rodrigo e Toríbio juntam-se aos antigos adversários maragatos e enfrentam as tropas do governo. Licurgo morre em combate (*TV*).

1924

A família Verissimo tenta se estabelecer em Porto Alegre, sem sucesso.
Nestor Verissimo toma parte na Coluna Prestes.

1926

Como o pai, Erico abre uma farmácia em Cruz Alta, mas a casa não prospera.

1927

Para sobreviver, Erico dá aulas de inglês e literatura.

1928

Erico publica seu primeiro conto, "Ladrão de gado", na *Revista do Globo*. Começa a namorar Mafalda Halpen Volpe.

1929

Noivado de Erico e Mafalda.

1930

Nestor Verissimo, tio de Erico, toma parte na Revolução de 1930. Em Cruz Alta, Erico desafia militares revoltosos que queriam impedir o enterro de um tenente legalista morto nos enfrentamentos. Falência da farmácia. No fim do ano, Erico vai para Porto Alegre e consegue emprego na *Revista do Globo*.

1924

Toríbio Cambará adere à Coluna Prestes (*TV*).
Eugênio Fontes e Olívia estão na Faculdade de Medicina em Porto Alegre, onde se conhecem (*CP*, *OC*).

1927

Toríbio Cambará é preso e escapa por pouco de fuzilamento. Volta a Santa Fé (*TV*).
O escritor Tônio Santiago se muda para Porto Alegre (*RS*).

1929

Eugênio e Olívia se formam em medicina (*CP*, *OC*).
O dr. Rodrigo é intendente em Santa Fé e seu filho Floriano decide ser escritor (*TV*).

1930

Na noite do dia 3 para o dia 4 de outubro, durante o tiroteio da Revolução de 1930 em Porto Alegre, Eugênio e Olívia passam a noite juntos pela primeira vez (*CP*, *OC*).
O dr. Rodrigo arregimenta tropas para a Revolução e toma à bala o quartel de Santa Fé, matando seu amigo, o ten. Bernardo Quaresma (*TV*).

1931

Erico trabalha como secretário da *Revista do Globo*. Conhece Augusto Meyer.
Em 15 de julho, casa-se com Mafalda.
Neste ano recebe uma foto do pai, tirada em São Paulo, por ocasião de seu aniversário de cinqüenta anos.

1932

Publicação de *Fantoches*, uma antologia de contos, seu primeiro livro.

1933

Erico traduz *Contraponto*, de Aldous Huxley, e publica *Clarissa*.

1935

Publicação dos romances *Caminhos cruzados* e *Música ao longe*.
Em 9 de março, nasce Clarissa, primogênita de Erico e Mafalda. No mesmo mês morre Sebastião, pai de Erico, em São Paulo.

1936

Nascimento de Luis Fernando Verissimo, segundo filho do casal.
Publicação de *Um lugar ao sol*.

1931

Nasce o menino Angelírio, o Sete Meis (*RS*).
Rodrigo aceita um cartório no Rio de Janeiro. Muda-se com Flora e os filhos para a capital do país (*TV*).
Chega ao Brasil o conde Oskar von Sonnenburg (*CP*, *LS*).

1932

Clarissa mora na pensão da sua tia Eufrasina e se forma na Escola Normal, em Porto Alegre (*CP*, *CL*).
Eugênio se torna noivo de Eunice Cintra. Olívia vai para o interior (*CP*, *OC*).
Toríbio Cambará adere à Revolução Constitucionalista de São Paulo (*TV*).

1934

Noel e Fernanda decidem se casar (*CP*, *CC*).

1935

Clarissa está em Jacarecanga, dando aulas na escola pública (*CP*, *ML*).
Em dezembro, Eugênio, casado com Eunice, toma conhecimento de que Olívia está de volta a Porto Alegre (*CP*, *OC*).
No fim do ano, morre assassinado João de Deus, pai de Clarissa (*CP*, *LS*).

1936

Eugênio reencontra Olívia, que lhe revela ter uma filha dele. Olívia fica doente e morre. Eugênio rompe com

Eunice e com toda a sua vida, e vai cuidar da filha (*CP, OC*).
Clarissa, sua mãe e o primo Vasco se mudam para Porto Alegre, onde conhecem o conde Oskar von Sonnenburg, Noel, Fernanda e o dr. Seixas. Nasce a filha de Noel e Fernanda, Anabela. Clarissa é nomeada professora em Canoas, perto de Porto Alegre. Álvaro, o pai de Vasco, volta e encontra o filho (*CP, LS*).
Começa a Guerra Civil Espanhola. Arão Stein parte para a Espanha e junta-se às Brigadas Internacionais, que lutam do lado republicano (*TV*).

1937

Henrique Bertaso convida Erico para conselheiro editorial da Editora Globo. Com o lançamento da coleção Nobel e de outras grandes séries de obras traduzidas, Erico influencia uma geração de escritores brasileiros.

1937

Em abril, Eunice, ex-mulher de Eugênio, casa-se no Uruguai (*CP, OC*).
Floriano Cambará começa seu romance com a norte-americana Mandy Patterson (*TV*).
Na noite de Ano-Bom de 1937 para 1938, Toríbio Cambará briga com o irmão, Rodrigo. Saindo de casa, é assassinado numa briga de bar (*TV*).

1938

Publicação de *Olhai os lírios do campo*.

1938

Morre o pai de Noel, que lhe deixa considerável fortuna de herança (*CP, SG*).
Na primavera européia, Vasco Bruno (*CP, SG*) vai para a Espanha juntar-se às Brigadas Internacionais. É ferido duas vezes e confundem-no com Arão Stein (*TV*).

1939

Fim da guerra na Espanha, com vitória dos falangistas. Arão Stein (*TV*) e Vasco Bruno (*CP, SG*) se

refugiam em campos de concentração na França.
Vasco Bruno volta a Porto Alegre no outono. Em 30 de maio morre o dr. Seixas. Em 25 de setembro Pedrinho, irmão de Fernanda, é assassinado num crime passional. Em 21 de outubro, Vasco e Clarissa se casam na Igreja das Dores (*CP*, *SG*).

1940 Publicação de *Saga*.	1940 Em fevereiro, Vasco e Clarissa vão morar numa chácara na serra gaúcha. Clarissa está grávida. Fernanda dirige uma editora de prestígio em Porto Alegre (*CP*, *SG*). Arão Stein volta a Santa Fé depois de ter voltado ao Brasil e ser preso como comunista no Rio de Janeiro (*TV*).
1941 Erico visita os Estados Unidos pela primeira vez. Escreve *Gato preto em campo de neve*, seu primeiro livro de viagens. Em maio, presencia o suicídio de uma jovem que pula de um edifício no centro de Porto Alegre. O episódio lhe inspira o começo de *O resto é silêncio*.	1941 Sílvia Cambará começa a escrever um diário sobre o fracasso de seu casamento. Floriano vai para os Estados Unidos (*TV*).
	1942 Na Sexta-Feira da Paixão, a jovem Joana Karewska se joga de um edifício em Porto Alegre. O escritor Tônio Santiago tenta inutilmente descobrir o motivo. No Sábado de Aleluia, ouvindo a *Quinta sinfonia* de Beethoven no Theatro São Pedro, Tônio Santiago tem uma visão do que depois será a trilogia *O tempo e o vento*. O menino Sete Meis (*RS*) morre atropelado. Floriano Cambará dá aulas de literatura brasileira nos Estados Unidos. Lança o romance *O beijo no espelho*, atacado pelo clero reacionário.

1943

Publicação de *O resto é silêncio.* O romance desperta (como *Caminhos cruzados*) a ira do clero católico conservador. Erico processa um padre que pediu a queima de seus livros. O processo mobiliza a intelectualidade gaúcha e tem repercussão nacional. Erico perde a causa. Em setembro embarca para os Estados Unidos com a família.

1945

Em outubro, Erico volta com a família ao Brasil.

1946

Publicação de *A volta do gato preto*, sobre sua segunda estada nos Estados Unidos. Nesse livro, Erico transcreve cartas escritas durante a viagem a Vasco Bruno, Fernanda e professor Clarimundo, todos personagens do "ciclo de romances de Porto Alegre".

1947

Começa a escrever *O Continente*, primeiro romance da saga *O tempo e o vento.*

1949

Publicação de *O Continente.*

1951

Publicação de *O Retrato*, segundo romance de *O tempo e o vento.*

O Brasil declara guerra à Alemanha. Quebra-quebra em Santa Fé. O pintor Pepe García volta ao Sobrado (*TV*).

1943-1945

Nos Estados Unidos, o viajante Erico escreve várias cartas a Vasco Bruno, Fernanda e prof. Clarimundo. Por intermédio delas, ficamos sabendo que o prof. Clarimundo ainda vivia na mesma travessa das Acácias (*CC*). Erico publica essas cartas em *A volta do gato preto* (1946).

1945

No fim do ano, o dr. Rodrigo Cambará volta a Santa Fé e morre depois de um infarto. Na noite de Ano-Bom, Floriano começa a escrever *O tempo e o vento* (*TV*).

1953

Indicado pelo ministro das Relações Exteriores do Brasil, João Neves da Fontoura, Erico assume a diretoria do Departamento de Assuntos Culturais da União Pan-Americana, órgão da Organização dos Estados Americanos (OEA).
Embarca com a família para os Estados Unidos. A partir desse ano, ele realiza várias viagens pela América Latina, inclusive ao México, com Mafalda.

1956

Erico e Mafalda voltam ao Brasil. A filha Clarissa se casa com o físico David Jaffe e passa a morar em Washington.

1958

Publicação de trechos de *O arquipélago*, terceiro romance de *O tempo e o vento*, no livro *O ataque*.

1959

Erico, Mafalda e Luis Fernando visitam Portugal e diversos países da Europa.

1961

Publicação dos dois primeiros volumes de *O arquipélago*.

1962

Publicação de *O arquipélago*, volume que encerra a trilogia *O tempo e o vento*.
Nova viagem à Europa.

1961

O prof. Martim Francisco Terra prepara-se com seus alunos para começar uma pesquisa sobre o município de Antares (*IA*).

1962

O grupo do prof. Terra "desembarca" em Antares para realizar a pesquisa durante o verão e o outono. Neste mesmo ano, o professor dá uma série de palestras

1963

Em 12 de outubro, "aos 78 anos", de acordo com *Solo de clarineta*, falece a mãe de Erico, Abegahy Lopes Verissimo.

em Porto Alegre sobre o tema "Marxismo e humanismo".
É acusado de ser comunista (*IA*).

1964

Casamento de Luis Fernando, filho do casal, com Lúcia Helena Massa, no Rio de Janeiro.

1964

Sai a edição norte-americana da pesquisa sobre Antares (*IA*).

1965

Publicação de *O senhor embaixador*.

1965

Expulso da Universidade do Rio Grande do Sul, o prof. Terra se exila no Chile (*IA*).

1966

Viagem a Israel.

1966

Ao prefaciar *Saga*, quando foi publicada sua *Obra completa* pela editora Aguilar, Erico lamenta o destino que deu a Vasco Bruno (*CP*), condenando seu temperamento "turbulento e nômade" a uma vida bucólica no campo depois do casamento com Clarissa.

1967

Publicação de *O prisioneiro*.

1971

Publicação de *Incidente em Antares*.

1973

Publicação do primeiro volume de *Solo de clarineta*, livro de memórias.

1973

No primeiro volume de *Solo de clarineta*, Erico volta a escrever sobre Vasco Bruno (*CP*). Desta vez afirma estar "certo" de que seu personagem voltou à cidade para continuar sua luta por "um mundo melhor e mais justo".

1975

Erico Verissimo morre, deixando incompleto o segundo volume de *Solo de clarineta*, que será publicado postumamente, no ano seguinte.

Crônica literária

Presença de Erico

Em janeiro de 2005 visitei pela segunda vez a casa que fora de Erico e Mafalda, hoje de Luis Fernando Verissimo e Lúcia Helena. Estava com uma equipe de TV web da Agência Carta Maior, fazendo reportagens sobre o 5º Fórum Social Mundial. Havíamos decidido comemorar, em meio a elas, o ano do centenário do escritor.

Luis Fernando e Lúcia Helena nos receberam com sua tradicional hospitalidade e bonomia, exercidas com maestria, pois promovemos uma literal invasão de bárbaros, ainda que educados, na casa deles. Pedi que filmassem a nossa chegada, com Luis Fernando nos recebendo no portão da casa, na rua Felipe de Oliveira. Eu deveria cumprimentá-lo, dizer a que vínhamos, e ele deveria dizer algo como "Pois não, vamos entrar". Devo dizer que ele estava um pouco nervoso, temendo não "decorar" aquela fala e não se "sair bem no papel".

Mas tudo correu às mil maravilhas. E a seguir invadimos a casa com a traquitanda costumeira de uma filmagem para a TV, além do pessoal da produção, umas cinco ou seis pessoas. Fomos para a biblioteca, onde se fez o registro.

Foi uma conversa muito agradável. Falamos de tudo e de todos que nos interessavam: sobre as viagens da família, sua ressonância na obra e na vida de Erico; as posições políticas sempre firmes que ele mantivera, a favor da liberdade e da justiça social conjugadas, sem abrir mão nem de uma nem de outra. Falamos também da Porto Alegre daqueles tempos remotos, dos Estados Unidos, da vida naquela casa.

Nossa conversa entrou pela obra e pela vida de Luis Fernando, seu convívio com o pai, sua própria decisão de se tornar escritor, algo que lhe veio por acaso. Trocamos idéias sobre a situação política, o Fórum Social Mundial e, é claro, nosso interesse maior comum: o glorioso Sport Club Internacional.

Durante todo o tempo, sentia-se a presença de Erico. Não só por aquela ter sido a sua biblioteca, onde recebia gentilmente seus visitantes, ou por uma e outra foto nas estantes e mesas, ou pelos objetos, muito deles lembranças das viagens que fizera. Era algo mais. Era algo como uma frase que ouvi não me lembro mais em que cena, livro ou filme, de que o céu ou o inferno das almas recolhidas pela morte são as lembranças que deixam nas dos que ficam. Fosse por isso, Erico mereceria o sétimo céu.

Foi inevitável também que eu recuasse trinta anos no tempo, ao longínquo ano de 1975, recordando a visita que fizera a Erico àquela mesma casa, àquela mesma biblioteca. Naquela época eu já morava em São Paulo e fazia parte da equipe que montava o *Movimento*, que se tornou um dos principais jornais alternativos brasileiros no tempo da ditadura militar.

Fora a Porto Alegre com a missão precípua de falar com Erico e pedir-lhe que integrasse o conselho editorial do jornal, onde já estavam Hermilo Borba Filho, Orlando Villas-Boas, Alencar Furtado, Chico Buarque, Fernando Henrique Cardoso, Audálio Dantas e Edgard da Mata Machado. Preocupava-me como chegar até o escritor. Imaginava telefonar a terceiros, que telefonariam a quartos, que telefonariam a ele...

Mas numa bela manhã da Semana Santa meu irmão Rogério viu Erico andando pela rua Felipe de Oliveira. Parou o carro, desceu e falou-lhe que seu irmão tinha vindo de São Paulo e precisava falar com ele. "Pois diga-lhe que passe lá em casa hoje à noite", foi a resposta simpática e direta, sem rodeios. Meu plano rebuscado desmoronou por completo.

E naquela noite lá nos fomos, eu e minha companheira Iole. O escritor e Mafalda nos receberam na biblioteca. O que deveria ser uma missão política transformou-se numa charla amiga sobre a literatura, as viagens, o mundo, as lembranças, tudo entremeado pelos discos de música erudita que ele adorava ouvir. Não sei por quê, mas suas preferências naquela noite pendiam para o barroco, brindando-nos com Vivaldi e outros compositores da época.

Não deixamos de cumprir nossa missão. Convidei-o para integrar o conselho do jornal. Ele agradeceu, mas recusou. Disse estar muito envolvido com a redação do segundo volume de suas memórias, falou sem rodeios que temia não ter tempo de terminá-lo e também que não achava adequado simplesmente emprestar o nome a um empreendimento que na verdade não iria acompanhar de perto.

Entretanto, incentivou-nos sobremaneira a prosseguir no caminho que buscávamos, pois, como dizia sempre, era absolutamente necessário lutar pela liberdade em nosso país, sob uma ditadura, e no mundo. Foi firme ao dizer isso, e falava com a sóbria convicção de seus escritos.

Todo o tempo ele esteve recostado na poltrona que ainda fica ao fundo da biblioteca, no canto à direita de quem entra. Parecia um homem cansado, mas de uma lucidez cristalina. Quando nos retiramos, eu e Iole, levávamos conosco uma palavra iluminada na treva que permanecia sobre a sociedade brasileira.

Trinta anos depois, naquela mesma biblioteca, a lembrança daquela palavra ainda iluminava.

Flávio Aguiar
Professor de literatura brasileira na Universidade de São Paulo e supervisor da reedição da obra completa de Erico Verissimo publicada pela Companhia das Letras

Biografia de Erico Verissimo

Erico Verissimo nasceu em Cruz Alta (RS), em 1905, e faleceu em Porto Alegre, em 1975. Na juventude, foi bancário e sócio de uma farmácia. Em 1931 casou-se com Mafalda Halfen von Volpe, com quem teve os filhos Clarissa e Luis Fernando. Sua estréia literária foi na *Revista do Globo*, com o conto "Ladrão de gado". A partir de 1930, já radicado em Porto Alegre, tornou-se redator da revista. Depois, foi secretário do Departamento Editorial da Livraria do Globo e também conselheiro editorial, até o fim da vida.

A década de 30 marca a ascensão literária do escritor. Em 1932 ele publica o primeiro livro de contos, *Fantoches*, e em 1933 o primeiro romance, *Clarissa*, inaugurando um grupo de personagens que acompanharia boa parte de sua obra. Em 1938, tem seu primeiro grande sucesso: *Olhai os lírios do campo*. O livro marca o reconhecimento de Erico no país inteiro e em seguida internacionalmente, com a edição de seus romances em vários países: Estados Unidos, Inglaterra, França, Itália, Argentina, Espanha, México, Alemanha, Holanda, Noruega, Japão, Hungria, Indonésia, Polônia, Romênia, Rússia, Suécia, Tchecoslováquia e Finlândia. Erico escreve também livros infantis, como *Os três porquinhos pobres*, *O urso com música na barriga*, *As aventuras do avião vermelho* e *A vida do elefante Basílio*.

Em 1941 faz uma viagem de três meses aos Estados Unidos a convite do Departamento de Estado norte-americano. A estada resulta na obra *Gato preto em campo de neve*, o primeiro de uma série de livros de viagens. Em 1943, dá aulas na Universidade de Berkeley. Volta ao Brasil em 1945, no fim da Segunda Guerra Mundial e do Estado Novo. Em 1953 vai mais uma vez aos Estados Unidos, como diretor do Departamento de Assuntos Culturais da União Pan-Americana, secretaria da Organização dos Estados Americanos (OEA).

Em 1947 Erico Verissimo começa a escrever a trilogia *O tempo e o vento*, cuja publicação só termina em 1962. Recebe vários prêmios, como o Jabuti e o Pen Club. Em 1965 publica *O senhor embaixador*, ambientado num hipotético país do Caribe que lembra Cuba. Em 1967 é a vez de *O prisioneiro*, parábola sobre a intervenção dos Estados Unidos no Vietnã. Em plena ditadura, lança *Incidente em Antares* (1971), crítica ao regime militar. Em 1973 sai o primeiro volume de *Solo de clarineta*, seu livro de memórias. Morre em 1975, quando terminava o segundo volume, publicado postumamente.

Obras de Erico Verissimo

Fantoches [1932]
Clarissa [1933]
Música ao longe [1935]
Caminhos cruzados [1935]
Um lugar ao sol [1936]
Olhai os lírios do campo [1938]
Saga [1940]
Gato preto em campo de neve [narrativa de viagem, 1941]
O resto é silêncio [1943]
Breve história da literatura brasileira [ensaio, 1944]
A volta do gato preto [narrativa de viagem, 1946]
As mãos de meu filho [1948]
Noite [1954]
México [narrativa de viagem, 1957]
O senhor embaixador [1965]
O prisioneiro [1967]
Israel em abril [narrativa de viagem, 1969]
Um certo capitão Rodrigo [1970]
Incidente em Antares [1971]
Ana Terra [1971]
Um certo Henrique Bertaso [biografia, 1972]
Solo de clarineta [memórias, 2 volumes, 1973, 1976]

O TEMPO E O VENTO

Parte I: *O Continente* [2 volumes, 1949]
Parte II: *O Retrato* [2 volumes, 1951]
Parte III: *O arquipélago* [3 volumes, 1961-1962]

OBRA INFANTO-JUVENIL

A vida de Joana d'Arc [1935]
Meu ABC [1936]
Rosa Maria no castelo encantado [1936]
Os três porquinhos pobres [1936]
As aventuras do avião vermelho [1936]
As aventuras de Tibicuera [1937]
O urso com música na barriga [1938]
Outra vez os três porquinhos [1939]
Aventuras no mundo da higiene [1939]
A vida do elefante Basílio [1939]
Viagem à aurora do mundo [1939]
Gente e bichos [1956]

Texto fixado pelo Acervo Literário de Erico Verissimo (PUC-RS) com base na edição princeps, *sob coordenação de Maria da Glória Bordini.*

CAPA E PROJETO GRÁFICO Raul Loureiro

FOTO DE CAPA Erico em Paris (Acervo Literário de Erico Verissimo)

SUPERVISÃO EDITORIAL, CRONOLOGIA E TEXTO FINAL Flávio Aguiar

ESTABELECIMENTO DO TEXTO Maria da Glória Bordini e Cristiana Bergamaschi

ORGANIZAÇÃO DO CADERNO DE FOTOS Maria da Glória Bordini

PREPARAÇÃO Márcia Copola

ASSISTÊNCIA EDITORIAL Cristina Yamazaki e Genulino José dos Santos

REVISÃO Otacílio Nunes e Carmen S. da Costa

1ª edição, 1976
19ª edição, 1994
20ª edição, 2005

Dados Internacionais de Catalogação na Publicação (CIP)
(Câmara Brasileira do Livro, SP, Brasil)

Verissimo, Erico, 1905-1975.
Solo de clarineta : memórias, vol. 2 / Erico Verissimo ; organização Flavio Loureiro Chaves ; ilustrações Rodrigo Andrade ; crônica literária Flávio Aguiar — 20. ed. São Paulo : Companhia das Letras, 2005.

"Parte II, postuma"
ISBN 85-359-0740-8

1. Escritores brasileiros - Biografia 2. Verissimo, Erico, 1905-1975 I. Chaves, Flavio Loureiro. II. Andrade, Rodrigo. III. Aguiar, Flávio. IV. Título.

05-7581 CDD-928.699

Índice para catálogo sistemático:
1. Escritores brasileiros : Autobiografia 928.699

[2005]

EDITORA SCHWARCZ LTDA.
Rua Bandeira Paulista 702 cj. 32
04532-002 — São Paulo — SP
Telefone: (11) 3707-3500
Fax: (11) 3707-3501
www.companhiadasletras.com.br

Esta obra foi composta em Janson
por Osmane Garcia Filho e impressa
pela RR Donnelley Moore em ofsete
sobre papel pólen soft da Suzano
Bahia Sul para a Editora Schwarcz
em outubro de 2005.